KB248412

평화를 만든 사람들:
노벨평화상 21

진인진

::

목차

I
서론

노벨평화상과 평화문화

서론

노벨평화상과 평화문화

"평화에는 길이 없다. 평화가 길이다"라고 신학자이자 비폭력주의자인 무스테(A. J. Muste)는 말했다. '평화는 평화로만 얻어진다'는 이 전언은 다른 한편, '그러니 평화를 얻기란 얼마나 힘든 것인가'라는 아득함을 함께 전한다. 완성이 영원히 유예되는, 오로지 과정으로만, 길로만 존재하는 평화.

하지만 뒤집어보면 평화는 이미 우리 곁에 있을 수도 있다. 길이 바로 평화이기에 평화를 위한 노력, 몸짓, 말 하나 하나가 그 자체 평화일 수 있다. 이처럼 평화는 영원히 멀지만, 또 늘 가깝다. 평화는 하루아침에 이루어지지 않지만, 하나의 삶 속에 불현듯 평화가 완성되는 불꽃같은 순간도 존재한다. 가까이 있는 평화를 끌어당겨 뒤적여 보는 것, 작은 삶 속에 완성된 평화의 장면을 들춰보고 의미를 반추하는 일은 따라서 미래의 평화를 도모하는 가장 믿을만한 출발점이 되어주기도 한다. 『평화를 만든 사람들: 노벨평화상 21』은 그런 이야기들을 전하고자 한다. 인류 평화사의 주역인 노벨평화상 수상자들의 치열하고 아름다우며, 때로는 논쟁적인 평화 이야기.

그렇다면 왜 노벨평화상일까. 현재 전 세계에 존재하는 평화상은 300여 개에 달한다. 그중에서 "세계에서 가장 유명한 상"인 노벨평화상이 가지는 권위와 명성은 아무도 부인하지 못할 것이다. 잘 알려져 있듯이 노벨평화상은 1895년 알프레드 노벨의 유증에 의해 개시되어 1901년 최초의 수상자를 낸 이후 현재까지, 제1·2차 세계대전 시기를 포함한 19년을 제외하고, 매년 빠짐없이 시상이 이루어지고 있다.

노벨평화상의 명성은 한 세기를 훌쩍 넘어 이어진 유서 깊은 전통, 다른 분야 노벨상과의 어우러짐이 자아내는 후광, 약 100만 달러에 달하는 엄청난 상금 등 여러 요소가 복합적으로 작용해 형성된 것이다. 이 상으로 인하여 사상 최초로 평화가 매년 정기적으로 수여되는 국제 어워즈의 대상이 되었다. 또 1767년 프랑스에서 근대 유럽 최초의 평화상이 제정된 이래, 기존 평화상이 전쟁과 평화에 대한 '학술적' 성과를 주된 대상으로 했다면, 노벨평화상은 각종 '운동이나 실천, 활동'에 문을 활짝 열어놓았다. 그럼으로써 평화의 지평을 보편적 이상이나 추상적인 이론의 차원을 넘어, 구체적인 개인의 실제적인 행동의 차원으로 확대시켰다.

또 노벨평화상은 긴 역사 속 진화를 거듭하며, 처음 노벨의 유훈이 규정한 평화 활동(전쟁방지와 국가간 평화)의 틀을 뛰어넘어 평화의 외연을 시대변화에 따라 유연하게 확장시켰다. 이를 통해 인도주의, 인권, 사회 정의와 민주화, 지속가능한 발전과 환경 등 인간 행복을 위한 기본 전제들이 노벨평화상의 시야에 포괄될 수 있었다. 노벨평화상이 견인한 평화 개념의 확대는 평화연구 분야에서 유사하게 진행된 과정('소극적 평화'에서 '적극적 평화'로의 확장)보다 20여 년을 앞섰다고 평가된다.

노벨평화상의 명성에 비례해 이를 둘러싼 논란 역시 끊이지 않은 것이 사실이다. 정치인의 잦은 수상은 상의 불투명한 의도에 대한 의심을 불러일으키곤 했다. 평화 개념의 확장 역시 논쟁을 비켜가지 못했다. 더구나 노벨평화상은 종결된 사건만이 아니라, 현재 진행 중인 분쟁이나 이슈도 대상으로 삼는다. 그 자연스런 결과로 이미 이뤄진 '성취'나 '업적'뿐 아니라, 갈등을 해결하려는 '노력'과 '비전'에도 상을 부여한다. 이런 경향은 최근 들어 더욱 강해지고 있다. 따라서 논란은 불가피할 뿐 아니라, 필요한 것이기도 하다. 노벨평화상의 명성은 찬사만으로 구성되지 않는다. 상을 둘러싼 치열한 논쟁과 비판을 통해 얻어지는 새로운 깨달음도 그 주요한 구성요소 중 하나다. 노벨평화상의 명과 암, 찬사와 비난의 역사까지 모두 포함해 이 상이 평화에 대한 기존 인식이 변화하는데 적지 않은 기여를 했다는 점은 부정할 수 없다.

무릇 평화상이란 평화증진에 헌신한 이들의 노고를 치하하는 것뿐 아니라, 평화와 관련된 각종 이슈로 대중의 관심을 모으고, 발언과 토론을 유발하고, 평화실현의 다양한 방식을 함께 모색해 널리 알리며 그 동참을 호소하는 목적도 가진다. 노벨평화상은 평화상의 이러한 목표에 최대한 근접해감으로써 지구촌의 평화 트렌드를 앞장서 제시하고 이끌어가는 역할을 해왔다.

매년 10월 노르웨이에서 노벨평화상이 발표될 때마다 굳이 기자가 아니더라도 '올해는 과연 누가?...'하며 너나없이 귀를 쫑긋 세우게 되는 것은 이 때문이다. 물리학, 화학, 생리학(의학), 경제학, 문학, 평화를 포함해 총 6개 분야에 주어지는 노벨상 중 노벨평화상은 노벨문학상과 더불어 늘 가장 뜨거운 관심의 대상이었다. 발표 후에는 뜨거운 찬반논란이 곳곳에서 벌어지고, 비하인드 스토리가 쏟아지곤 한다. 매년 12월 열리는 노벨평화상 시상식과 기념콘서트는 4억 5천만의 세계시민에게 동시에 생중계된다.

세계의 다른 주요 평화상들, 즉 '바른생활상', '난센 난민상', '레닌 국제평화상', '니와노 평화상', '발잔 평화상' 등이 각각 '대안적 노벨 평화상', 'UN의 노벨평화상', '사회주의 노벨평화상', '일본의 노벨평화상', '노벨평화상보다 상금이 많은 평화상' 등의 별명을 가진 데서 알 수 있듯이, 노벨평화상은 때로는 따라야할 모델로, 때로는 극복해야할 반면교사로 다른 주요 평화상에도 큰 영향을 미쳤다.

노벨평화상의 이러한 파급력은 평화문화(culture of peace) 확산의 측면에서도 중요한 의미를 지닌다. 대개의 경우 노벨평화상의 주인공들은 어떤 의미에서 위인이고 영웅들이며, 그 삶은 자주 고난과 사건으로 가득했다. 하지만 그들 모두는 자신이 추구했던 자유, 평등, 정의, 민주주의, 인권, 관용, 연대 같은 평화의 가치들이 예외적이고 극적인 삶 속에서가 아니라, 평범한 사람들의 일상 속에 버릇처럼, 습관처럼 깃들기를 바랐다. 바로 이것이 평화문화다.

'문화'가 '사회구성원에 의해 공유되는 가치, 태도, 행위의 총체'라면, '평화문화'는 '사회구성원에 의해 공유되는 평화의 가치, 태도, 행위의 총체'라고 말할 수 있을 것이다. 1997년 유엔 결의안에 정의된 평화문화는 "자유, 정의, 민주주의, 인권, 관용, 연대에 기반해 사회적 소통과 나눔을 성찰하고 격려하는 일련의 가치, 태도, 행위이자, 폭력을 거부하고, 근본원인을 파악해 갈등을 예방하고, 대화와 타협을 통해 분쟁을 해결하려는 일련의 가치, 태도, 행위"다.

평화문화의 중요성은 평화가 예외적 영웅을 통해서가 아니라 평범한 사람들을 통해서, 일회적인 정치적 사건을 통해서가 아니라 일상의 문화를 통해 비로소 전면적으로 실현가능함을 보여준다는데 있다. 문화를 통한 세계평화 구현을 목적으로 창설된 유네스코 헌장 서문("전쟁이 인간의 마음에서 시작되므로, 평화의 방벽이 세워져야 할 곳도 인간의 마음이다") 역시 평화문화의 정신과 일맥상통한다. 또 세계 평화사의 기념비적 사건으로 기록된 1989년 11월 '폭력에 관한 세비야 선언'의 결론 역시 마찬가지다. "전쟁이 인간의 마음에서 시작되듯이 평화도 인간의 마음에서 시작되며, 전쟁을 발명한 종은 평화도 발명할 수 있는" 것이다.

대개의 노벨평화상 수상자들은 평화를 발명한 사람들이고, 평화를 폭력으로부터 지킬 방어벽을 마음에 세워, 그 마음을 세계시민과 나누고자 한 사람들이었다. 실제로 평화문화에 대한 구상 자체가 바로 그들로부터 나왔다.

1997년 9월 메어리드 코리건과 데스몬드 투투는 노벨평화상 수상자들을 대표해, 유엔이 2000~2010년을 '비폭력 문화를 위한 십년'으로 선포할 것을 호소했다. 또 1999년 3월 파리 에펠탑에서 노벨평화상 수상자들의 '평화문화와 비폭력을 위한 선언 2000'이 발표되었다. 이 기자회견장에는 메어리드 코리건과 리고베르타 멘추 툼, 아돌포 페레스 에스키벨이 참석했다. 선언의 주된 내용은 '나로부터 시작하는 평화'를 인식하고, 그에 대한 '나의 몫'을 약속하는 것이었다. 즉, 가정, 직장, 공동체로 구성된 나의 일상에서 타인에 대한 존중, 비폭력, 관용, 연대 등 평화의 가치를 실현할 것임을 맹세하는 것이다. 노벨평화상 수상자들이 최초의 서약자가 되어 전세계 1억 명의 지지서약을 받아 유엔 총회에 보내자는 결의가 이루어졌다. 유엔이 평화문화 확립과 확산에 적극적으로 나서도록 촉구하기 위함이었다.

그 결과 세계 각지로부터 7,500만 명의 서명이 모였다. 한국에서도 100만 명 서명운동이 벌어져 약 160만 명이 힘을 보탰다. 이런 노력의 결과, 유엔은 매년 9월 14일을 '세계 평화의 날(International Day of Peace)'로, 2000년을 '세계 평화문화의 해(International Year for the Culture of Peace)'로, 2001~2010년을 '세계 어린이를 위한 평화문화와 비폭력의 십년(Decade for a Culture of Peace and Nonviolence for the Children of the World)'으로 선포했다. 이후 유네스코 평화문화 프로그램은 전지구적 차원에서 이루어지는 국가·국가간·비국가 단위 평화운동의 주요한 갈래이자 중심으로 자리잡았다. 이처럼 노벨평화상 수상자들은 평화문화의 한 전범으로뿐 아니라, 그 전파의 주역으로 적극적으로 활동하고 있다.

지구촌 곳곳에서 목도되는 전쟁과 폭력의 문화를 평화와 비폭력의 문화로 바꾸고, 그럼으로써 새로운 밀레니엄이 평화의 세기가 되기를 바랐던 '선언 2000'은 이루어졌는가. 결코 그렇지 않다는 데 긴 말이 필요 없을 것이다.

처음 노벨이 평화상을 구상할 때, 그는 5년에 한 번씩 6번, 딱 30년 동안만 평화상을 줄 생각이었다고 한다. 당시 그가 보기에 30년 안에 세계가 개선되지 않으면 인간은 구제할 수 없는 야만의 상태에 빠질 테고, 그럼 평화상은 애시당초 불가능할 걸로 판단했기 때문이었다. 그 비슷한 시기 인류가 참혹한 대전을 두 번이나 치른 걸 보면 노벨의 판단이 전혀 근거 없지는 않았다. 그의 예상과 달리 노벨평화상은 120년 가까이 이어지고 있고, 그의 판단처럼 인류의 야만은 구제의 기미가 보이지 않는다. 사람과 자본과 정보의 지구화만이 아니라, 테러와 불의와 혐오의 지구화 속에서 많은 사람들이 어느 때보다 춥고 가난한 마음으로 살아간다.

하지만 그럼에도, 그럴수록, 매일의 마음가짐과 작은 실천만이 평화문화를 가능하게 하며, 이 문화를 서로 나누고 배우는 과정에서 또 다른 평화의 순간이 가능해진다. 노벨평화상 수상자들의 평화문화 캠페인이 그런 작은 평화의 시작을 각자의 삶 속에 준비하기 위한 것이었듯이, 이 책은 바로 그들을 평화의 출발점으로 삼아, 그들이 자신의 온 삶과 때로는 목숨까지 바쳐 일궈낸 평화의 문화를 한국의 독자들과 나누고자 한다.

『평화를 만든 사람들: 노벨평화상 21』은 서울대학교 통일평화연구원 HK평화인문학연구단과 네이버의 공동기획으로 2015년 10월부터 2016년 12월까지 디지털지식백과 네이버캐스트에 연재된 '세계평화인물열전: 평화를 만든 사람들'에 기반해 구성되었다. 이 과정에서 온라인 연재 내용을 오프라인 출판의 성격에 맞추어 대폭 수정하고 보완했다.

책에는 노벨평화상 전반에 대한 소개글과 함께 21세기 인류 평화의 디딤돌이 될 수상자 21인의 삶이 담겨있다. 책의 기획 단계에서 가장 신경을 쓴 것은 수많은 노벨평화상 수상자 중 이 21인을 어떤 기준으로 선별할 것인가였다. 성별, 인종, 지역, 분야, 지명도, 전문적 집필 가능성 등을 염두에 두고, 특히 노벨평화상의 유명한 한계로 지적받는 '백인·남성·서구중심성'을 벗어날 수 있도록 구성했다. 책에 적지 않은 여성 수상자가 소개되고, 아시아, 아프리카, 라틴아메리카, 동유럽 등 다양한 지역 출신 수상자가 고루 포함된 것은 이 때문이다. 또 같은 조건일 경우 한국에 상대적으로 덜 알려진 사람을 택했다. 이를테면 흑인인권운동 영역에서 넬슨 만델라가 아닌 앨버트 루틀리를 택하는 식으로 말이다. 수상자에 대한 전문적 집필이 최대한 가능하도록 필자를 섭외했고, 이 과정에서 한국외국어대학교 아프리카연구소,

전북대학교 프랑스·아프리카연구소, 명지대학교 중동문제연구소, 서울대학교 라틴아메리카연구소 같은 연구기관의 도움을 받았다. 중요하게는 서술에 있어 일방적인 찬사가 아니라, 수상자의 공과를 가능한 객관적인 시각에서 다루고자 노력했다는 점도 덧붙이고 싶다.

책을 지금과 같은 연대순이 아닌 주제별로 구성하려는 생각도 있었다. 하지만 국제평화운동, 조정과 중재, 군축과 반핵, 인권, 인도주의, 민주화, 사회정의와 지속가능한 발전, 환경과 생태 등 다양한 주제를 포괄하는 노벨평화상 수상분야에 비해 지면이 너무 적었다. 결국 각 분야를 대표하는 2~3인을 고루 포괄하되, 이를 수상연도 순으로 배치하게 되었다. 그러한 구성을 따라가다 보면 노벨평화상이 역사적으로 진화해온 궤적을 가늠해볼 수도 있을 것이다.

또 그러한 구성을 따라가다 보면, 세계사를 장식한 주요사건이나 분쟁과 차례대로 마주치게 될 것이다. 평화가 '…한 폭력이 없는 상태'로 정의되는 것처럼, 가장 소중한 평화의 기억은 가장 잔혹하고 극단적인 폭력의 역사를 출발점으로 삼기 때문이다. 이 책이 독자와 나누길 원하는 평화의 감수성이 일상 속에 깊이 뿌리내려, 평화가 더 이상 폭력의 반명제로서가 아니라 오롯이 자신의 존재로 정의될 수 있는 날이 오기를 바란다.

처음 네이버와의 공동기획은 성인을 대상으로 한 노벨평화상 책이 한국에 거의 전무하다는 놀라운 발견에서 시작되었다. 따라서 이 책은 아동용 위인전 류의 관련 서적을 제외하면, '한국 최초의 노벨평화상 소개서'가 될 것이다. 처음인 만큼 부족한 점 또한 많겠지만, 향후 이어질 과정에서 늘 염두에 두고 개선해나갈 것을 약속드리며 너른 양해를 구하고 싶다. 마지막으로 적은 원고료와 촉박한 일정에도

'나로부터 시작하는 작은 평화'를 만드는데 기꺼이 동참해주신 17인의 필진, 귀중한 사진자료 게재를 허락해준 노벨재단, 연세대학교 김대중도서관, 러시아 사하로프센터, 그리고 책을 정성껏 만들어주신 진인진의 김영진 사장님과 배원일 팀장님께 깊은 감사의 인사를 드린다.

2017년 10월 31일
이문영

Ⅱ

노벨평화상에 대해
알고 싶은 것들

Alfred Bernhard Nobel 1833.10.21~1896.12.10

"

　...그중 5분의 1은 국가 간 형제애, 상비군의 폐지나 축소, 평화 회의의 개최와 진흥을 위해 최대 또는 최고의 일을 한 사람에게 준다...평화의 챔피언은 노르웨이 의회가 뽑은 5인의 위원회가 선정한다. 특별히 바라건대, 상을 수여함에 있어 결코 후보자의 국적을 따져서는 안 되며, 스칸디나비아인이건 아니건, 가장 가치있는 사람이 상을 받아야 한다.

"

- 〈노벨의 유언〉 중

제정자 / 알프레드 노벨(스웨덴)

선정기관 / 노르웨이 노벨위원회

발표 / 매년 10월 초 노르웨이 노벨연구소 강당

시상 / 매년 12월 10일 노르웨이 오슬로 시청

역사 / 1901년(제1회) ~ 2017년(제98회)

역대 수상자 수 / 131 = 개인 104명 + 단체 27개

대상 분야 / 국제평화운동, 조정과 중재, 군축 및 반핵, 인도주의

인권, 민주화, 지속가능한 발전과 경제 정의, 환경 · 생태 운동

1. 노벨평화상의 탄생

1) 알프레드 노벨의 유언

1895년 11월 27일 파리의 '스웨덴-노르웨이 클럽'. 다이너마이트의 발명으로 막대한 재산을 모은 스웨덴의 사업가 알프레드 노벨이 마지막 유언장에 서명을 한다. 바로 이 유언에 의해 노벨상이 탄생했다.

"현금화할 수 있는 내 남은 재산 모두는 다음과 같은 방식으로 처리될 것이다: 유언집행자가 안전한 유가증권에 투자한 자산으로 재단을 만들고, 매년 그 이익이 그 전 해 인류에 가장 큰 혜택을 가져다준 사람들에게 상금의 형식으로 분배될 것이다. 그 이익은 5개 분야에 균등하게 나누어진다...그중 5분의 1은 국가 간 형제애, 상비군의 폐지나 축소, 평화 회의의 개최와 진흥을 위해 최대 또는 최고의 일을 한 사람에게 준다...평화의 챔피언은 노르웨이 의회가 뽑은 5인의 위원회가 선정한다. 특별히 바라건대, 상을 수여함에 있어 결코 후보자의 국적을 따져서는 안 되며, 스칸디나비아인이건 아니건, 가장 가치있는 사람이 상을 받아야 한다".

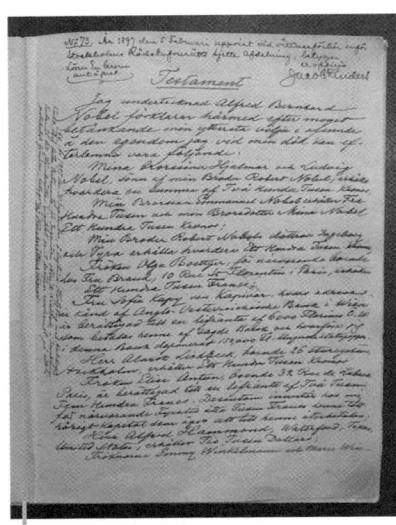

노벨의 유언장(1895.11.27)

- '노벨의 유언' 중

다음 해인 1896년 12월 10일 노벨이 사망한 후 유언을 둘러싼 많은 논란, 친인척의 거센 반발, 법적 소송이 이어져 실제 노벨상의 집행은 5년 후인 1901년 비로소 이루어진다. 노벨이 남긴 유산은 당시 돈으로 약 3,100만 SEK(스웨덴 크로나), 현재 화폐가치로는 약 17억 SEK(약 2억 600만 달러, 한화로는 약 2,400억 원)에 달한다. 당시 스웨덴의 왕 오스카 2세는 자기 나라 사람들도 가난에 허덕이는데 어떻게 다른 나라 사람에게 그런 거액의 상금을 나눠줄 생각을 할 수 있냐며 화를 냈다. 그는 노벨이 평화 광신자들, 특히 '여자들'의 영향을 받아 부도덕하고 비애국적인 결정을 내렸다고 비난했다. 이때 '여자'란 노벨의 절친이자 당대의 저명한 반전 운동가로, 그의 세계관에 큰 영향을 미친 베르타 폰 주트너를 말한다. 한편 스웨덴의 보수주의 정치인들은 노벨평화상의 경우 노르웨이 의회가 선임한 위원들이 수상자를 결정한다는 점을 수상쩍게 여겼다. 그들은 사실상 스웨덴의 지배 하에 있던 노르웨이가 독립을 위한 정치적 수단으로 노벨평화상을 활용하지 않을까 의심을 거두지 못했다.

그것이 아니더라도 당시로서는 과학에 큰 상을 주는 것도 괴상한 일이었고, 국제적인 상은 더욱 드물었으며, 더구나 '국적을 따지지 않는 거액의 평화상'이라는 발상은 매우 기이하고 받아들이기 힘든 것이었다. 이를 가능하게 한 노벨의 코스모폴리타니즘은 한 나라에 뿌리내리지 않고 수많은 나라를 유랑하듯 떠돌며 산 그의 이력과도 깊이 관련된다. 스웨덴에서 태어난 그는 제정러시아의 수도 상트 페테르부르그에서 유년시절을 보냈고, 17살부터 독일, 프랑스, 이탈리아, 미국 등을 돌아다니며 수학했다. 사업가로 성공한 후에도 스웨덴의 비외르크보른(Björkborn), 프랑스 파리, 이탈리아 산 레모의 맨션을 오가며 살았고, 1896년 그가 죽었을 때 그가 소유했던 100여 개의 공장은 세계 20개 나라에 퍼져있었다.

이러저러한 논란과 송사 끝에 결국 1897년에는 노르웨이 의회가, 1898년에는 스웨덴 의회가 노벨의 유언을 받아들이기로 결정하고, 1900년 마침내 오스카 2세가 노벨재단의 설립을 승인했다. 이는 1893년부터 노벨을 위해 일해 온 26살의 화학자 솔만(Ragnar Sohlman)의 헌신적인 노력으로 가능했다. 재단의 설립으로 이듬해인 1901년 최초의 노벨상 시상이 이루어졌고, 제2회 시상식부터는 오스카 2세도 참석해 수상자들에게 직접 상을 시상하였다. 그 이래로 평화상을 제외한 노벨상은 스웨덴 국왕이, 평화상은 노르웨이 국왕의 참석 하에 노벨위원회 위원장이 시상하는 것이 전통으로 확립되었다.

2) 세계 최대 무기상이 세계 최고의 평화상을?

노벨평화상의 가장 큰 수수께끼는 "왜 '죽음의 발명가', '죽음의 상인'이라 불리던 세계 제일의 무기상이 세계 최고의 평화상을 만들었는가..."라는 흥미로운 아이러니와 관련된다.

가장 일반적인 해석은 노벨이 (의도와 상관없이) 파괴와 죽음을 대가로 축적한 부로 인해 양심의 가책을 느꼈기 때문이라는 것이다. 한편 가장 믿을만한 근거는 베르타 폰 주트너와의 관계에서 찾을 수 있다. 한때 노벨의 비서였던 주트너는 병약한 노벨을 평생 돌봤던 어머니, 짧지만 강렬한 사랑을 나눴던 연인 소피 헤스와 더불어 '노벨의 세 여인'으로 꼽힌다. 노벨은 평생 결혼하지 않았고 아이도 없었다. 무엇보다 평화에 대한 생각과 방법에 있어 노벨은 주트너에게서 많은 영향을 받았다. 그가 주트너와 무려 20여 년에 걸쳐 주고받았던 편지 속에는 어떻게 하면 사회를 변화시킬 수 있을지에 대한 노벨의 고심과 주트너의 조언이 생생하게 담겨 있다. 유산의 사회적 환원이나 노벨평화상의 제정은 분명 주트너와 무관하지 않다.

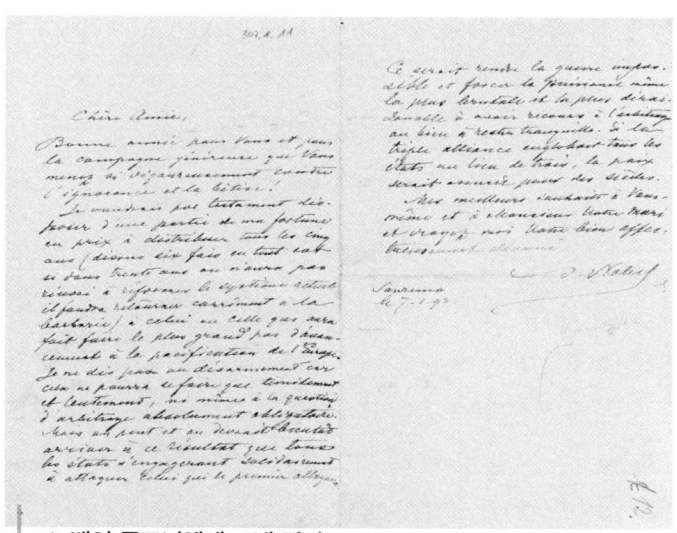
노벨이 주트너에게 보낸 편지(1893.01.07)

　사실 현실주의자 노벨은 주트너가 이끌던 당대 평화운동의 기본 전제에 그다지 동의하지 않았다. 우울하고 냉소적인 성격의 그는 혁명적 변화를 위해 폭력이 필요하다는 내용의 드라마를 직접 쓴 적도 있었다. 주트너와 달리 그는 군비축소나 철폐, 조정과 중재에 의해 국제 분쟁이 해결될 수 있을 거라 믿지 않았다. 오히려 과학기술의 발전에 의한 강력한 무기의 출현이 전쟁을 억제할 수 있다고 믿었고, 평화를 깨는 자들을 응징하기 위해서라도 군비는 필요하다고 생각했다. 또 민간시민운동보다는 국가간 집단안보조약에 더 큰 희망을 걸었다.

　그럼에도 그는 주트너의 비정부 평화운동 및 국제평화단체에 지원을 아끼지 않았다. 노벨은 그녀에게 이렇게 말하곤 했다. "내게 알려주고 나를 설득해주오. 그러면 내가 그 운동을 위해 뭔가 대단한 것을 하겠소". '뭔가 대단한 것'이란 무엇일까. 노벨평화상의 제정은 그 연장선상에서 이해될 수 있다. 하지만 이 모든 건 추측에 불과할 뿐, 노벨의 속내는 영원한 수수께끼로 남았다.

"내가 수수께끼 같다고 당신들은 말하지. 어쩌면 그럴지도, 우리 모두는 설명할 수 없는 수수께끼니까."

- 18살의 노벨이 쓴 시 '수수께끼' 중

3) 왜 노벨평화상만 노르웨이에서?

유언에 드러나듯이 처음 노벨상은 5개 분야(물리학, 화학, 생리학 또는 의학, 문학, 평화)로 구성되었으나, 1968년 스웨덴 국립은행 창립 300주년을 기념해 경제학 분야가 추가되었다. 다른 노벨상을 스웨덴에서 주관하는 것과 달리 평화상은 노르웨이의 노벨위원회에서 선정한다. 왜 유독 평화상만 스웨덴이 아닌 노르웨이에 위임했는지에 대해서 노벨은 아무 말도 남기지 않았기에 이 또한 추측만이 가능하다.

가장 유력한 것으로는 1) 당시 스웨덴과 노르웨이는 연합국 상태

최초의 노르웨이 노벨위원회(1897)

였기에 5개 중 하나 정도는 노르웨이에 위임하는 것이 양국 간 긴장 완화에 도움이 된다, 2) 실질적으로 스웨덴 지배 하의 노르웨이는 독립적 외교정책을 펼 수 없었기에 오히려 평화상 선정에 보다 객관적일 수 있다, 3) 노르웨이 의회는 국제의원연맹에 적극 참여하고, 갈등 해결에 있어 조정과 중재를 중시하는 등, 당시 어느 나라보다 민주적이다...라고 노벨이 생각했기 때문이라는 설이다.

그 외 노벨이 '사랑에 빠졌다'고 표현할 정도로 좋아했던 작가 비에른손(B. Bjørnson)이 노르웨이 출신의 평화운동가이기도 했다는 점도 자주 거론된다. 실제 이후 비에른손은 최초의 노벨위원회 위원으로 평화상 선정에 직접 참여했고, 1903년에는 노벨문학상을 받았다.

2. 노벨평화상의 시기별 특성

노벨평화상의 역사는 세계평화운동의 발전이나 평화 개념의 확대 과정과 긴밀하게 관련된다. 노벨평화상은 그 과정을 충실히 반영할 뿐 아니라, 주도적으로 이끌어나가기도 했다.[*]

1) 1901~1913년: 국제평화운동 조직의 시기

전 세계적으로 이 시기는 제1차 세계대전을 목전에 두고 한편으로는 서구 열강의 제국주의적 각축이, 다른 한편으로는 평화운동의 국제적 조직화가 이루어진 때다. 또 조정이나 중재에 의한 전쟁방지, 그

---

[*]   이하 괄호 안은 수상연도를 말한다. 노벨평화상 수상자 이름의 영문 표기는 8절 역대 수상자 목록(67~71쪽) 참조.

를 위한 국제법적 기초가 타진된 때이기도 하다. 이를 반영하듯 이 시기 다수의 노벨평화상은 국제의원연맹, 국제평화국, 국제법학회, 상설중재재판소, 각종 평화회의 등 대표적 평화조직의 창립자나 공헌자, 또는 조직 자체에 돌아갔다. 국제연맹의 전신이자, 평화실현을 위한 최초의 국제적 다자협력기구에 해당하는 국제의원연맹의 창시자이며, 파리 만국평화회의의 조직자였던 프레데리크 파시가 1901년 최초의 노벨평화상을 받은 것은 이런 의미에서 매우 자연스런 수순이었다.

물론 파시와 최초의 노벨평화상을 공동수상한 앙리 뒤낭의 경우는 다소간 논란의 대상이 되었다. 국제적십자위원회를 창립한 뒤낭의 공을 둘러싸고 '전쟁을 인간적으로 만드는 활동이 과연 평화상의 대상이 될 수 있는가'라는 의문이 강력히 제기되었다. 노벨평화상의 최초 선정부터 불거진 논란은 이후 이 상을 마치 분신처럼 따라다녔고, 이는 상의 역사가 생생히 증명하는 바다. 다른 한편 뒤낭의 수상은 제2차

최초 수상자 앙리 뒤낭과 프레데리크 파시(1901, 왼쪽부터)

세계대전 후 이루어진 평화 개념의 인도주의적 확장을 일찌감치 예고한다.

그 외, 국제평화국 창립을 주도한 주트너(1905)와 그 최초 의장이었던 프레드리크 바예르(1908), 개인이 아닌 단체가 노벨평화상을 받은 최초 사례인 국제법학회의 수상(1904), 저명한 국제법학자이자 상설 중재재판소 멤버인 루이 르노(1907)의 수상 등이 이 시기를 대표한다.

2) 1917~1945년: 정치인의 시기

제1 · 2차 세계대전으로 국제평화유지와 협력증진을 위한 국제기구 설립이 절실히 요청되었다. 이 시기 수상자의 다수가 국제연맹이나 국제연합의 설립, 전쟁 종식을 위한 각종 평화조약의 성사에 기여한 정치인 중에서 나온 건 이 때문이다. '국제연맹의 아버지' 우드로 윌슨(1919)과 '국제연맹의 정신적 지주' 레옹 부르주아(1920)의 수상, 흔히 '부전(不戰) 조약'이라 불리는 '켈로크-브리앙' 조약을 성사시킨 미 국무장관 프랭크 빌링스 켈로크(1929), 집단안보조약인 '로카르노 조약'을 성사시킨 영국 외무장관 오스틴 체임벌린(1925), 파라과이와 볼리비아 사이의 '차코 전쟁'을 종식시킨 아르헨티나 외무장관 카를로스 사베드라 라마스(1936), 국제여성연맹을 설립하고 이끈 제인 애덤스(1931), 국제연합 조직에 앞장 선 미 국무장관 코델 헐(1945) 등의 수상이 대표적이다.

'국제연맹의 아버지' 우드로 윌슨 (1919)

전쟁 시기 절실하게 요청된 인도주의 활동이 노벨평화상의 시야에 포착되기 시작한 것도 이때부터다. 이전 시기 인도주의 관련 유일한 수상자였던 뒤낭의 국제적십자위원회는 부상병 구호, 전쟁포로의 권리 보호, 가족과의 접촉권 보장 등 각종 구호 활동으로 세계대전 기간 중인 1917년, 1944년 두 번의 수상을 하고, 1963년 또 한 번의 수상이 더해지며 단일기구 최다수상의 기록을 수립하게 된다. 국제적십자위원회의 진영을 초월한 인도주의 활동은 '국가 간 형제애 증진'이라는 노벨의 뜻에 부합하는 것으로 인정되었다. 한편 난센과 난센국제난민사무국은 전쟁난민 지원 및 구호활동으로 각각 1922년과 1938년 노벨평화상을 수상한다. 하지만 이 시기 노벨평화상이 주목한 인도주의 활동은 국제기구나 국제연맹과의 공적 관련 속에 진행된 것에 주로 한정되었다.

한편 노벨의 유언에 평화상 부여의 근거로 '군비축소를 위한 활동'이 명확히 제시되었음에도 불구하고, 이 영역 최초의 수상자는 노벨이 죽은 지 수십 년이 지난 1934년에야 나오게 된다. 1932년 열린 국제연맹 군축회의 의장 아서 핸더슨이 그 주인공이다. 또 1935년 정치범 신분으로 수상자에 선정된 카를 폰 오시에츠키의 경우는 노벨평화상 최초의 인권 관련 수상이라는 점에서 예외적이면서도 주목할 만하다.

3) 1946~1959년: 인도주의 시기

제1·2차 세계대전 이후 노벨평화상은 생명 보호, 고통 경감, 복지 증진을 위한 인도주의 활동, 관련 국제법의 정립과 실행에 본격적으로 주목하기 시작한다. 이전 시기와 달리 국가나 국제기구 차원의 활동만이 아니라, 전쟁의 희생자를 위로하고 고통을 완화하는 민간과 개인의 노력에도 큰 관심을 보였다. 또 단지 전쟁이 일어나지 않는 것만이 아니라, 인간 행복을 위한 포괄적인 기본 전제들이 마련되어야 진정한 평화가 가능함을 널리 알렸다. 그 결과 전쟁과 상관이 없는 인간의 고통, 즉 제3세계의 가난하거나 병든 자에 대한 봉사도 평화상의 대상에 포함되게 된다. 평화 개념의 이러한 외연적 확대는 이후 서구 평화학에 새로이 등장한 '적극적 평화(positive peace)' 개념을 예비하는 것이라고도 평가할 수 있다.

1960년대 세계 평화학의 아버지인 요한 갈퉁(J. Galtung)은 단순히 전쟁이 없는 상태인 '소극적 평화'를 넘어, 경제적 불평등, 사회 부정의, 차별 등의 구조적·문화적 폭력이 없는 상태로서 '적극적 평화' 개념을 제안했다. 이 개념이 평화학의 패러다임 자체를 변화시켰다는 점은 널리 알려진 사실이다. 노벨평화상은 갈퉁보다 거의 20여 년 앞서 '적극적 평화' 개념과 유사하게 평화의 적용 범위를 확대시켰다. 어쩌면 이는 인류의 형제애를 강조했던 노벨의 유훈이 이미 예고한 것인지도 모른다.

이처럼 노벨평화상은 평화와 평화연구의 새로운 방향을 제시하고 이에 헌신한 사례를 발굴해 격려, 고무함으로써 이를 더욱 발전시켜나가는 역할을 했다. 사회정의와 평화를 위한 봉사를 기치로 내걸었던 영미퀘이커봉사협회(1947), 유엔난민기구(1954), 1946년 기독청년세계연맹(YMCA) 회장인 존 모트(1946)의 수상, 그리고 '아프리카의 성자' 알베르트 슈바이처(1952)의 수상 등이 이 시기를 대표한다.

유엔난민기구(1954, 1981)

4) 1960~1986년: 인권의 시기

평화 개념의 필수불가결한 요소로 인권에 주목한 시기다. '세계인권선언'(1948)을 쓴 '인권의 아버지' 르네 카생이 그 20주년을 기념해 1968년 노벨평화상을 수상한 것이나, '유럽인권규약'(1968)의 작성자이자 '국제사면위원회'의 공동창립자인 숀 맥브라이드가 1974년 상을 받은 것이 이를 잘 보여준다. 이 시기 노벨평화상의 다수가 인종이나 성별, 종교 등에 근거한 각종 차별에 저항하고, 양심과 표현의 자유를 위해 헌신한 사람들, 인권의 국제법적 근거를 제공한 개인이나 단체에 돌아갔다.

특히 인권에 대한 존중은 노벨평화상 자체에도 적용되었다. 즉 이 시기는 백인·남성·서구 중심적 경향을 보였던 노벨평화상이 그 한계를 넘어서기 시작한 때와 일치한다. 이는 1960년 앨버트 루툴리가 아프리카인 최초로, 1974년 사토 에이사쿠가 아시아인 최초로 노벨평화상을 수상한 데서 가장 상징적으로 드러난다. 마틴 루터 킹(1964), 안와르 사다트(1978), 데스몬드 투투(1984) 등 줄줄이 이어진 수상이

아프리카 최초의 수상자
앨버트 루툴리(1960)

잘 보여주듯이, 비백인, 비서구인의 노벨평화상 수상이 더 이상 낯설지 않은 일이 되었다. 노벨평화상이 진정으로 글로벌한 상이 되었다는 평가가 비로소 가능해졌다.

더불어 그간 철저하게 배제되었던 공산권 출신 수상자가 최초로 나오기 시작한 것도 이 때부터다. 1975년 당시 소련의 반체제 인권운동가 안드레이 사하로프의 수상, 1983년 폴란드 노동운동가 레흐 바웬사의 수상이 여기에 해당한다. 이 시기 뿐 아니라 역대 노벨

평화상을 통틀어 수상자 중 가장 많은 수가 인권 분야에서 나왔다.

그 외 주목할 만한 것은 반핵 메시지를 강력히 던진 과학자들의 수상이다. 1954년 노벨화학상, 1962년 노벨평화상 수상이라는 독특한 이력을 가진 라이너스 폴링은 1963년 체결된 '부분적 핵실험금지조약'의 일등공신이었다. 1985년 국제핵전쟁방지의사회의 수상이나, 인권운동가면서 동시에 저명한 핵물리학자였던 '소련 수소폭탄의 아버지' 사하로프의 수상도 부분적으로 여기에 속한다.

5) 1987년~현재: 민주화의 시기, 평화 이슈의 다원화

평화와 민주주의의 관계가 부각되는 한편, 평화 의제가 다양해진 시기다. 민주주의와 관련해서는 독재정권과 그 인권탄압에 항거한 민주화 투사, 또는 냉전 종식, 민주주의적 체제전환을 이루어낸 정치가 등이 상을 받았다. 티베트 민주화 및 자결권 보장을 위해 중국과 싸운 14대 달라이 라마(1989), 미얀마 군부정권의 독재에 맞섰던 아웅산 수치(1991), 과테말라 원주민의 권리를 위해 싸운 리고베르타 멘추 툼(1992)이 전자에 속한다. 한편 소련 개혁개방으로 세계 냉전 체제를 끝낸 미하일 고르바초프(1990), 길고 긴 아파르트헤이트 시대를 마감한 남아프리카공화국 최초의 흑인대통령 넬슨 만델라(1993), 남북간 화해와 한반도 내 냉전종식을 위해 헌신한 '햇볕정책'의 실행자 김대중(2000) 등이 후자를 대표한다.

이 시기에는 인도주의, 인권, 반핵과 군축 같은 노벨평화상의 전통적 영역과 더불어, 지구화 시대 다양해진 평화 의제가 새롭게 제출되었다. 기후변화와 지구온난화 방지 등 환경 문제, 지속가능한 발전과 경제정의 실천, 여성 및 아동 평화 등이 이에 해당한다. 그 결과 평화의 외연이 더 풍부해지고, 평화 실천의 새로운 장이 열렸다.

그라민 은행의 창립자 무하마드 유누스
(2006)

핵무기 없는 세상을 위한 퍼그워시 회의(1995)와 국제지뢰금지운동(1997), 화학무기금지기구(2013)의 수상이 전통적인 반핵, 군축의 영역이라면, 풀뿌리 그린벨트 운동을 주도한 '나무 어머니' 왕가리 마타이(2004), '불편한 진실'의 앨 고어와 기후변화에 관한 정부간 협의체(2007), '빈자들의 은행' 그라민과 창립자 무하마드 유누스(2006), 노벨평화상 최연소 수상자인 말랄라 유사프자이(2014)의 수상 등은 21세기 다원화된 새로운 평화 트렌드를 반영한다.

3. 노벨평화상 선정과 시상

선정의 전 과정은 노르웨이 의회가 뽑은 5인의 위원으로 구성된 노벨위원회가 맡는다. 원칙적으로 외국인도 위원이 될 수 있으나, 현재까지는 모두 노르웨이인이었다.

1) 후보 추천: 9월~다음해 2월 1일

매년 9월 노벨위원회는 후보 추천을 받을 준비를 시작한다. 노벨평화상 후보는 아무나 추천할 수 없고, 노벨재단 정관에 표시된 범주

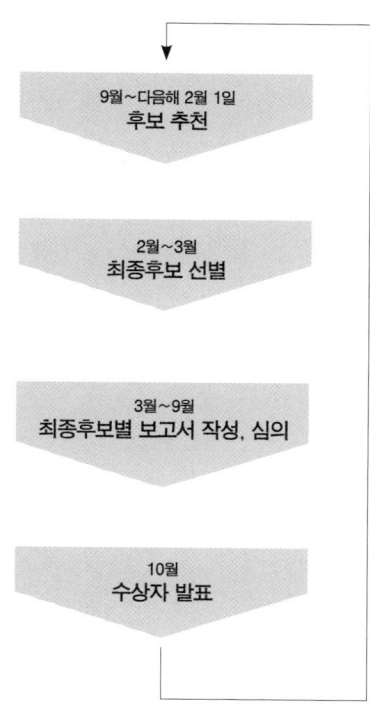

노벨평화상 선정 프로세스

에 속한 사람만이 추천할 수 있다. 1) 각국 의회나 정부의 멤버, 2) 국 제재판소 멤버, 3) 각국 대학 총장이나, 사회과학, 역사, 철학, 법학, 신학 전공 교수, 4) 각국 평화연구기관이나 외교정책연구기관의 기관 장, 5) 노벨평화상을 이미 받은 개인, 6) 노벨평화상을 이미 받은 단 체의 임원, 7) 노르웨이 노벨위원회의 전현직 멤버, 8) 노르웨이 노벨 위원회의 전 자문위원이 여기에 해당한다. 본인 추천은 불가능하다.

후보 추천마감은 다음해 2월 1일이다. 노벨위원회 현 위원에 한해 서 2월 1일 이후 열린 첫 번째 회의까지 연장이 가능하다. 2월 1일이 지나 이루어진 추천은 그 다음 해로 넘어간다. 매년 추천되는 후보 수 (개인이나 단체)는 평균 약 200건을 유지해오다 최근 들어 300건을 훌쩍 넘게 되었다. 일례로 2016년엔 376건이 추천되어 역대 최다후보 수를 기록했고, 2017년에도 개인 215명, 단체 103개로 총 318건의 후보가 추천되었다.

2) 최종후보 선별: 2월~3월

노벨위원회는 추천된 후보들의 업적을 검토해 최종후보군을 추린다. 매년 최종후보 리스트에 오르는 개인이나 단체는 보통 20~30명(개)이다.

3) 최종후보별 보고서 작성, 심의: 3월~9월

노벨위원회 자문위원들이 최종후보들에 대한 상세한 보고서를 작성한다. 자문위원은 보통 노벨연구소 소장과 연구부장을 비롯해, 관련 분야의 노르웨이 대학교수들, 때로는 외국 전문가들로 구성된다. 자문위원들의 보고서가 제출된 후, 노벨위원회에서 선정을 위한 본격적인 논의가 시작된다. 보통 수상자 발표 직전 마지막 회의에서야 최종결정이 이루어지곤 한다. 위원회는 만장일치를 추구하나, 그것이 불가능할 경우 다수결의 원칙에 따른다.

4) 수상자 발표: 10월

매년 10월 초 노르웨이 노벨연구소 강당에서 노벨위원회 위원장이 당해 노벨평화상 수상자를 발표한다. 보통 발표장에는 수많은 기자들이 모이며, 공식적인 발표 전 세계 유수 언론에 올해의 수상자와 관련한 많은 기사들이 실린다. 하지만 이는 추측이나 소문에 근거한 것이다. 왜냐면 노벨재단 정관에 따라 추천인이나 피추천인, 후보검

증결과, 선정회의에서 오고간 의견 등은 향후 50년간 엄격히 비밀에 부쳐지기 때문이다. 이를 '50년 비밀의 법칙'이라 한다. 50년이 지나면 노벨재단의 데이터베이스가 열린다.

5) 노벨연구소(Nobel Institute)

노벨평화상 선정절차는 노벨연구소의 지원 속에 이루어진다. 1904년 설립된 노벨연구소는 현재 스웨덴과 노르웨이에 각각 존재한다. 그 초대 소장을 맡은 이가 바로 온갖 어려움을 이겨내고 노벨재단을 만들어 노벨의 유언을 현실화한 솔만이다. 노벨연구소의 소장은 노벨위원회 사무총장을 겸직하며, 연구소의 가장 주요한 임무, 즉 후보자들에 대한 정보를 입수, 정리, 분석해 노벨위원회에 제공하고, 시상식을 조직하는 일을 총괄한다. 노벨연구소의 전문가적 지원 없이 노벨평화상은 불가능하다. 매년 10월 초 당해 수상자가 노벨연구소 강당에서 발표되는 것은 이 때문이다.

그 외 노벨연구소는 노벨과 노벨재단의 목적을 널리 홍보하고 실현하기 위해 자체 연구부서와 펠로우쉽 프로그램을 운영하고 있으며, 18만 권에 달하는 평화 관련 장서를 보유한 도서관을 가지고 있고, '노벨 심포지아(Nobel Symposia)' 같은 다양한 세미나, 강연, 전시 등도 진행하고 있다.

노르웨이 오슬로의 노벨연구소

6) 시상식

시상식은 다른 노벨상과 마찬가지로 매년 노벨의 사망일인 12월 10일에 열린다. 1946년까지는 노벨연구소에서, 이후에는 오슬로대학에서 열리다가, 1990년부터 오슬로 시청에서 열리고 있다. 수상자는 노르웨이 왕, 왕족, 선정위원회, 기타 유명인사들이 참석한 가운데 노벨위원회 위원장으로부터 메달과 증서, 상금증서를 받는다. 수상자는 수상내용과 연관된 주제로 기념강연을 한다. 매년 시상식 참여를 원하는 일반인들을 위해 수백 개의 좌석이 제공되고, 증서의 카피본을 기념으로 나눠준다. 저녁에는 오슬로 그랜드 호텔에서 만찬이 거행된다. 1994년부터는 시상식 다음날 '노벨평화상 콘서트'가 매년 열려 약 4억 5,000만의 세계인에 중계되며, 티나 터너, 필 콜린스, 스팅, 머라이어 캐리 등의 세계적 팝스타가 노 개런티로 참여했다. 김대중 전 대통령이 수상한 2000년의 노벨평화상 콘서트에는 조수미가 출연했다.

메달

18캐럿 금으로 만든 지름 66mm, 무게 175g의 노벨평화상 메달은 노르웨이의 유명 조각가인 비겔란(G. Vigeland)이 노벨위원회로부터 위임받아 만든 작품으로, 스웨덴에서 제작되는 다른 노벨상의 메달들과는 디자인이 다르다. 앞면에는 노벨의 초상과 이름, 그의 출생 및 사망년도가 라틴어로 새겨져 있다. 뒷면에는 "Pro pace et fraternitate gentium(인류의 평화와 형제애를 위하여)"라는 글귀와 함께 세 사람의 모습이 새겨져 있다. 벌거벗은 채 어깨를 걸고 서로 어우러진 이들은 인류의 형제적 연대를 상징한다. 수상자의 이름과 수상연도는 "Prix Nobel de la Paix(노벨평화상)"이라는 글귀와 함께 메달의 모서리에 새겨진다.

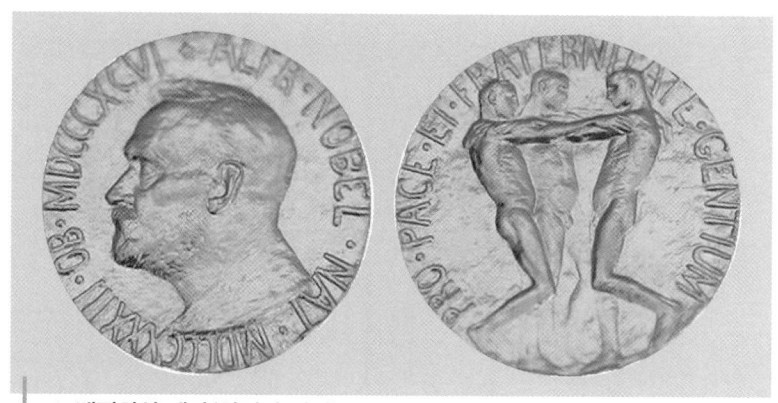

노벨평화상 메달(앞면과 뒷면)

증서

증서는 그 자체 하나의 예술작품으로, 한 면은 예술적 디자인, 한 면은 수상 사항(상의 이름, 수상자 이름, 수상년도, 시상기관 등)의 기록으로 구성된다. 디자인의 경우, 1901년부터 1969년까지는 노르웨이 화가 문테(G. Munthe)의 그림이, 1970년부터 1990년까지는 그래픽 디자이너 란헤임세테르(Ø. Ranheimsæther)의 작품이 사용되었다. 문테의 작품에는 노르웨이 호랑이와 북극 오로라가, 란헤임세테르의 작품에는 평화의 비둘기가 묘사되어 있었다. 1991년부터는 노르웨이의 대표적 예술가들이 번갈아 디자인을 담당하고 있다. 따라서 1901년부터 동일한 디자인을 고수해온 메달과 달리 증서는 수상연도에 따라 디자인이 다르다. 한편 수상사항은 1992년 이래로 노르웨이의 유명 서예가인 망누스(Inger Magnus)의 손 글씨로 쓰여진다. 다른 노벨상과 달리 노벨평화상의 증서에는 수상사유가 적시되지 않는다.

| 김대중 대통령이 받은 노벨평화상 증서(2000)

상금

상금은 노벨평화상의 명성에 무시 못 할 비중을 차지해왔다. 노벨위원회가 2016년 노벨평화상 상금으로 밝힌 금액은 800만 SEK(스웨덴 크로나)로, 약 98만 달러, 한화로는 약 11억 원에 해당한다. 수상자가 한 명 이상인 경우 총액을 인원 수로 나눈다. 매년 노벨 재단의 투자 이익이 배분되는 탓에 상금의 액수는 매년 다르다.

참고로 제1회인 1901년 상금은 약 15만 SEK, 2016년 화폐가치로 환산하면 약 830만 SEK로 2016년과 거의 비슷한 수준이다. 비율로 환산해 1901년부터 2016년까지 상금이 가장 적었던 해는 미국의 28대 대통령 우드로 윌슨이 수상한 1919년이었고(약 230만 SEK), 가장 많았던 해는 유엔과 당시 사무총장 코피 아난이 수상한 2001년이었다 (약 1,185만 SEK). 2000년 김대중 전 대통령은 약 1,100만 SEK(한화 약 15

억 원)의 상금을 받았는데. 이는 역대 7번째로 많은 금액이었다. 수상자가 없는 해의 상금은 다음 해로 넘어가고, 그 다음 해에도 수상자가 없게 되면 노벨재단 특별펀드로 예치된다.

4. 노벨평화상 수상 후 활동:
"Appeal of the Nobel Laureates!"

노벨평화상 수상자들은 상이 지니는 세계적 권위와 명성, 상금을 활용해 수상 후에 더욱 활발한 활동을 벌인다. 이는 노벨평화상의 소기의 목적 중 하나기도 하다. 그러한 활동은 자주 집단적 형태를 띠었는데, 흔히 '노벨상 수상자들의 호소(Appeal of the Nobel Laureates)'라 불리는 것이 대표적이다. 이는 노벨상, 그 중에서도 평화상 수상자들이 중심이 되어 해당 시기 세계 평화의 가장 긴급한 사안에 대해 공동의 성명서를 발표해 행동과 동참을 호소하는 것을 말한다.

그러한 '호소'들 중 비교적 초기의, 그리고 가장 유명한 것으로는 1955년 7월 15일 핵무기와 핵전쟁에 반대해 발표된 '마이나우 선언(Mainau Declaration)'이 있다. 처음에 노벨상 수상자 18명의 공동서명으로 출발한 이 선언에 이후 52명의 수상자들이 참여했다. 그 중엔 1954년 노벨화학상 수상자이자 1962년 노벨평화상 수상자인 라이너스 폴링, 1950년 노벨문학상 수상자인 버트란트 러셀(B. Russell), '퀴리 부인'으로 잘 알려진 마리 퀴리(M. Curie)의 딸과 사위로, 1935년 노벨화학상 공동수상자인 이렌과 프레데릭 졸리오 퀴리(Irene and Frederic Joliot-Curie) 부부 등이 있다. 선언은 바로 일주일 전인 1955년 7월 9일 런던에서 발표된 '러셀-아인슈타인 선언'의 후속편으로, 1957년 〈과학과 세계문제에 관한 퍼그워시 회의〉가 조직될 수 있었던 것은

피스잼의 10주년 기념행사

왼쪽 윗줄부터 시계방향으로 데스몬드 투투, 14대 달라이 라마, 베티 윌리암스, 메어리드 코리건, 시린 에바디, 페레스 에스키벨, 리고베르타 멘추 툼, 조디 윌리암스

전적으로 이 두 선언의 영향 때문이었다. 과학자의 사회적 책무를 강조하고, 핵무기와 세계 평화의 관계를 규명하고자 노력한 〈퍼그워시 회의〉 역시 1995년 노벨평화상을 수상했다.

또 다른 대표 사례로는 14대 달라이 라마, 데스몬드 투투, 오스카 아리아스, 조지프 로트블랫, 왕가리 마타이 등 14명의 노벨평화상 수상자가 참여한 〈피스잼(PeaceJam)〉이 있다. 피스잼은 노벨평화상 수상자들의 경험과 지혜를 통해 평화의 새로운 세대를 길러내려는 목적으로 1996년에 설립된 글로벌 평화교육프로그램이다. 피스잼 자체가 현재까지 9번이나 노벨평화상 후보로 지명된 바 있다.

한편 2006년에는 6명의 여성 노벨평화상 수상자(메어리드 코리건, 리고베르타 멘추 툼, 조디 윌리암스, 시린 에바디, 타와콜 카르만, 레위 그보위)가 〈노벨여성이니셔티브(Nobel Women's Initiative)〉를 만들었다. 이 조직은 전세계 여성 평화운동과 조직을 지원하고, 전쟁, 폭력, 군사주의의 비폭력적 해결을 위한 여성주의적 노력을 강화, 확장하는 것을 목적으로 삼아 설립된 이래 현재까지 왕성한 활동을 벌이고 있다.

이러한 일련의 활동은 2000년 〈평화호소재단(Peace Appeal Foundation)〉 설립의 동기이자 결과에 다름 아니었다. 2000년 5명의 노벨평화상 수상자(넬슨 만델라, 데스몬드 투투, 프레데릭 클레르크, 메어리드 코리건, 아돌포 페레스 에스키벨)가 주도해 만든 이 재단은 노벨평화상 수상자들의 집단적 평화운동의 중심으로, 전세계 평화운동의 지원과 평화문화 확립을 목표로 삼는다. 1997년 일군의 노벨평화상 수상자들이 UN에 제출한 '세계 어린이를 위한 평화와 비폭력을 향한 노벨평화상 수상자들의 호소'가 재단 설립의 기원이 되었다. 이 호소는 재단 설립은 물론, UN이 2000년을 '세계 평화문화의 해'로, 2001~2010년을 '세계 어린이를 위한 평화문화와 비폭력의 10년'으로 선포하도록 만들었다.

처음엔 남아프리카, 스웨덴, 미국의 '노벨평화상 수상자들의 호소 재단'으로 출발했으나, 2005년 현재와 같은 이름을 가진 보다 보편적인 성격의 재단으로 발전했다. 이 재단을 중심으로 노벨평화상 수상자들은 매년 정례화된 만남을 통해 평화를 위한 지혜를 모으고, 국가 간 대화나 글로벌한 평화운동을 격려하고, 평화 진작과 분쟁 해결을 위한 혁신적 방법론이나 교재 개발을 지원하는 등 전방위적 노력을 기울이고 있다.

5. 노벨평화상 비판

"세계에서 가장 권위있는 상", "상금이 가장 많은 평화상" 등 노벨평화상을 따라다녔던 명성에 비례해 그에 대한 비판 역시 때로 매우 거셌다. 그간 논란이 되었던 노벨평화상 비판의 주된 근거는 1) 백인·남성·서구중심성, 2) 평화 개념의 확장성, 3) 정치성, 세 가지로 분류할 수 있다.

백인·남성·서구중심성은 노벨위원회조차 인정했던 한계였다. 특히 상의 초기에 심각한 편향성을 지녔다. 일례로 1901년부터 2000년까지 노벨평화상 100년의 역사 동안 서유럽과 북아메리카의 수상 건수는 총 107건 중 63건으로 전체의 58.9%를 차지했다. 따로 분류된 국제기구가 대부분 서유럽에 근거함을 고려하면 그 비율은 76.7%까지 치솟는다. 또 같은 100년간 총 88명의 수상자 중 여성은 단 10명으로 11.4%에 그쳤다. 특히 처음 75년간 여성 수상자는 단 3명으로, 그나마 모두 서유럽과 미국 출신이었다.

이러한 한계는 시간의 흐름에 따라, 특히 1960년대 인권의 시기를 거쳐 상당부분 극복되었다. 그 결과 21세기 들어(2001~2017) 아시아인과 아프리카인의 수상 비율이 전체의 68.8%, 서유럽과 북아메리카는 25.1%로 완전히 역전된다. 또 같은 시기 전체 15명의 수상자 중 여성 비율이 40%로 성별 비율 역시 과거에 비해 현저히 개선되었다. 노벨평화상이 '서구 백인남성의 전유물'이라는 비판은 이제 더 이상은 현실에 맞지 않는다.

이와 달리 노벨평화상 비판의 두 번째와 세 번째 근거, 즉 평화 개념의 확장성과 정치성의 경우, 이와 관련된 논란은 시간이 흐를수록 더욱 확대되는 추세다. 사실 이 두 요소는 서로 밀접히 연관된다. 평화 활동이 전쟁을 예방하고 종결하고 피해를 최소화하는 행위만을 의미하는 것이 아니라, 불평등, 부정의, 차별 등 갈등과 분쟁을 야기하는 구조적 폭력 자체를 해소하려는 노력으로 확대되면서, 어디까지를 평화 행위로 보아야할지, 평화 개념의 경계에 대한 근본적인 성찰이 요구되었다. 또 '어떤 구조적, 문화적 폭력이 전쟁이라는 극한의 폭력에 우선할 수 있는가'라는 질문과 함께, 노벨의 최초의 유훈으로 돌아가자는 주장도 드물지 않게 제기되었다. 노벨위원회가 평화 개념의 합리적 한계를 넘어 이를 무리하게 확대시켰다는 비판이 제기되었고, 1982년 노벨평화상 수상자인 알폰소 로블레스는 노벨평화상이 전통적 의미의 평화에 집중하기 위해 별도의 인권상을 제정하자고 주장하기도 했다.

노벨평화상이 다른 노벨상과 달리 이미 이뤄진 성취나 업적뿐 아니라, 진행 중인 분쟁을 해결하려는 '노력'에도 상을 부여하게 되면서, 또 그럼으로써 공헌에 대한 '치하'가 아니라, 해결을 향한 '고무'와 '격려'의 기능을 강조하게 되면서 논란은 더욱 가열되었다. 사실 노벨평화상의 이러한 변화는 앞서 평화 개념의 확장과 밀접히 관련되는 것이기도 하다. 대부분의 전쟁이 처음과 끝을 갖는 완결된 사건인 반면, 불평등, 부정의, 차별 같은 구조적, 문화적 모순은 종결의 지점을 명확히 선언하기 어려운 경우가 많기 때문이다. 그럼에도 '결과'와 '성취'가 아닌, '과정'과 '의도'를 시상하는 것이 노벨평화상의 새로운 경향으로 자리잡았다.

한 조사에 따르면 제2차 세계대전 후인 1946년부터 1988년까지 이뤄진 시상의 약 75%가 명확하고 가시적인 성과에 주어졌다면, 냉전 종식 후 현재까지는 전체의 약 78%가 과정과 의도에 상을 준 것으로 드러났다. 이처럼 확장된 평화 개념이나, 과정과 의도에 대한 평가는 필연적으로 그 객관적 기준의 모호성을 동반할 수밖에 없고, 그 결과 평가의 주관성이나 정치성이 자주 의심되는 상황을 초래한 것이다.

'노벨평화상의 정치화(politicization)'에 대한 이러한 의심은 그 수상자 중 실제 정치인이 무시할 수 없는 비중을 차지한다는 점에서 자주 증폭되곤 했다. 나아가 이 문제는 상의 발전의 또 다른 단계에서 다른 양상으로 발화되었다. 1980년대 이후 노벨평화상이 평화와 민주주의의 관계에 주목하게 되면서, 노벨이 상을 제정하며 최우선으로 삼았던 국제평화, 국가간 평화와 더불어, 일국 내 평화(독재청산과 민주화)를 위한 활동 역시 시상의 대상이 되었다. 러시아나 폴란드 등 사회주의권의 반체제운동가, 아웅 산 수치나 류샤오보의 수상 등이 이를 대표한다.

이 범주에 해당하는 시상은 시간이 흐를수록 늘어나는 추세다. 1901년부터 1970년까지 반체제운동가에 상이 주어진 경우가 단 3건이었다면, 1971년부터 2000년대 후반까지 이에 해당하는 비율은 전체의 약 20%로 대폭 증가했다. 이처럼 노벨평화상이 한 나라의 민감한 정치사와 보다 직접적이고 전면적으로 얽히게 되면서, 보편적 가치의 옹호냐, 내정간섭이냐의 논란은 피할 수 없는 과정이 되었다.

물론 노벨평화상의 이러한 진화 과정, 평화개념의 확대 과정을 비판하는 사람보다는 이에 동의하는 사람들이 더 많다. 소극적 평화에서 적극적 평화로의 발전의 필연성은 충분한 동의를 확보한 상태다. 평화의 성취란 당장 눈에 보이는 것도, 보여야 하는 것도 아니다. 평화를 완성이 아니라 과정으로 상상할 때, 그 지평이 보다 많은 사람에게 보다 널리 열린다. 과정은 논란에도 열려 있고, 열려 있어야 한다. 또 굳이 서구발 민주평화론을 옹호하는 바는 아니지만, 인권이 유린되고 폭력이 난무하는 현장에서 민주주의가 평화 실현을 위한 대체 불가한 이념적 기반이 되고 있는 현실을 부인할 수 없다. 이런 복잡다단한 요소들의 상호작용과 진화과정 속에서 때로 가장 논란이 많았던 수상이 가장 성공적인 것이 되기도 하고, 가장 성공적이었던 수상자가 의혹과 논란에 휩싸이기도 한다. 오시에츠키가 그랬고, 로힝야족 문제로 비난에 직면한 현재의 아웅 산 수치가 그렇다.

노벨평화상의 정치화 논란과 관련해 노벨위원회가 비판을 면하기 힘든 사례들도 엄연히 존재한다. 이는 특히 역대 미국 정치인, 그 중에서도 대통령의 수상에서 가장 가시적으로 드러난다. 처음 50년 간 노벨평화상 수상자 중 총 11명의 정치인이 상을 받았는데, 그 중 7명이 미국인이었다. 또 1906년 미국의 26대 대통령 시어도어 루즈벨트의 수상을 시발로 현재까지 총 4명의 미국 대통령이 노벨평화상을 받았다. 2000년 미국 대선에서 조지 부시에 아쉽게 석패한 앨 고어의 2007년 수상까지 합치면, 2002년 지미 카터, 2009년 버락 오바마까지 민주당의 대표정치인들 다수가 상을 받았다. 이중 루즈벨트와 오바마의 사례는 정치인 수상의 한계, 또는 과정과 의도에 대한 시상의 문제점을 단적으로 보여준다.

1906년 루즈벨트의 수상은 노벨평화상 역사상 최초로 정치인이 상을 받은 것으로, 이후 끊임없이 이어진 정치인 수상의 포문을 열었다. 수상 근거는 성공적인 중재로 러일전쟁을 끝내는데 기여했다는 것이었다. 하지만 재임 시 파나마 운하 건설을 위해 콜롬비아를 군사적으로 무력화하고, '가쓰라-태프트 밀약'을 통해 일본의 한반도 식민화 전략을 묵인한 것처럼, 그는 힘의 사용을 마다하지 않는 호전적 정치인으로 유명했다. 《뉴욕 타임즈》는 루즈벨트를 '미국의 가장 호전적인 시민'이라고 불렀고, "부드러운 말과 큰 방망이"라는 그의 명언에 따라 그의 대외정책은 자주 '곤봉 외교'로 풍자되곤 했다. 그의 수상이 결정된 후 노벨위원회 관련자 사이에서도 강한

THE BIG STICK IN THE CARIBBEAN SEA

루즈벨트의 곤봉외교를 풍자한 만화

노벨평화상 시상식에서 증서와 메달을 든 오바마(2009)

비판이 터져 나왔고, 신생독립국 노르웨이의 정치적 이해가 선정에 영향을 끼쳤다는 비판이 줄을 이었다.

이른바 '먹튀 논란'으로 유명한 오바마의 수상은 그가 대통령이 된 지 불과 9개월 만에 이뤄졌다는 점에서 (후보 추천 마감일이 2월 1일인 점을 감안하면 대통령이 된 지 12일 만에 후보가 된 셈이다), 그 결과 오로지 '정치적 의지 표명과 비전 제시'만으로 노벨평화상이 주어졌다는 점에서 비판을 넘어 조롱의 대상이 되었다. 결국 받긴 했지만, 오바마 스스로가 선정 결과에 놀라 자신은 아직 그럴 자격이 없다고 손사래 친 것은 널리 알려진 사실이다. 실제로 그는 '핵무기 없는 세상'에 대한 비전으로 노벨평화상을 받았지만, 이후 러시아와의 새로운 핵무기 감축협상은 2014년 우크라이나 사태 이후 중단되었고, 미국 내 감축 계획 역시 공화당 및 군의 강력한 반대로 이렇다 할 성과를 거두지 못했으며, 총 네 차례에 걸친 핵안보정상회의 역시 선언적인 차원에 그쳤다.

노벨연구소 소장이자 노벨위원회 사무총장을 지낸 룬데스타드(G. Lundestad)는 2015년 회상록을 통해 오바마에게 상을 준 것은 그가 국제평화에 기여하도록 격려하는 게 목적이었지만, 그가 기대에 부응하는 성과를 내지 못했다고 말했다. 그는 오바마 선정은 실수며, 이를 후회한다고 썼고, 노벨위원회는 그의 이런 폭로를 '50년 기밀서약' 위반이라고 비난했다. 많은 사람들은 오바마의 수상이, 마치 2년 전 앨

고어의 수상처럼, 국제적으로 악명 높았던 부시에 대한 불신과 비판을 우회적으로 보여준 행위에 불과하다고 보았다.

이처럼 노벨평화상을 둘러싼 논란과 비판은 아주 많은 경우 그 정치화, 특히 강대국 이해를 대변하는 정치적 행위라는 의심과 관련해 발생했다. 역대 노벨평화상 수상자를 대상으로 한 인기투표에서 알베르트 슈바이처나 마더 테레사, 마틴 루터 킹 같이 상대적으로 비정치적인 인물이 늘 1, 2위를 다투는 것은 우연이 아니다.

어쩌면 노벨평화상과 정치의 연루 가능성은 "노르웨이 '의회'가 뽑은 위원으로 노벨위원회를 구성하라"는 노벨의 유언 속에 이미 태생적으로 존재하는 것인지 모른다. 어쨌든 분명한 것은 노벨평화상의 영원한 화두이자 가장 당면한 과제 중의 하나가 바로 이 정치화의 오명에서 벗어나는 것이라는 사실이다.

6. 기록으로 보는 노벨평화상(1901~2017)

1) 1901~2017 개요

1901년부터 2017년까지 117년간 노벨평화상은 총 98회 수여되었다. 제1·2차 세계대전 기간을 포함해 총 19년은 시상이 이루어지지 않았기 때문이다. 그 이유는 1) 세계대전 기간의 경우 임명절차를 정상적으로 진행할 수 없거나, 전쟁에 대한 중립성의 표명, 또는 항의 표시로 상을 주지 않았고, 2) 다른 기간의 경우 선정자에 대한 최종합의가 이루어지지 않았기 때문이다. 한편 1925년, 1954년, 1962년, 1976년의 경우 수상자가 1년 후 결정되어 각각 1926년, 1955년, 1963년, 1977년 수상자와 동시에 시상이 이루어졌다. 노벨재단 정관에 따르면 당해 후보자 중 적합한 인물이 없는 경우 선정이 1년간 연기될 수 있기 때문이다. 1976년부터는 매년 시상이 이루어지고 있다.

총 98회의 전체 수상자 수는 총 131건으로, 개인 104명, 단체 27개로 구성된다. 단, 국제적십자위원회가 총 3회(1917, 1944, 1963), 유엔난민기구가 총 2회(1954, 1981) 중복 수상했기에 실체 단체 수는 24개다. 총 98회 중 총 67회는 수상자가 각 1명(개)이었고, 총 29회는 각 2명(개)이었다. 3명이 공동수상한 경우는 단 2회로, 1994년 야세르 아라파트, 시몬 페레스, 이츠하크 라빈의 공동수상, 2011년 엘렌 존슨설리프, 레이마 그보위, 타와쿨 카르만의 공동수상이 이에 해당한다. 한편 수상자의 수상 당시 평균 연령은 62세로, 최고령 수상자는 1995년의 조지프 로트블랫, 최연소 수상자는 2014년의 말랄라 유사프자이이다.

노벨평화상 개관(1901~2017)

시상 횟수	총 98회
미시상 횟수	총 19회 1914~1916, 1918, 1923~1924, 1928, 1932, 1939~1943, 1948, 1955~1956, 1966~1967, 1972
회당 수상자 수	총 67회 – 각 1명(개) 총 29회 – 각 2명(개) 총 2회 – 각 3명(개)
총 수상자 수	총 131건 = 개인 104명 + 단체 27개
수상자 평균 나이	62세 최고령: 조지프 로트블랫(수상 당시 87세) 최연소: 말랄라 유사프자이(수상 당시 17세)

2) '최초의' 기록들

노벨평화상은 흥미로운 '최초의 기록'들을 갖고 있다. 노벨의 '평화 멘토'로 노벨평화상 탄생에 결정적인 역할을 한 주트너가 최초의 여성 수상자가 된 것은 매우 자연스런 일이다. 하지만 이후 두 번째 여성 수상자가 나오기까지 무려 사반세기가, 노벨평화상이 남성중심성을 완전히 극복하기까지는 그 세 배의 시간이 흘러야했다. 최초의 흑인 수상자 자리는 1950년 랠프 번치에게 돌아갔지만, 그가 미국 국적의 저명한 UN 활동가로, 당시 흑인으로서는 매우 예외적인 위치였다는 점이 고려되어야 할 것이다. 최초의 아프리카인 수상자로 앨버트 루툴리가 크게 주목받은 이유가 여기에 있다. 1974년 비핵 3원칙으로 노벨평화상을 받은 일본의 전 총리 사토 에이사쿠는 최초로 이 상을 받은 아시아인이지만, 그의 이런 타이틀은 1973년 베트남의 레득 토가 수상을 거부함으로써 가능했다. 이처럼 재미있는 최초의 기록들을 모아보면 다음과 같다.

최초 부문	수상 연도	이름(국적)		수상 근거
최초의 여성	1905		베르타 폰 주트너 (오스트리아)	국제평화운동, 국제평화회의 조직
최초의 흑인	1950		랠프 번치 (미국)	아랍-이스라엘 분쟁 조정
최초의 아프리카인	1960		앨버트 루툴리 (남아공)	인권 (인종차별 반대)
최초의 아시아인	1974		사토 에이사쿠 (일본)	군축, 반핵 (비핵 3원칙)
최초의 라틴 아메리카인	1936		카를로스 사베드라 라마스 (아르헨티나)	파라과이와 볼리비아 분쟁 조정

최초 부문	수상 연도	이름(국적)		수상 근거
최초의 정치인	1906		시어도어 루스벨트 (미국)	러일 전쟁 종식에 기여
최초의 과학자	1949		존 보이드 오어 (영국)	유엔식량농업기구 창립
최초의 단체	1904		국제법학회	평화의 국제법적 근거 마련

3) 진기한 기록들

노벨평화상의 역사 속에는 사후 수상, 수상 거부, 이중 수상, 중복 수상, 옥중 수상 등 진기한 기록들이 다수 존재한다.

유엔의 제2대 사무총장으로, 골치 아픈 분쟁이 발생할 때면 "다그에게 맡겨라"라는 말이 유행할 정도로 강력한 리더쉽을 발휘한 다그 함마르셸드는 1961년 9월, 콩고 분쟁 해결을 위해 이동하던 중 불의의 비행기 사고로 목숨을 잃는다. 이런 그의 업적을 기려 같은 해 10월 노벨위원회는 그를 수상자로 발표한다. 하지만 1948년 사후수상 불가를 이유로 간디가 상을 받지 못한 것과 비교할 때, 함마르셸드의 수상은 석연치 않은 여운을 남겼다. 그가 스웨덴의 정치명문가 출신으로, 아버지가 노벨재단 이사장이었다는 사실을 떠올리면 더욱 그렇다. 논란을 거쳐 결국 1974년 노벨재단 정관에 사후수상 금지가 공식적으로 명기되고, 함마르셸드는 최초이자 최후의 사후수상자로 남았다.

한편 라이너스 폴링은 1954년 노벨화학상을, 1962년 노벨평화상을 수상함으로써, 서로 다른 부문의 노벨상을 두 번이나 수상한 진귀

한 기록을 남겼다. 유사한 경우는 1903년 노벨물리학상을, 1911년 노벨화학상을 받은 마리 퀴리가 유일한데, 퀴리의 경우 노벨물리학상은 남편과 공동수상한 것이었다.

독재에 저항한 반체제운동가의 수상은 다양한 형태의 옥중 수상 기록을 남기는 동시에, 해당국의 반발과 수상 방해 등 일련의 사건들을 동반했다. 최초의 정치범 수상자이자 최초의 인권 부문 수상자인 오시에츠키의 경우, 나치 강제수용소 수 감 중 수상이 결정되었다. 미얀마 군부 독재와 싸운 아웅 산 수치는 가택 연금 상태에서, 중국의 류샤오보는 국가 전복 선동 혐의로 감옥에 갇힌 상태에서 수상 이 결정되었다. 이들 세 사람 모두 시상 식에 참석하지 못했다.

류샤오보의 경우, 중국은 노벨위원 회의 결정에 엄청나게 반발했고, 그의 일가친척과 지지자 등 200명이 넘는 사 람들에 출국금지령을 내려 시상식 참석

1935년 수상자 카를 폰 오시에츠키

을 막았다. 뿐만 아니라 같은 해 '공자평화상'이라는 이름의 독자적 인 평화상을 제정해 시상하기 시작했다. 단 2명의 수상자를 내고 2년 만에 폐지된 이 상의 2011년 수상자가 러시아 대통령 푸틴이었다는 점을 떠올리면, '이 상이 공자의 이름에 먹칠을 했다'는 비판이 왜 나 왔는지 충분히 이해할 수 있다. 이러한 중국의 행태는 75년 전 오시에 츠키의 수상에 반발해 모든 독일인의 노벨상 수상을 금지하고 별도의 '문화학문 독일민족상'을 제정했던 히틀러와 너무나 닮았다.

종류	수상 연도	이름(국적)		비고
사후 수상	1961		다그 함마르셸드 (스웨덴)	최초, 최후의 사후 수상
수상 거부	1973		레 득 토 (베트남)	최초, 유일의 수상 거부
이중 수상	1962		라이너스 폴링 (미국)	1954년 노벨화학상 수상
중복 수상	1917 1944 1963		국제적십자위원회	총 3회
	1954 1981		유엔난민기구	총 2회
옥중 수상	1935		카를 폰 오시에츠키 (독일)	나치 강제수용소 수감
	1991		아웅 산 수치 (미얀마)	가택 연금
	2010		류샤오보 (중국)	옥중 수상

4) 여성 수상자

1901년부터 2017년까지 총 104명의 수상자 중 여성수상자는 16

명으로 전체의 15.4%에 불과하다. 노벨이 베르타 폰 주트너의 영향을 받아 평화상을 제정했다는 점을 감안하면 더욱 안타까운 일이다. 특히 처음 75년간 여성 수상자는 단 3명으로, 그마저 모두 유럽과 미국 출신이었다. 하지만 1970년대 인권의 시기를 거쳐 상황이 개선되기 시작했다. 그 결과 2000년대(2001~2017)만 따졌을 때 여성 수상자 비율은 총 15명 중 6명, 즉 40%로 과거에 비해 현저히 높아졌다.

이러한 변화는 노벨위원회의 구성과도 밀접한 관련을 갖는다. 처음 50년간 노벨위원회는 단 1명의 여성위원도 갖지 못했다. 노벨위원회에 최초의 여성위원이 뽑힌 것은 1949년으로, 이후 30년간 이 상태가 유지되다가 1979년부터 2명의 여성위원이 활동하기 시작했다. 2000년 이후로 현재까지는 여성위원이 총 5명의 위원 중 3명으로 남성보다 많다.

최초 여성 수상자의 영예는 1905년 '국제평화운동의 대모' 주트너에게 돌아갔다. 그녀는 노벨에게 평화상의 영감을 주고, 그의 유언장에 '평화회의를 위해 노력한 자'라는 문구를 포함하게 만든 장본인이다. 그녀는 다양한 국제평화회의의 조직자임과 동시에, 『무기를 내려놓자!』라는 유명한 반전소설의 작가이기도 했다. 노벨과 톨스토이는 이 소설이 평화운동에 일관된 철학과 비전을 부여했다는 찬사를 보냈다.

1976년 노벨평화상 공동수상자인 베티 윌리암스와 메어리드 코리건은 카톨릭-프로테스탄트 연합 평화운동단체인 피스피플(Peace People)을 만들어 신구교 갈등에 뿌리를 둔 북아일랜드의 폭력을 없애고자 노력했다. 두 사람은 영국군의 총격을 받은 아일랜드공화국군(IRA) 차량과의 충돌사고로 세 명의 어린이가 목숨을 잃은 사건에 큰 충격을 받아 평화운동에 뛰어들었다. 베티 윌리암스는 이 사건의 목격자였고, 메어리드 코리건은 희생된 아이들의 이모였다. 평범한 주부에서 비폭력의 전도사로 변신한 이들은 이후 북아일랜드의 평화운동을 주도했다.

노벨평화상을 3명이 공동수상한 것은 1994년과 2011년, 단 2번이었다. 첫 번째인 1994년의 공동수상자가 모두 남성이었다면, 2011년엔 모두 여성에게 돌아갔다. 주인공은 아프리카의 여권운동가들인 엘렌 존슨 설리프와 레이마 그보위, 타와쿨 카르만이다.

'아프리카의 철의 여인' 엘렌 설리프는 라이베리아 32대 대통령이자, 아프리카 최초의 여성 대통령으로 라이베리아 민주화에 기여했다. 역시 라이베리아 출신인 레이마 그보위는 '평화건설여성네트워크(Woman in Peace Building Network)'를 이끌며 다수의 라이베리아 여성이 반전운동에 나서도록 만들었다. 매일 흰 옷을 입은 많은 여성들과 내전을 끝내라는 시위를 벌였고, 결국 내전종식을 위해 평화회담이 열리자 이 여성들과 함께 지도자들이 합의를 도출할 때까지 회담장을 떠나지 못하게 막기도 했다. 예멘의 타와쿨 카르만 역시 여성과 평화의 가까움을 몸소 실천한 경우다. 당시 32세의 카르만이 갖게 된 '최연소 노벨평화상 수상자' 기록은 2014년 17세의 말랄라 유사프자이에 의해 3년 만에 깨졌다.

한편 군축, 반핵활동으로 1982년 노벨평화상을 수상한 알바 뮈르달은 부부가 노벨상을 수상한 진기한 기록을 남겼다. 전체 노벨상 역사 상 부부가 노벨상을 수상한 경우는 5건이다. 마리-피에르 퀴리 부부(1903, 물리학상), 그 딸과 사위 프레데리크-이렌 졸리오 퀴리 부부(1935, 화학상), 칼 페르디난드-거티 테레사 코리 부부(Carl Ferdinand-Gerty Theresa Cori, 1947, 생리의학상), 마이브리트-에드바르드 모세르 부부(May-Britt-Edvard Moser, 2014, 생리의학상)가 그 주인공들이다. 이들이 모두 비평화상 부문에서 같은 해 공동수상한 것에 비해, 뮈르달 부부는 남편 군나르가 1974년 경제학상을, 부인 알바가 1982년 평화상을 각각 수상했다.

노벨평화상 여성 수상자(1901-2017)

수상연도	이름(국적)		수상 근거
1905		베르타 폰 주트너 (오스트리아)	국제평화운동, 국제평화회의 조직
1931		제인 애덤스 (미국)	국제평화운동, 국제여성연맹 창립, 빈민·아동보호운동
1946		에밀리 그린 볼치 (미국)	국제평화운동, 국제여성연맹 의장
1976		베티 윌리엄스 (영국)	북아일랜드 비폭력 평화운동
1976		메어리드 코리건 (영국)	북아일랜드 비폭력 평화운동
1979		마더 테레사 (인도)	인도주의 실천, 사랑의 선교회 설립
1982		알바 뮈르달 (스웨덴)	군비 통제와 군축 활동
1991		아웅 산 수치 (미얀마)	민주주의와 인권을 위한 비폭력 투쟁
1992		리고베르타 멘추 (과테말라)	과테말라 토착민 인권 보호, 종족 문화적 화해

수상 연도	이름(국적)	수상 근거
1997	조디 윌리암스 (미국)	대인지뢰 금지 및 제거 운동
2003	시린 에바디 (이란)	여성과 아동의 권리 향상
2004	왕가리 마타이 (케냐)	지속가능한 발전을 위한 풀뿌리 환경 운동
2011	엘렌 존슨 설리프 (라이베리아)	여성의 안전과 권리 증진
2011	레이마 그보위 (라이베리아)	여성의 안전과 권리 증진
2011	타와쿨 카르만 (예멘)	여성의 안전과 권리 증진
2014	말랄라 유사프자이 (파키스탄)	아동 인권 신장과 교육 보장

5) 지역별 분포

남성중심성과 더불어 백인·서구중심성은 노벨평화상 비판에 빠지지 않던 단골 메뉴였다. 1901~2017년 사이 전체 수상자 중 서유럽과 미국, 캐나다 출신이 차지한 비율은 전체의 65%에 달한다. 가장 많은 수상자를 배출한 나라도 미국(21명), 프랑스(9명), 영국(7명) 순이다. 특히 초기 50년간 북아메리카와 서유럽이 아닌 곳에서 수상자가 배출된 경우는 1936년 아르헨티나의 사베드라 라마스 단 한 번뿐이었다. 아프리카인이 최초로 선정된 것은 1960년, 아시아인은 1974년에 와서다. 이러한 상황은 1970년대 인권의 시기에 이르러 남성중심성과 더불어 개선되기 시작한다. 특히 21세기에 와서는 아시아인과 아프리카인의 수상 비율이 약 70%, 미국과 유럽은 약 25%로 완전히 역전되었다.

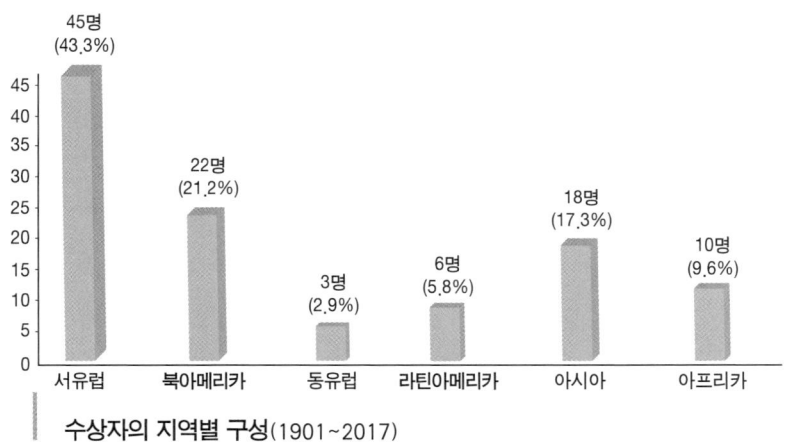

수상자의 지역별 구성(1901~2017)

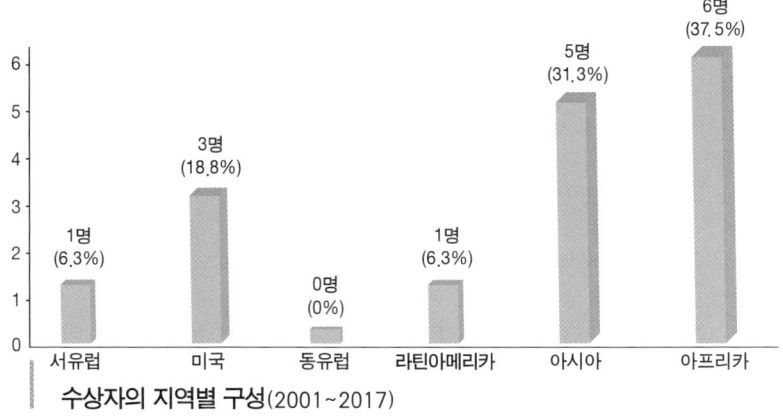

수상자의 지역별 구성(2001~2017)

6) 가장 논란이 많았던 상:

카를 폰 오시에츠키 vs 레 득 토와 헨리 키신저

1935년 카를 폰 오시에츠키의 노벨평화상 수상 결정은 나치의 압력으로 그 공식 발표와 시상이 1년이 지나서야 이뤄질 정도로 국제적인 논란의 대상이 되었다. 오시에츠키는 전간기(戰間期) 독일의 비판적 언론인으로, 히틀러가 비밀리에 추진하던 재무장을 폭로하는 등 강력한 반파시즘 활동을 벌였다. 그로 인해 나치의 강제수용소에 수감 중이던 중 노벨평화상의 유력 후보로 거론되었다. 하지만 '민족 반역자의 수상을 묵과하지 않겠다'는 히틀러의 경고와 독일의 개입을 두려워한 노르웨이 노벨위원회는 쉽게 결정을 내리지 못했다. 결정을 내린 후에도 두 명의 위원이 선정위원회를 사퇴하는 해프닝을 겪어야 했다. 수상자의 결정으로 선정위원이 사퇴한 것은 노벨위원회 사상 처음 있는 일이었다.

오시에츠키 사건을 계기로 노르웨이 의회는 총리나 장관 등 노르웨이의 현직 고위공직자가 노벨위원회에 참여하는 것을 금지했고, 이를 통해 노벨위원회의 결정이 노르웨이 정부와 무관함을 증명해야만 했다. 그럼에도 히틀러는 이 결정에 크게 반발해 노벨상을 대신할 '문화학문 독일민족상'을 제정하는가 하면, 향후 모든 독일인의 노벨상 수상을 금지하는 명령을 내렸다. 1938년 두 명의 독일인 노벨화학상 수상자와 1939년 한 명의 노벨의학상 수상자가 상을 받지 못한 것은 이 때문이다. 오시에츠키는 끝내 시상식에 참석하지 못했고, 노벨평화상 수상이 발표된 지 17개월 만에 49세의 나이로 사망했다.

오시에츠키의 경우가 어떻게 노벨평화상을 둘러싼 논란이나 고난이 명예와 결합되는지를 보여준다면, 두 번째 사례는 논란과 치욕의 결합을 잘 보여준다. 1973년 미 국무장관 헨리 키신저와 북베트남의

파리 평화조약 조인 후의 레 득 토와 키신저(1973)

리더 레 득 토의 수상 결정은 말도 많고 탈도 많던 노벨평화상의 역사 중에서도 가장 논란이 많았던 경우로 꼽힌다. 두 사람은 같은 해 파리에서 이루어진 '베트남 평화협정'을 성사시킨 공로로 선정되었다.

하지만 두 전쟁 당사자 간의 다분히 정치적인 협상에 노벨평화상이 수여된다는 사실에 많은 사람들이 경악했다. 《뉴욕타임즈》는 노벨평화상이 아니라 '노벨전쟁상'이라 논평했고, 《워싱턴포스트》는 "노르웨이인들은 참 농담도 잘한다"고 조롱했다. 노벨(nobel)상이 아니라 '이그노블(ig-noble)상'이라는 말까지 나왔다.

뿐만 아니라 레 득 토는 아직 베트남에 평화가 오지 않았고, 그런 부르주아적이고 감상적인 상은 받지 않겠다는 이유로 수상을 거부했다. 그 결과 그는 수상자로 지명된 최초의 아시아인이자, 최초의 공산주의자인 동시에 이를 거부한 최초의, 그리고 유일한 사람이라는 영예(?)를 얻는다.

키신저는 수상을 허락했지만, 반전주의자들의 항의를 우려해 시상식에 나타나지 않았다. 또 1975년 북베트남의 승리 이후 노벨평화상을 반납하고자 했으나, 거부당했다. 오시에츠키의 경우와 더불어 이 사례는 수상자 선정이 노벨위원회 위원의 사임을 초래한 세 사건 중 하나가 되었다. 당시 선정결과에 반발해 노벨위원회 위원 2명이 사임했다.

노벨위원회 위원의 사퇴를 초래한 나머지 한 사건은 팔레스타인과 이스라엘 간 화해를 이끌어낸 공로로 팔레스타인해방기구 리더 야세르 아라파트, 이스라엘 총리 이츠하크 라빈, 이스라엘 외무장관 시몬 페레스가 공동으로 노벨평화상을 수상한 1994년에 발생했다. 당시 노벨위원회 위원 크리스티안센(K. Kristiansen)은 테러리스트인 아라파트에게 평화상을 준다는 것은 어불성설이라며 항의의 뜻으로 위원직을 사퇴했다. 세계적 석학 에드워드 사이드(E. Said)는 라빈과 페레스의 자격을 되물었다. 바로 다음해 라빈이 극우 유대인 청년에 의해 암살된 사실이 극적으로 보여주듯이, 세 사람의 평화상 수상 후에도 중동의 평화는 여전히 먼 미래의 이야기로 남았다.

7) 받았어야 했으나, 받지 못한 사람들: 비폭력의 아이콘 간디

당연히 노벨평화상을 받았을 거라 생각되지만 실제로는 그렇지 않은 대표적인 사람은 인도의 간디와 러시아의 톨스토이다. 간디는 1937~1939년, 1947~1948년, 무려 5번이나 후보명단에 이름을 올리고도 끝내 받지 못했다. 노벨평화상은 물론, 노벨문학상의 강력한 후보이기도 했던 톨스토이는 평화상도, 문학상도 받지 못했다. 특히 '평화와 비폭력의 아이콘'인 간디가 노벨평화상을 받지 못했다는 사실은 이 상의 한계를 단적으로 보여주는 것으로 두고두고 논란의 대상이 되었다.

사실 수상이 유력시됐던 1948년에도 간디가 상을 받지 못한 것은 후보 추천 마감 이틀 전 그가 암살당했기 때문이다. 당시 노벨위원회

간디의 비폭력주의는 톨스토이의 평화사상에서 커다란 영향을 받았다

위쪽은 간디가 톨스토이에게 보낸 편지(1910.04.04)고, 아래쪽은 간디가 톨스토이의 영향을 받아 만든 수행공동체 〈톨스토이 농장(Tolstoy Farm)〉과 그 구성원들이다.

는 사후 수상은 수상이 결정된 후 사망한 경우에만 가능하다는 이유를 들어 간디에게 상을 수여하는 것을 거부했다. 대신 간디의 명예를 기려 "살아 있는 사람 중에 적합한 후보자가 없다"며 당해 수상자 없음을 선언했다.

하지만 스웨덴 출신의 유엔 사무총장으로, 노벨재단 이사장 아들이자, 본인 자체가 노벨재단 이사회 의장이었던 함마르셸드에게는 1961년 사후수상이 허락된 바 있다. 그의 죽음이 수상자 최종 결정 이전이었는지 이후였는지는 밝혀지지 않았다. 또 위원회가 사후수상 불가를 정식으로 공식화한 것도 간디 사후 거의 30년이 지난 1974년이었다. 이를 감안하면 간디의 수상 실패를 그의 갑작스런 죽음 탓으로만 돌릴 수는 없을 것이다.

당시 노벨위원회는 간디 지지자와 반대자로 나뉘었다. 후자는 비폭력 원칙에도 불구하고 간디의 행동이, 특히 인도-파키스탄 분리독립과 관련해 결과적으로 더 큰 폭력과 유혈을 야기했다는 점, 그가 극단적인 민족주의자라는 점 등을 근거로 간디의 수상을 반대했다고 한다. 사실 여부보다 더 문제적인 것은 노벨위원회 위원들의 그런 견해가 노르웨이와 영국 간의 전통적인 우호관계, 당시의 백인우월주의나 서구중심주의와 결코 무관할 수 없다는 점이다. 간디의 사례는 '노벨평화상의 가장 큰 실수', 또는 '노벨평화상의 수치'로 불린다.

노벨연구소 소장이자 노벨위원회 사무총장을 지낸 룬데스타드는 2006년 한 인터뷰에서 다음과 같이 말했다.

"우리 106년 역사에 있어 가장 중대한 누락은 마하트마 간디가 노벨평화상을 받지 못했다는 것이다. 간디는 노벨평화상이 없어도 됐지만, 노벨위원회도 간디 없이 괜찮을지는 의문이다."

8) 이런 사람들도 노벨평화상 후보에?

놀랍게도 세계 3대 독재자인 히틀러, 스탈린, 무솔리니 모두 노벨 평화상 후보로 추천되었다는 사실을 아는 사람은 많지 않을 것이다. 히틀러는 1939년 스웨덴 국회의원에 의해, 스탈린은 제2차 세계대전을 종식시킨 공로로 1945년과 1948년 두 차례나 후보에 올랐다. 한국의 전두환도 1988년 "대통령 재임 중 안전보장 상의 중대위기를 평화적으로 해결해 한반도 평화 유지에 공헌했다"는 이유로 당시 서독과 영국 의원에 의해 추천되었다. 이 사실은 1988년 3월 4일자《중앙일보》1면에 보도되었다. 푸틴 역시 2012년과 2014년 두 차례에 걸쳐 후보에 올랐고, 이에 오바마는 "요즘엔 노벨평화상을 아무에게나 준다"고 비꼬았는데, 여기에는 2009년 오바마 자신의 노벨평화상 수상에 대한 셀프디스의 의미도 포함된 것으로 전해진다.

그외, 후보에 올랐으나 수상하지 못한 유명인으로는 러시아 황제 니콜라이 2세, 윈스턴 처칠(대신 처칠은 제2차 세계대전 회고록으로 헤밍웨이를 제치고 1953년 노벨문학상을 받았다), 독일의 콘라드 아데나워, 세계 평화학의 아버지 요한 갈퉁 등이 있다. 우리나라의 경우, 씨알 함석헌 옹이 1979년과 1985년 두 차례에 걸쳐 미국 퀘이커협회에 의해 추천된 바 있고, 문익환 목사도 1992년 미국의 한 봉사단체에 의해 후보로 추천되었다.

7. 기타 주요 평화상들

노벨평화상은 이후 다른 많은 평화상들이 만들어지는데 결정적인 영향을 미쳤다. 그 중 가장 유명한 상은 다음과 같다.

1) 바른생활상(Right Livelihood Awards)

1980년 독일계 스웨덴인 저널리스트 야콥 폰 웍스퀼(Jakob von Uex-kull)이 만든 이 상은 '대안적 노벨상'으로 유명하다. 평화, 군축, 인권, 사회정의, 지속가능한 발전, 환경 및 생태 등과 관련해, '글로벌한 문제의 근본 원인에 실질적인 해법과 비전을 제시한 자'에게 수여함을 원칙으로 한다. 웍스퀼은 노벨상이 지나치게 강대국의 이해에 얽매이고, 인류가 직면한 새로운 문제에 대응하기에는 너무 시야가 좁다고 느꼈다. 이런 문제의식에서 처음 그는 노벨위원회에 생태와 빈곤 분야를 추가하자고, 자신이 그 돈을 대겠다고 제안했었다. 이 제안이 거부되자 직접 '바른생활상'을 만들었다.

'대안적 노벨상'으로 유명한 만큼 노벨상에 비판적이며, 여러모로 비교되는 면모를 지닌다. 즉, 노벨상과 달리 이 상은 분야가 특정되지 않으며, (가족이나 동료를 제외하고) 누구나 누구든 추천할 수 있고,

바른생활상 증서

추천과 선정과정이 공개되며, 유명인사보다 잘 알려지지 않은 평범한 사람을 우선순위로 뽑는다. 최초 시상 시 총 상금이 5만 달러로 노벨상에 비해 비교할 수 없이 적었다는 점도 큰 차이 중 하나다. 현재는 노벨상 상금의 3분의 1 수준인 300만 SEK(35만 달러, 약 4억원)까지 늘었고, 보통 4명의 수상자가 이를 나눈다.

매년 노벨상 시상이 이루어지기 하루 전날인 12월 9일 스웨덴 구의회 건물에서 시상이 이루어진다는 점도

재미있다. 2017년 현재까지 69개국 출신 총 170명의 수상자를 배출했다. 최근의 수상자로는 시리아 민간구조대 〈하얀 헬멧〉, '러시아 난민의 어머니' 간누슈키나(S. Gannushkina) 등이 있으며, 2014년 에드워드 스노든(E. Snowden)의 수상은 큰 논란을 낳았다.

2) 난센 난민상(Nansen Refugee Award)

유엔난민기구의 평화상으로 유엔이 수여하는 상 중 가장 널리 알려져 있다. 노르웨이 출신 북극탐험가이자, 유엔의 전신인 국제연맹이 선임한 최초의 난민고등판무관으로, '난센여권'을 발행해 난민 문제 해결에 힘썼던 난센을 기리는 상이다. 유엔난민기구가 노벨평화상을 받은 1954년 제정되어 난민 문제뿐 아니라, 인권, 인도주의, 여성 및 아동의 권리 보호 등 다양한 평화 영역에 수여된다.

현재까지 총 65회 시상이 이루어졌고, 최초의 수상자는 미국 32대 대통령 프랭클린 루스벨트의 부인이자, 유엔인권위원회 초대의장을 지낸 엘리너 루스벨트(E. Roosevelt)였다. 그 외 주요 수상자로는 국경없는 의사회, 러시아의 대표적 인권기관인 메모리알센터(Memorial Center), 미 의회 최초로 탈북자 청문회를 열어 북한인권 문제를 세계에 알린 에드워드 케네디(E. Kennedy) 미국 상원의원이 있다. 2001년에는 유명 성악가 파바로티(L. Pavarotti)가 이라크 문제에 대한 공로로 상을 받기도 했다.

3) 발잔상(Balzan Prize for Humanity, Peace and Brotherhood Among Peoples)

이탈리아 언론인 발잔(E. Balzan)의 뜻을 기려 세운 상으로, 1956년 국제발잔재단 설립 이후 1961년부터 수여되기 시작해 1978년부터는 매년 시상이 이루어지고 있다. 노벨상처럼 여러 부문에 각각 상을 부여하는데, 구체적인 영역이 매년 달라지기는 하지만, 보통 인문학, 자연과학, 문화, 평화, 네 부문에 상이 주어진다. 예외적으로 1961년 최초의 발잔상은 노벨재단 혼자 받았다. 이는 '발잔상'에 미친 노벨상의 영향력을 가늠하게 한다.

평화 부문상은 보통 3~7년마다 주어진다. 마더 테레사는 1978년 이 상을 받은 다음해 노벨평화상을 받았고, '이슬람의 마더 테레사'라 불리는 파키스탄의 압둘 에디(Abdul Edhi) 역시 2000년 이 상을 받았다. 노벨평화상보다 많은 165만 달러의 상금으로 '세계에서 가장 상금이 많은 상'으로도 유명하다.

4) 서울평화상(Seoul Peace Prize)

한국 유일의 국제평화상으로, 1990년 '전 세계의 화합과 우의 속에 성공적으로 치뤄진 1988년 서울올림픽을 기념하고, 인류화합과 세계평화 정신을 발전시키고, 세계 유일의 분단국가인 한민족의 평화의 대한 염원을 실현한다'는 취지로 제정되었다. 2년마다 시상이 이루어지며, 20만 달러의 상금은 단일 부문 상금 액수로는 세계에서 4번째로 큰 규모다. 제1회 수상자는 당시 국제올림픽위원회 위원장이었던 안토니오 사마란치(A. Samaranch)였고, 1992년 미국 국무장관 조지 슐츠(G. Shultz), 1998년 유엔 사무총장 코피 아난, 2012년 유엔 사무총장 반기문, 2014년 독일 총리 앙겔라 메르켈의 수상이 보여주듯이 전반적으로 정치적인 경향이 강하다.

그외 '일본의 노벨평화상'이라 불리는 '니와노 평화상(Niwano Peace Prize)', '아프리카의 노벨평화상'이라 불리는 '아프리카 지도자상(Africa

Prize for Leadership for the Sustainable End of Hunger)', '간디국제평화상 (Gandhi International Peace Award)' 등도 유명하다.

8. 노벨평화상 역대 수상자(1901~2017)

수상 연도	수상자 또는 수상단체 (국적 또는 소재지)	수상 연도	수상자 또는 수상단체 (국적 또는 소재지)
1901	앙리 뒤낭(스위스) Henry Dunant	1909	폴앙리뱅자맹 데스투르넬 드 콩스탕(프랑스) Paul-Henri-Benjamin d'Estournelles de Constant
	프레데리크 파시(프랑스) Frédéric Passy	1910	국제평화국(IPB,스위스) International Peace Bureau
1902	엘리 뒤코묑(스위스) Élie Ducommun	1911	토비아스 아써(네덜란드) Tobias Asser
	샤를 알베르 고바(스위스) Charles Albert Gobat		알프레트 프리트(오스트리아) Alfred Hermann Fried
1903	윌리엄 랜들 크리머(영국) Randal Cremer	1912	엘리후 루트(미국) Elihu Root
1904	국제법학회(벨기에) Institut de Droit International	1913	앙리 라 퐁텐(벨기에) Henri La Fontaine
1905	베르타 폰 주트너(오스트리아) Bertha von Suttner	1914	수상자 없음
1906	시어도어 루스벨트(미국) Theodore Roosevelt	1915	수상자 없음
1907	에르네스토 테오도로 모네타 (이탈리아) Ernesto Teodoro Moneta	1916	수상자 없음
	루이 르노(프랑스) Louis Renault	1917	국제적십자위원회(ICRC,스위스) International Committee of the Red Cross
1908	클라스 폰투스 아르놀드손 (스웨덴) Klas Pontus Arnoldson	1918	수상자 없음
	프레드리크 바예르(덴마크) Fredrik Bajer	1919	우드로 윌슨(미국) Woodrow Wilson
1909	오귀스트 베르나르트(벨기에) Auguste Beernaert	1920	레옹 부르주아(프랑스) Léon Bourgeois

수상 연도	수상자 또는 수상단체 (국적 또는 소재지)	수상 연도	수상자 또는 수상단체 (국적 또는 소재지)
1921	얄마르 브란팅(스웨덴) Hjalmar Branting	1934	아서 헨더슨(영국) Arthur Henderson
	크리스티안 랑게(노르웨이) Christian Lous Lange	1935	카를 폰 오시에츠키(독일) Carl von Ossietzky
1922	프리드쇼프 난센(노르웨이) Fridtjof Nansen	1936	사베드라 라마스(아르헨티나) Carlos Saavedra Lamas
1923	수상자 없음	1937	로버트 세실(영국) Robert Cecil
1924	수상자 없음	1938	난센국제난민사무국(스위스) Nansen International Office for Refugees
1925	오스틴 체임벌린(영국) Austen Chamberlain	1939	수상자 없음
	찰스 G. 도스(미국) Charles G. Dawes	1940	수상자 없음
1926	아리스티드 브리앙(프랑스) Aristide Briand	1941	수상자 없음
	구스타프 슈트레제만(독일) Gustav Stresemann	1942	수상자 없음
1927	페르디낭 뷔송(프랑스) Ferdinand Buisson	1943	수상자 없음
	루트비히 크비데(독일) Ludwig Quidde	1944	국제적십자위원회(ICRC, 스위스) International Committee of the Red Cross
1928	수상자 없음	1945	코델 헐(미국) Cordell Hull
1929	프랭크 빌링스 켈로그(미국) Frank B. Kellogg	1946	에밀리 그린 볼치(미국) Emily Greene Balch
1930	나탄 셰데르블롬(스웨덴) Nathan Söderblom		존 모트(미국) John Mott
1931	제인 애덤스(미국) Jane Addams	1947	영국퀘이커봉사협회(영국) Friends Service Council
	니콜라스 버틀러(미국) Nicholas Murray Butler		미국퀘이커봉사위원회(미국) American Friends Service Committee
1932	수상자 없음	1948	수상자 없음
1933	노먼 에인절(영국) Norman Angell	1949	존 보이드 오어(영국) John Boyd Orr

수상 연도	수상자 또는 수상단체 (국적 또는 소재지)	수상 연도	수상자 또는 수상단체 (국적 또는 소재지)
1950	랠프 번치(미국) Ralph Bunche	1967	수상자 없음
1951	레옹 주오(프랑스) Léon Jouhaux	1968	르네 카생(프랑스) René Cassin
1952	알베르트 슈바이처(프랑스) Albert Schweitzer	1969	국제노동기구(ILO, 스위스) International Labour Organization
1953	조지 마셜(미국) George Marshall	1970	노먼 볼로그(미국) Norman Borlaug
1954	유엔난민기구(UNHCR, 스위스) United Nations High Commissioner for Refugees	1971	빌리 브란트(독일) Willy Brandt
1955	수상자 없음	1972	수상자 없음
1956	수상자 없음	1973	헨리 키신저(미국) Henry Kissinger
1957	레스터 피어슨(캐나다) Lester B. Pearson		레 득 토(베트남) Lê Đức Thọ
1958	도미니크 피르(벨기에) Dominique Pire	1974	숀 맥브라이드(아일랜드) Seán MacBride
1959	필립 노엘베이커(영국) Philip Noel-Baker		사토 에이사쿠(일본) Satō Eisaku
1960	앨버트 루툴리(남아프리카 공화국) Albert Lutuli	1975	안드레이 사하로프(러시아) Andrej Dmitrijevich Sakharov
1961	다그 함마르셸드(스웨덴) Dag Hammarskjöld	1976	베티 윌리암스(영국) Betty Williams
1962	라이너스 폴링(미국) Linus Pauling		메어리드 코리건(영국) Mairead Maguire Corrigan
1963	국제적십자위원회(ICRC,스위스) International Committee of the Red Cross	1977	국제사면위원회(영국) Amnesty International
1964	마틴 루서 킹(미국) Martin Luther King Jr.	1978	안와르 사다트(이집트) Anwar Sadat
1965	유니세프(UNICEF, 미국) The United Nations Children's Fund		메나헴 베긴(이스라엘) Menachem Begin
1966	수상자 없음	1979	마더 테레사(인도) Mother Teresa

수상 연도	수상자 또는 수상단체 (국적 또는 소재지)	수상 연도	수상자 또는 수상단체 (국적 또는 소재지)
1980	아돌포 페레스 에스키벨 (아르헨티나) Adolfo Pérez Esquivel	1993	프레데리크 빌렘 데 클레르크 (남아프리카 공화국) F. W. de Klerk
1981	유엔난민기구(UNHCR, 스위스) United Nations High Commissioner for Refugees	1994	야세르 아라파트(팔레스타인) Yasser Arafat
1982	알바 뮈르달(스웨덴) Alva Myrdal		시몬 페레스(이스라엘) Shimon Peres
	알폰소 가르시아 로블레스 (멕시코) Alfonso García Robles		이츠하크 라빈(이스라엘) Yitzhak Rabin
1983	레흐 바웬사(폴란드) Lech Wałęsa	1995	조지프 로트블랫(영국) Joseph Rotblat
1984	데스몬드 투투(남아프리카 공화국) Desmond Mpilo Tutu		퍼그워시 회의(캐나다) Pugwash Conferences on Science and World Affairs
1985	국제핵전쟁방지의사회 (IPPNW, 미국) International Physicians for the Prevention of Nuclear War	1996	카를로스 필리페 시메네스 벨로(동티모르) Carlos Filipe Ximenes Belo
1986	엘리 비젤(미국) Elie Wiesel		조제 하무스 오르타(동티모르) José Ramos-Horta
1987	오스카르 아리아스(코스타리카) Óscar Arias	1997	국제지뢰금지운동(ICBL, 미국) International Campaign to Ban Landmines
1988	유엔 평화유지군(미국) United Nations Peacekeeping Forces		조디 윌리암스(미국) Jody Williams
1989	14대 달라이 라마(티베트) The 14th Dalai Lama (Tenzin Gyatso)	1998	존 흄(아일랜드) John Hume
1990	미하일 고르바초프(러시아) Mikhail Gorbachev		데이비드 트림블(아일랜드) David Trimble
1991	아웅 산 수치(미얀마) Aung San Suu Kyi	1999	국경없는의사회(프랑스) Doctors Without Borders
1992	리고베르타 멘추 툼(과테말라) Rigoberta Menchú Tum	2000	김대중(대한민국) Kim Dae-jung
1993	넬슨 만델라(남아프리카 공화국) Nelson Mandela	2001	유엔(미국) United Nations

수상 연도	수상자 또는 수상단체 (국적 또는 소재지)	수상 연도	수상자 또는 수상단체 (국적 또는 소재지)
2001	코피 아난(가나) Kofi Annan	2010	류샤오보(중국) Liu Xiaobo
2002	지미 카터(미국) Jimmy Carter	2011	엘렌 존슨 설리프(라이베리아) Ellen Johnson Sirleaf
2003	시린 에바디(이란) Shirin Ebadi		레이마 그보위(라이베리아) Leymah Gbowee
2004	왕가리 무타 마타이(미국) Wangari Muta Maathai		타와쿨 카르만(예멘) Tawakkol Karman
2005	국제원자력기구(IAEA, 오스트리아) International Atomic Energy Agency	2012	유럽연합(EU) European Union
	모하메드 엘바라데이(이집트) Mohamed ElBaradei	2013	화학무기금지기구 (OPCW,네덜란드) Organisation for the Prohibition of Chemical Weapons
2006	그라민은행(방글라데시) Grameen Bank	2014	카일라시 사티아르티(인도) Kailash Satyarthi
	무하마드 유누스(방글라데시) Muhammad Yunus		말랄라 유사프자이(파키스탄) Malala Yousafzai
2007	앨 고어(미국) Al Gore	2015	튀니지 국민4자대화기구 The Tunisian National Dialogue Quartet
	기후변화에 관한 정부 간 협의체 (IPCC, 미국) Intergovernmental Panel on Climate Change	2016	후안 마누엘 산토스(콜롬비아) Juan Manuel Santos
2008	마르티 아티사리(핀란드) Martti Ahtisaari	2017	국제핵무기폐기운동 (ICAN,스위스) International Campaign to Abolish Nuclear Weapons
2009	버락 오바마(미국) Barack Obama		

참고문헌

www.nobelprize.org

www.nobelpeaceprize.org

B. L. Mitchell-Green, "Peace Prizes", in L. Kurts ed., *Encyclopedia of Violence, Peace & Conflict*, Oxford: Elsevier, 2008.

C. Toffolo, R. Vandenbroucke, R. P. Alford, N. J. Young, "Nobel Peace Prize", in J. Nigel ed., *The Oxford International Encyclopedia of Peace*, Vol. 1, USA: Oxford University Press, 2010.

Dominique Mosbergen, "Obama's Peace Prize Has Been A Disappointment: Ex-Nobel Director", *The Huffingtonpost*(2015.09.18).

Geir Lundestad, "The Nobel Peace Prize 1901~2000", *Nobel Media AB 2014*(Web, Nobelprize.org)(2015.08.21).

Jak Phillips, "Top 10 Nobel Prize Controversies", *Time*(2011.10.07).

Mili Mitra, "Not So Noble: The Politics Behind the Nobel Peace Prize," *Brown Political Review*(2016.03.12).

Ø. Stenersen, I. Libæk, A. Sveen, *The Nobel Peace Prize : One Hundred Years for Peace*, Oslo: Cappelen, 2001.

Øyvind Tønnesson, "Controversies and Criticisms"(Web, Nobel prize.org)(2000.06.29).

Ronals R. Krebs, "The False Promise of the Nobel Peace Prize", *Political Science Quarterly*, Vol. 124, No. 4(winter), 2009.

프랜시스 싸이스테드, 「노벨평화상의 의미」, 『평화연구』 2, 1992.

III
노벨평화상 수상자 21

Bertha von Suttner 1843.06.09~1914.06.21

"

종교가 화형대를 정당화하지는 못하고, 조국애가 집단학살을 정당화하지
는 못하며, 과학이 동물학살을 정당화하지는 못한다.

"

- 『고통을 키우는 장기판』(1898) 중

노벨평화상 최초의 여성 수상자

베르타 폰 주트너

Bertha von Suttner

이름 / 베르타 폰 주트너(오스트리아)

수상 연도 / 1905년

수상 근거 / 반전 평화운동, 여성운동, 반유대주의 퇴치운동 선도

수상 분야 / 국제평화운동

─

• **글** 임홍배

서울대학교 독어독문학과 교수, 서울대학교 통일평화연구원 HK연구단 부단장

장군의 집안에서 태어나 국제 평화운동의 기수로

최초의 여성 노벨상 수상자가 퀴리 부인이라는 것은 초등학생도 다 아는 사실이다. 그런데 최초의 여성 노벨평화상 수상자가 누구인지 아는 사람은 많지 않다. 바로 오스트리아의 여성 작가이자 평화운동가 베르타 폰 주트너이다. 주트너는 퀴리 부인이 노벨물리학상을 수상한지 2년 후인 1905년 여성 최초로 노벨평화상을 수상하였고, 19세기말 20세기 초반 유럽 평화운동에서 큰 족적을 남겼다.

주트너는 당시 합스부르크 제국의 속국이었던 체코의 프라하에서 유서 깊은 귀족가문에서 태어났다. 아버지 프란츠 요제프 킨스키(Franz Joseph Kinsky) 백작은 장군이었다. 킨스키 집안은 30년전쟁(1618~1648) 당시부터 대대로 장군을 배출한 전형적인 무인귀족 집안이었는데, 주트너의 아버지 4형제도 모두 장군이었다. 장군의 집안에서 자란 딸이 국제 평화운동의 기수가 되었다는 것은 놀라운 일이다.

성장기 이후 가세가 기울자 주트너는 서른 살이 되던 1873년 빈의 부유한 사업가였던 주트너 남작 집안에 가정교사로 들어간다. 그리고 그 집안의 일곱 살 연하 막내아들 아르투어 군다카르 폰 주트너(Arthur Gundaccar von Suttner)와 사랑하는 사이가 된다. 하지만 아르투어의 어머니는 두 사람을 떼어놓기 위해 주트너를 해고하는데, 그 대신 당시 파리에 머물던 노벨의 개인비서 자리를 주선해주었다.

하지만 노벨은 얼마 후 스웨덴 왕의 부름을 받아 귀국했고, 주트너는 다시 빈으로 돌아왔다. 그 직후 1876년 6월 12일에 주트너와 아르투어는 비밀 결혼식을 올렸다. 그러자 아르투어 집안에서는 그의 유산 상속권을 박탈했다. 무일푼의 여성과 결혼한 아들을 사실상 호적에서 지운 것이다.

1876년 주트너 부부는 흑해 동쪽에 있는 조지아 왕국으로 건너가서 8년 동안 그곳에 체류한다. 이곳에서 주트너는 언어교사와 번역, 에세이와 대중소설 집필 등의 일을 했고, 원래 공학도였던 남편은 건축설계 등의 일로 생계를 꾸렸다. 1877년 러시아와 터키 사이에 전쟁이 터지자 주트너 부부는 빈의 여러 신문과 잡지에 전황 보도 기사를 기고하기 시작하면서 저널리스트로서 명성을 얻었다.

조지아의 집에서

반전소설 『무기를 내려놓자!』

1885년 다시 빈으로 돌아온 주트너는 46세가 되던 1889년 반전소설 『무기를 내려놓자!(Die Waffen nieder!)』를 발표하면서 평화운동가로 변모한다. 그런데 당시에는 전쟁을 반대하는 것 자체가 조국에 대한 배반으로 여겨졌다. 그런 이유로 이 소설은 오스트리아에서는 당국의 검열 통제로 출판되지 못하고 우여곡절 끝에 독일 드레스덴의 무명 출판사에서 출간되었다.

반전소설 『무기를 내려놓자!』(1889)

『무기를 내려놓자!』는 19세기 중후반 독일과 오스트리아가 연루된 네 차례의 전쟁을 역사적 배경으로 하고 있다. 소설은 여성 주인공 마르타가 전쟁으로 인해 겪는 가족사의 비극을 회고록의 형식으로 서술하고 있다. 오스트리아의 고위귀족 집안 출신인 마르타는 1859년 오스트리아가 이탈리아 북부지역을 침공했던 전쟁에서 장교로 참전한 첫 남편을 잃는다.

두 번째 남편은 1859년 슐레스비히-홀슈타인 지역의 영유권 분쟁을 둘러싸고 오스트리아·프로이센 연합군과 덴마크 사이에 벌어진 전쟁, 그리고 1866년 오스트리아와 프로이센 사이에 벌어진 전쟁에 참전하여 구사일생으로 살아남는다. 하지만 1870년경 가족과 함께 파리에 체류하던 마르타는 결국 독불전쟁의 와중에 남편이 독일 첩자라는 누명을 쓰고 처형당하는 비운을 겪는다. 이 소설은 전쟁이 어떻게 한 여성의 삶을 잔혹하게 짓밟는지 여실히 보여준다. 그리고 그로 인한 고통과 상처를 극복하는 과정에서 평범한 아내이자 주부인 한 여성이 전쟁의 참상을 직시하고 평화의 소명에 눈뜨게 되는 과정을 그리고 있다.

이 소설은 독일과 오스트리아에서 베스트셀러가 되었고, 주트너 생시에 12개 국어로 번역되고 독일어권에서만 20만 부 이상이 팔리는 기록을 세웠다. 이로써 주트너는 유럽 바깥에까지 이름을 알렸고, 세계의 평화애호가들 사이에 '평화의 주트너'라는 존재로 각인되었다. 나중에 주트너와 서신교환을 하는 사이로 교분을 맺었던 평화주의자

주트너와 서신교환을 하며 그녀의 활동을 지지했던 톨스토이

톨스토이는 이 소설을 『엉클 톰스 캐빈』이 흑인해방운동에 끼친 영향에 견주었다. 또 훗날 주트너와 긴밀한 친분을 맺었던 노벨은 그녀에게 보낸 편지에서 "너무나 깨어 있는 정신으로 전쟁에 대한 전쟁을 수행하는 아마존의 필치"라고 이 소설이 표방하는 평화주의

에 깊이 공감한 바 있다. 그리고 당시 독일 사회민주당 지도자였던 리프크네히트(Karl Liebknecht)는 주트너의 동의를 얻어서 이 소설을 1892년 8월~11월 사회민주당 기관지 〈전진(Vorwärts)〉에 연재하였다.

국제평화운동과 반유대주의 퇴치 시민운동

주트너는 소설의 성공과 더불어 본격적인 평화운동에 투신한다. 1891년 오스트리아 최초의 평화운동단체인 〈평화애호가협회〉 창립을 주도하여 창립 당시부터 1914년 서거할 때까지 의장직을 맡았다. 또 같은 해에 국제평화국(International Peace Bureau)이 주관한 로마 평화회의에서 국제평화국 부의장에 추대되었고, 이듬해에는 독일평화협회 창립을 주도하였다. 1892년 베른, 1894년 앤트워프, 1897년 함부르크, 1899년 헤이그, 1904년 보스턴 세계평화회의, 1907년 제2차 헤이그 평화회의와 뮌헨 평화회의 등에 참석하면서 주트너는 국제사법재판소 설치 등 국제평화를 제도적으로 정착시킬 수 있는 방안을 모색하는 데 혼신의 힘을 기울였다.

또한 19세기 말 반(反)유대주의가 발호하기 시작하는 오스트리아에서 주트너는 부군과 함께 반유대주의에 맞서는 시민운동에도 주력

뮌헨 세계평화회의 참석자들(1907, 앞줄 왼쪽에서 두 번째가 주트너)

오스트리아 기독사회당의 반유대주의 포스터(1920)

유대인을 상징하는 뱀이 오스트리아를 상징하는 독수리를 칭칭 감아 질식시키는 그림 아래에 "오스트리아를 구하라!"라는 선전 문구를 넣었다. 당시 빈은 반유대주의의 온상이었고, 히틀러도 빈에서 대학을 다녔다.

하였다. 1880년대에 러시아에서 대대적인 유대인 박해가 벌어지자 이를 견디다 못한 빈곤층 유대인들이 대거 오스트리아로 흘러들어왔고, 이를 기화로 오스트리아에서는 반유대주의 선풍이 불어 닥쳤다.

이에 주트너는 1891년에 부군과 함께 "대외적인 평화를 실현하기 위해서는 먼저 내적인 평화를 이루어야 한다"라는 소신을 갖고 반유대주의 퇴치협회를 결성했다. 시 반유대주의를 주도했던 인물은 1893년 오스트리아 기독사회당을 창당했던 정치인 뤼거(Karl Lueger)였다.

그는 훗날 히틀러의 선구자라 불릴 만큼 반유대주의자로 악명이 높았다. 1895년 빈 시장 선거에서 뤼거가 당선되자 주트너는 '인간의 어리석음의 승리'라고 개탄했다. 주트너는 유대인 박해가 중세로의 퇴행과 다름없는 야만이며, 반유대주의에 침묵하면 결국 공범이 되는 것이라고 역설했다.

여성운동과 양성 평등의 평화운동

주트너는 오스트리아 여성운동의 개척자이기도 하다. 1904년 베를린 세계여성대회에 참여하여 연설을 했고, 참가자들이 베를린 필하모니 앞에서 시위를 하는 폐막식에서도 가두연설을 했다. 그녀는 여성의 깨우침을 남성들이 싫어하는 것은 마치 "하층민의 깨우침을 상류층이 싫어하고 이성의 파수꾼을 자임하는 성직자들이 일반 대중의 계몽을 싫어하는 것과 같은 이치"라고 말한다.

강연하는 주트너

다른 한편 주트너의 평화주의는 여성 문제와 관련하여 독특한 관점을 보여준다. 주트너는 여성이 사회적 약자라고 해서 여성을 타고난 평화주의자라고 여기는 특권적 선민의식에는 비판적 거리를 두었다. 그녀는 이렇게 말한다.

"나의 개인적인 경험에 비추어보면 평화의 문제에 대한 입장에서 남성과 여성의 차이는 없다. 전쟁 무용담과 전쟁영웅에 대한 열광은 남성이나 여성 모두에게서 발견되며, 평화운동에 대한 열정과 에너지는 여성과 남성이 똑같이 보여준다. 그리고 새로운 시대의 사고에 대한 지독한 무관심과 타성에 안주하는 몰이해 역시 남성과 여성 모두에게서 똑같이 발견된다. (…) 평화운동을 여성들 고유의 몫으로 간주하려는 것은 부질없는 일이다. 그런 식으로 남성에 맞서 대립해서는 여성들 역시 아무것도 이룰 수 없다. 인류를 순화시키는 진보의 과제는 남성과 여성이 함께 공감하고 대등한 자격으로 협력할 때만 성취될 수 있다."

이처럼 주트너의 평화주의는 계급과 민족, 남녀를 불문하고 일체의 배타적 차별의식을 넘어서려는 보편인간적 관점에 기반을 두고 있다. 그렇다고 이념적 순수성만 추구하고 대중적 정서를 외면하는 보편주의와는 무관하다. 가령 열렬한 평화주의자였던 톨스토이는 주트너에게 보낸 서신에서 그녀가 평화의 수단으로 추구하는 평화단체나 평화회의, 국제사법재판소 등으로는 전쟁의 근절이 불가능하며, 시민들이 병역의무 자체를 거부하고 참된 사랑의 신앙을 회복할 때만 진정한 평화를 이룰 수 있다고 역설했다.

하지만 병역거부가 엄중히 처벌받던 당시 오스트리아 상황에서 주트너는 평범한 보통 사람들에게 그런 희생을 감내하라고 요구할 수는 없다고 했다. 평화에 이르는 '유일한' 길은 없으며 "전쟁 유발의 동기는 수백 가지이고 따라서 전쟁반대의 동기도 수백 가지가 될 수밖에 없다"라며 유연한 대처를 강조했다. 이러한 입장 차이에도 불구하고 주트너는 1910년 톨스토이 서거에 즈음하여 "톨스토이는 유럽에서 가장 일관된 신념을 견지한 거의 유일한 기독교인이었다"라고 경의를 표했다.

노벨의 후원 – 노벨평화상 제정에 기여

주트너는 오늘날 NGO 활동의 선구자라 할 수 있다. 유럽 열강이 군국주의에 앞장섰던 당시 상황에서 주트너의 평화운동은 당연히 정부 차원의 어떠한 지원도 기대할 수 없었다. 그런 연유로 주트너는 오스트리아 평화애호가협회나 반유대주의 퇴치운동 등에 필요한 재원을 거의 자력으로 조달해야만 했다. 가령 1899년 헤이그 평화회의에 유일한 여성으로 참여하게 된 주트너는 여비를 마련할 길이 없어서 헤르츨(Theodor Herzl)이 발행하는 시온주의 잡지 《세계(*Die Welt*)》의 특파원 자격으로 평화회의에 관한 기사를 써서 그 원고료로 여비를 조

달했다. 또한 1903년 빈에서 국제의원연맹 회의가 열릴 때는 하루에 신문 25면 분량의 기사를 쓰기도 했다.

1892년에는 자신의 소설 제목을 따서 오스트리아 평화운동 기관지《무기를 내려놓자!》를 창간했는데, 주트너는 평화운동에 관한 기사와 논설을 직접 집필하여 저널리스트의 직분을 평화운동 활동의 기반으로 삼았다. 외부의 특별한 도움 없이 자신의 직업을 가지고 생계를 유지하면서 국제적인 차원의 평화운동에 매진한다는 것은 당시에나 지금이나 결코 쉬운 일이 아니다. 그 점을 감안하면 주트너의 활동 방식은 실로 경이롭다.

하지만 이러한 자구책만으로 평화운동의 물적 기반을 확보하기에는 분명한 한계가 있었고, 그 한계를 타개하는 데 결정적인 계기가 된 것은 노벨과의 만남이었다. 주트너는 1892년 베른 국제평화회의에 노벨을 초대하여 국제평화의 정착에 관해 오랜 대화를 나누었다. 그 결과 노벨을 오스트리아 평화애호가협회 회원으로 가입시키는 한편, 평화운동을 위한 기금 후원자로 만들었다. 알다시피 노벨은 자신이 발명한 다이너마이트가 전쟁의 가공할 무기로 악용되는 사태에 매우 곤혹스러워했고, 그런 이유에서 평화 문제에 지대한 관심을 기울였다.

주트너에 비해 현실주의자였던 노벨은 그녀에게 보낸 편지에서 비정부 차원의 평화운동이 과연 어떤 실효를 거둘 수 있을지 의문을 제기하면서, 우호적인 정부들을 상대로 수용가능한 제안을 하는 것이 중요하다고 조언을 해주기도 했다. 그런 노벨에게 주트너는 단기간 내에 각국 정부의 태도변화를 기대하기 어렵기 때문에 오히려 지속적인 평화운동이 더욱 절실하다는 점을 꾸준히 설득했다.

이러한 대화의 과정에서 노벨은 주트너의 평화운동에 든든한 재정적 후원자가 되었다. 노벨은 주트너의 요청에 따라 수시로 후원금을 지원했고, 베른 국제평화국에 거액의 기금을 희사하기도 했다. 주트너는 노벨이 막대한 유산을 일가친척들에게 물려주지 않고 인류문명의 진보에 기여하는 사람들을 위해 공적 기금으로 유증할 거라는 사실을 잘 알고 있었다. 그래서 주트너는 마지막까지 노벨에게 호소하여 노벨평화상을 제정하도록 하는 데에도 결정적인 역할을 했다.

주트너는 1910년 무렵부터는 과거의 전쟁 규모와는 비교도 할 수 없을 정도로 엄청난 대량학살을 유발할 세계대전이 유럽에서 터질 거라고 경고했다. 생의 마지막 순간까지 반전평화운동에 헌신했던 주트너는 1914년 6월 21일 생을 마감했다. 그녀가 경고한 대로 1주일 후에 사라예보에서 총성이 울렸고 제1차 세계대전이 터졌다.

지속가능한 군비 축소를!

냉전체제가 붕괴되고 21세기에 들어와서도 매년 1,000조 달러에 이르는 전세계 군비는 냉전시대의 군비 규모를 오히려 능가하고 있는 실정이다. 이 엄청난 군비는 인류를 하루아침에 절멸시킬 수 있는 전쟁의 직접적인 위협이다. 게다가 군비 지출로 인한 막대한 자원 낭비는 다시 지구촌 곳곳에서 절대적 빈곤을 온존시킴으로써 또 다른 갈등과 분쟁의 화근이 되는 악순환으로 이어진다.

평화의 기틀이 되는 기본적 생존권과 인권의 확보를 위해서도 군비축소는 지구적 차원에서 해결해야 할 절박한 과제인 것이다. 이런 맥락에서 국제평화국은 지난 2005년 '지속가능한 성장을 위한 지속가능한 군비축소'를 세계평화를 위한 슬로건으로 제창한 바 있다. 한 세기 전에 주트너가 주도적으로 참여했던 국제평화국의 이러한 노력이 과연 얼마나 실효를 거둘 수 있을지는 여전히 미지수다. 다만 우리가 역사의 경험을 통해 뼈저리게 깨우친 것은 과거사를 망각할 때 역사적 과오는 다양한 형태로 반복된다는 것이다.

주트너가 살던 시대에 치열한 군비경쟁을 벌이던 유럽 열강들을 향해 그녀는 임박한 전쟁의 위협을 경고하고 평화를 호소했다. 하지만 그녀의 경고와 호소는 군국주의의 거센 물결에 파묻혔고, 인류는 역사상 전례 없는 대전쟁의 재앙을 겪었다. 주트너가 살던 시대와는 비교할 수 없이 최첨단의 과학기술로 무장한 군사력이 세계 전역에 배치되어 있는 오늘날 우리가 주트너의 호소를 귀담아 들어야 하는 이유가 여기에 있다.

참고문헌

Bertha von Suttner, *Die Waffen nieder!*, Husum, 1990.

Brigitte Hamann, *Bertha von Suttner. Ein Leben für den Frieden*, München, 2002.

Harald Steefahn, *Bertha von Suttner*, Hamburg, 1998.

"

우리가 우리끼리 누리는 좋은
것들을 제대로 누리려면, 모두 함
께 그것을 누릴 수 있어야 한다.
그리고 그 좋은 것들이 공공 영역
을 통해서도 구현될 수 있도록 해
야 한다. 그렇지 않을 경우 그 좋
은 것들은 불확실한 것이고, 불안
을 조장하는 것이며, 언제든 사라
질 수 있다.

"

- 『헐하우스에서 20년(*Twenty
Years at Hull House*)』(1912) 중

Jane Addams 1860.09.06~1935.05.21

국경과 계급의 편견을 넘어

제인 애덤스
Jane Addams

이름 / 제인 애덤스(미국)

수상 연도 / 1931년

수상 근거 / 〈평화와 자유를 위한 국제여성연맹〉 창립 및 사회복지운동

수상 분야 / 국제평화운동

• 글 최재인

서울대학교 서양사학과 강사

노벨상 후보로 가장 많이 지명된 인물

제인 애덤스는 1931년 미국 여성으로는 처음으로 노벨평화상을 수상했다. 사회복지관의 효시 격인 헐하우스(Hull House)를 세운 사회 운동가이자 반전평화운동가로서의 명성이 이미 미국을 넘어 전 세계에 알려져 있었기에, 그녀의 수상은 당연할 뿐 아니라 오히려 뒤늦은 것으로 여겨졌다. 실제로 애덤스는 1916년부터 1931년까지 91차례 중복 추천되어, 지금까지 가장 많이 노벨상 후보로 오른 인물로 기록되어 있다.

제인 애덤스(1924 또는 1926)

애덤스는 1860년 미국 일리노이주 세다빌에서 아홉 남매 중 여덟째로 태어났다. 부친은 제분소와 제재소를 거느린 부유한 사업가이자 일리노이주 의회 상원의원을 지낸 정치가였다. 4세에 앓은 척추결핵으로 등이 약간 굽었던 애덤스는 외모 콤플렉스가 깊고, 다른 아이들만큼 달리기를 잘 하지도 못해 혼자 조용히 지내는 것을 좋아한 수줍은 소녀였다고 훗날 자서전에서 회고하고 있다. 그런 중에도 기꺼이 즐겼던 일 중 하나는 가족들과 일요 예배를 마친 뒤 선물 바구니를 들고 가난한 이웃들을 위해 나선 자선활동이었다고 한다.

부친은 딸들의 고등교육을 지지하고 지원했지만, 먼 곳으로 보내려 하지는 않았다. 애덤스는 동부의 명문대학교에 가고 싶었지만, 부친의 뜻에 따라 집에서 가까운 록포드 여자 대학에 진학했다. 이 대학은 종교적 지향성이 강해, 졸업생 중 꽤 많은 이들이 외국에서 선교활동을 했다. 애덤스의 동기 중 한 명인 벙커(Annie Ellers Bunker)는 조선에 의료 선교사로 와서 명성황후의 주치의가 되었고, 정신여고를 세우기도 했다. 애덤스는 학교의 종교적 지향성에 동의하지는 않았지만, 그런 분위기에서 나름의 사회적 소명의식을 키울 수 있었다. 대학을 졸업한 첫 여성 세대였던 애덤스와 그의 동료들은 엘리트적 자부심을 갖고 있었고, 그중에서도 애덤스는 돋보이는 존재였다. 대학시절에는 학생 대표로 활동하며 다방면으로 지도자적 자질을 발휘했고, 학생과 교사들의 존경과 기대를 모았다. 훗날 헐하우스를 함께 세운 스타(Ellen Gates Starr)를 만난 것도 이곳에서였다.

어렸을 때부터 의사가 되고 싶었던 애덤스는 록포드를 졸업한 뒤 필라델피아 여자의과대학에 진학하여 공부하던 중, 허리 지병으로 학업을 그만두게 되었다. 이후 수술을 거쳐 허리를 곧게 세울 수 있게 되고, 어느 정도 기력도 회복했다. 집에 머물러 있던 애덤스에게 가족들은 결혼을 하든가 독신녀로 남아 가족을 돌봐줄 것을 요구했다. 애덤스가 아팠을 때 다른 가족들이 그녀를 돌봤던 것처럼 애덤스도 자주 아팠던 모친과 정신질환을 앓고 있던 형제를 돌보고, 결혼한 형제자매의 아이들도 돌봐주기를 원했다.

그러나 애덤스는 자신에 대한 가족의 그런 기대에 부응하며 살고 싶지 않았다. 그렇다고 무엇을 할 수 있을지에 대한 전망이 구체적으

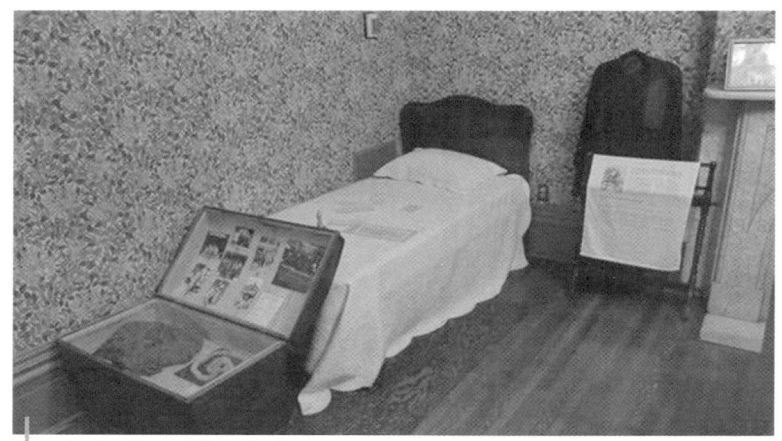
애덤스의 소박했던 침실

로 보였던 것도 아니다. 고등교육을 받은 여성의 수가 증대되기는 했지만 여성이 능력을 발휘할 수 있는 직업이나 직장은 지극히 제한되어 있던 시대였다. 훗날 자서전에서 애덤스는 25세 당시의 심정을 매튜 아널드의 시 '자존(*Self-Dependence*)'의 일부를 통해 이렇게 표현했다.

"내 자신도 역겹고, 묻는 일도 넌덜머리가 난다.
내가 누구이고 무얼 해야 하는지."

북아메리카 최초의 사회복지관 헐하우스

그러던 중 런던 여행에서 본 사회복지관 토인비홀에서 영감을 얻은 애덤스는 대학시절 선배였던 스타와 함께 시카고 변두리에 찰스 헐의 주택을 임대하여 '헐하우스'라는 복지관을 세웠다. 이름의 대가로 4년 동안 무상임대를 할 수 있었다. 애덤스가 아버지의 사망으로 상속받은 5만 불(현재 가치로 환산하면 미화 약 120만 불, 원화 약 12

헐하우스 유치원

억 원)을 종자돈으로 내놓고, 스타도 자신의 재산을 내놓아 낡은 집을
개조하여 터전을 마련했다. 오래지 않아 헐하우스는 정기적인 기부자
를 꽤 확보할 수 있었고, 이와 함께 활동 영역도 넓혀 갔다. 부유한 여
성들의 재정 지원이 큰 힘이 되었다.

　헐하우스는 부자들의 오래된 자선활동 전통과 무관한 것은 아니
었지만, 분명히 다른 지점들이 있었다. 이전까지 자선가들은 일방적
으로 시혜를 베푼다는 의식이 강했다. 실제로는 자선가도 자선활동을
통해 정체성을 정립하고, 자선단체를 통해 사회적 네트워크를 형성하
는 등 얻는 것도 많았지만, 자신들이 빈민층으로부터 무언가를 얻고
배운다는 의식을 갖지는 않았다. 이와 달리 애덤스를 비롯한 사회복
지관 활동가들은 도시의 가난한 이웃들과 평등하고 상호적인 관계를
형성해야 한다는 분명한 의식과 목표가 있었다.

　애덤스는 자서전에서 "계급들이 상호 의존한다는 이론을 바탕으
로 헐하우스를 세웠다"고 했다. 노동자에게 기업가가 필요하고, 기업

가에게 노동자가 필요한 것처럼 다양한 계급들이 서로 의존하며 한 사회를 구성하고 있다는 의미였다. 실제로 고등교육을 받고 사회활동에 대한 열망이 강했던 여성들이 사회복지관에서 역할을 갖고 활동을 하면서 삶의 의미를 찾기도 했다. 애덤스는 사회복지관이 도시 차원에서도 필요했지만, "개인적으로도 절실"했으며, 이를 통해 "가족의 요구에서 벗어나 좀 더 큰 사회로 진입할 수 있었다"고 진솔하게 기술했다. 활동가들과 지역주민이 서로 돕는 관계에 있다는 점을 분명히 인지했던 애덤스는, 도시 빈곤에 대한 집담회가 있을 때면 조사대상이 되었던 이웃 중에서 단 한 명이라도 참여하도록 했다. 빈민들을 섣부르게 일반화하거나 대상화하지 않으면서, 구체적이고 인격적으로 다가가기 위한 노력의 일환이었다.

이렇게 가난한 이웃에게 다가가는 태도가 다르다 보니, 기존의 자선 활동과는 목표도 달라질 수밖에 없었다. 활동가들은 교육과 문화 서비스를 제공할 뿐 아니라 열악한 주거와 노동 환경의 개선도 추구하게 되었다. 상하수도 시설과 교육기관 건설을 위해, 또 전염병을 예방하고 보건위생 수준을 높이기 위해 시 정부 활동에 적극 참여하게 되었고, 아동노동을 제한하고 노동자의 권리를 보호하기 위한 각종 법률안을 만들어 의회에 제출하기도 했다. 바야흐로 미국은 혁신주의 시대로 접어들고 있었고, 그 중심에 헐하우스가 있었다. 헐하우스를 모델로 삼아 대도시를 중심으로 미국 전역에 사회복지관이 생겨나, 1910년이 되면 4백여 개에 이르게 된다. 애덤스는 "내가 전국에서 사회복지관 운동의 대모로 여겨지고 있다는 것을 알았다"고 했는데, 이때가 1893년, 그녀의 나이 33세였다.

반군사주의와 반국가주의를 외치다

애덤스는 헐하우스의 활동경험을 토대로 평화론을 정립하고 평화운동을 조직했다. 애덤스의 평화론은 저서 『평화에 대한 새로운 이상 (*Newer Ideals of Peace*)』(1907)과 『평화와 빵(*Peace and Bread in Time of War*)』(1922)에 정리되어 있다. 그녀는 평화를 "전쟁이 없는 상태만이 아니라, 공공의 발전을 이루어 나가는 삶의 여정을 지속적으로 펼칠 수 있는 상태"라고 정의했다. 애덤스는 국제사회에서 평화가 정착되기 위해서는 정부가 민주적이어야 하고, 사회에서 정의가 구현되어야 한다고 주장한다. 평화와 민주와 정의는 서로가 꼭 필요한 관계에 있다는 의미이다. 평화를 원한다면 민주와 정의를 위해 노력해야 하며, 민주적이고 정의로운 사회를 원한다면 평화가 굳건히 자리잡도록 해야 한다는 뜻이다.

애덤스는 정부의 역할을 중시했다. 그녀가 경계했던 것은 '군사주의적' 정부였다. 군사주의적 정부는 국방과 규제에 주로 관심을 두는 정부이며, 그런 정부 아래서 사회관계는 서열 위주의 억압적 관계가 되기 쉽다. 이와 반대에 있는 민주정부는 구성원들의 생활과 복지에 관심을 두는 정부이다. 애덤스는 미국 정부가 '군사주의'에서 벗어나 주된 관심을 국민의 생활에 두는 '민주적' 기구로 발전할 것을 기대했다. 그녀는 고등교육을 받은 고위관료와 지식인들이 전쟁과 외교의 기술을 발휘하는 일에 주력할 것이 아니라, 국민의 다수를 이루는 노동자의 필요와 요구에 부응할 수 있어야 한다고 말한다.

애덤스가 또한 경계했던 것은 다른 나라 혹은 외국인에 대해 편견을 갖고 적대시하는 편협한 국가주의였다. 이는 부족주의 시대를 벗어나지 못한 구시대적인 것이며, 유치하고 위험한 정서라고 우려했다. 그러나 모든 애국심을 폄하했던 것은 아니다. 그녀는 가족애가 애국심과 모순된 것이 아니듯, 애국심도 국제주의와 반드시 상충하는 것은 아니라고 보았다. 그리고 상업과 산업의 발전에 따라 점점 더 삶의 조건이 국제화되기 때문에 국제주의적 정서를 발전시킬 물질적 조건이 충족되어 있다고 보았다.

애덤스는 세계 평화를 원한다면 노동자의 삶에 주목하라고 권한다. 이는 헐하우스에서 이웃의 가난한 노동자들과 생활하며 얻은 결론이었다. 이민 노동자들의 마을은 더러운 주거환경과 부족한 물자 속에서 욕설과 싸움만 난무할 것 같지만, 실제 일상을 들여다보면 서로 돕고 보살피는 인정이 넘치는 곳이기도 했다. 이들은 출신 국가가 달라도 함께 이웃으로 지내며 서로를 자연스럽게 이해하게 되었다. 애덤스는 미국을 비롯한 세계 각국들이 편협한 국가주의에서 벗어나 인도주의적 국제주의로 나아가야 할 역사적 단계에 있다고 보았다. 그리고 그 바람직한 모델을 다양한 국적의 이민 노동자들이 모여 살며 서로에 대한 편견을 깨고 협력하는 관계를 만들어 나갔던 가난한 동네에서 찾았다. 또한 전쟁이 나면 징병되어 최전선에 서게 되는 것도 가난한 계층이기 십상이었고, 생필품 부족으로 가장 큰 생활고에 시달리게 되는 것도 이들이었기에, 가난한 사람의 입장에서 볼 때 평화는 특히 절박하다고 호소했다.

〈평화와 자유를 위한 국제여성연맹〉 창립

애덤스가 평화운동을 시작한 것은 일찍이 1898년 미국과 에스파냐의 전쟁 때부터였다. 이 전쟁에서 승리한 미국은 에스파냐의 식민

지였던 필리핀을 합병했다. 그러나 애덤스는 이를 제국주의라고 강하게 비난했다. 그녀의 평화운동은 1914년 유럽에서 제1차 세계대전이 발발하면서 그 행보가 더욱 빨라졌다. 애덤스는 미국 내 여러 여성단체들을 모아 1915년 1월 여성평화당(Woman's Peace Party)을 만드는 데 앞장섰다. 당시 수도 워싱턴 D.C.에서 열린 여성평화당 집회에 3천명이 넘는 여성이 참여했다. 1915년 4월 28일에서 5월 1일 사이, 네덜란드 헤이그에서 열린 〈국제여성회의(International Congress of Women)〉에 애덤스는 미국 여성대표단을 이끌고 참여했다. 그녀는 대표단을 선정할 때 특히 노동자 출신과 이민 노동자들에 대해 잘 알고 있는 이들이 참여하도록 했다. 명망가나 학자보다, 가난한 노동자의 처지를 잘 알고 있는 사람이 평화에 대해서도 절실하고 분명하게 이해하고 있다고 믿었기 때문이었다.

유럽과 북아메리카에서 온 1,150명의 여성 대표들은 헤이그에 모여 전쟁을 끝내기 위한 제안서를 작성했다. 교전국들에게 포기하지 않는 지속적 회담을 통해 어떻게든 합의를 이끌어내라고 요구했고, 중립국들에게는 계속 중립을 지키면서 협상을 주재하는 역할을 해 달라고 호소했다. 이를 위해 회의에서는 대표단을 선정해 각국의 국정 책임자들에게 결의내용을 전달하기로 했고, 이에 따라 애덤스도 여러 나라를 다니며 수상이나 외교장관 등을 만나 전쟁의 중단을 호소했다.

그러나 애덤스의 노력은 결정적으로 자국에서 외면 받았다. 당시 미국 대통령 윌슨은 1917년에 참전을 선포했다. 이에 반대했던 애덤스는 《뉴욕타임스》를 비롯한 여러 언론의 뭇매를 맞았다. '과격한 빨

국제여성평화회의를 위해 네덜란드 헤이그에 도착한 미국 여성 대표단(1915.04.28)

갱이', '세상 물정 모르는 철없는 아줌마', '아무 데나 나서는 여자답지 못한 여자'라는 등 비난은 맹렬했다. 미국혁명의 딸들(Daughters of American Revolution)이라는 여성단체는 애덤스의 행실이 반국가적이라며 회원자격을 박탈하기도 했다. 그러나 이에 굴하지 않고 애덤스는 1919년 스위스 취리히에서 각국의 여성 대표들과 함께 〈평화와 자유를 위한 국제여성연맹(Women's International League for Peace and Freedom, 이하 국제여성연맹)〉을 조직했고, 의장으로 선출되었다. 이 기구는 지금도 보스턴에 본부를 두고 활동 중이다.

애덤스가 주도한 여성국제기구들의 평화를 위한 결의안들은 이후 윌슨의 14개 조항에 영향을 미쳤고, 국제연맹과 국제연합이 세계 평화를 기치로 창설되는 데 기여했다. 그러나 애덤스가 주도한 이 당시 여성평화운동의 평화에 대한 비전은 그보다 더 광범하고 깊이 있는 변화를 지향했다. 국제여성연맹은 국제기구가 평화와 사회정의를 같은 것으로 이해해야 한다고 말한다. 국제기구는 각국이 징병제를 폐

세계평화를 위해 헌신했던 제인 애덤스

지하고, 무기를 감축할 수 있도록 유도하며, 세계적 차원에서 가장 효율적으로 생필품을 분배할 수 있는 경제적 안전망을 구축하고, 강대국이 약소국의 자원을 투자의 명목으로 약탈하지 못하도록 하며, 어느 나라에서도 아동노동을 착취하는 일이 벌어지지 않도록 하고, 여성에게 참정권을 보장하고 양성평등이 실현될 수 있도록 노력해야 한다고 주장했다. 이렇게 일상에서 사회정의와 민주주의가 실현되고 발전해 나갈 때 평화가 영구히 정착될 수 있다는 것이 그녀의 주장이었다.

국경과 계급의 벽을 낮추는 곳에 평화가 있다

애덤스의 비석에는 "헐하우스와 평화와 자유를 위한 국제여성연맹의 제인 애덤스(Jane Addams of Hull House and Women's International League for Peace and Freedom)"라는, 그녀가 직접 작성한 비문이 새겨져 있다. 애덤스는 노벨평화상으로 받은 상금을 모두 국제여성연맹에 기부했다. 헐하우스의 창립자만이 아니라 여성평화운동가로도 기억되고 싶었던 것이다.

애덤스의 사상과 활동은 20세기 전환기 미국 역사의 산물이기도 했다. 대규모 공장들이 세워지면서, 유럽 여러 나라에서 가난한 이들이 미국 대도시로 몰려왔다. 미국 사회에서 고등교육을 받고 사회적 책임감을 갖춘 자산가 집안의 젊은이 중 일부가 가난한 이민 노동자의 처지를 외면하지 않았고, 자신의 재산과 삶을 노동자들과 나누며 그들의 생활 개선에 힘썼다. 그런 흐름의 선두에 섰던 애덤스는 자기 세대의 활동이 당대에 그치지 않고 발전을 이루려면 편협한 국가주의와 유치한 군사주의를 벗어나, 국경과 계급의 편견에 매이지 않는 국제주의로 나아가야 한다는 비전을 제시했다. 이런 비전은 수십 년간 복지관 활동을 통해 쌓아온 지역 복지기관과 주민들 간의 상호 신뢰가 폭력과 전쟁 앞에 어떻게 무너져 내리는지를 지켜보면서 나온 것이기도 했다.

애덤스는 스스로에 대해 "원래 개인적 성향이나 철학 때문에 중도에 서는 경우가 많았는데, 전쟁이 발발하면서 어느새 보니 가장 왼쪽에 서 있더라"고 말하기도 했다. 이는 그녀가 세계평화의 문제에 있어서 국가 차원의 편가르기에 휘둘리지 않고, 전쟁은 '불법'이며, 어떻게든 협상을 통해 문제를 해결해 가야 한다는 입장을 견지했기 때문이다. 1919년 '베르사유 조약'으로 승전국들이 독일을 징벌한다며 비현실적으로 큰 배상금을 부과했을 때도 애덤스는 이에 반대했다. 독일을 더 큰 절망으로 몰아넣어 다시 전쟁준비를 하게 만들 수 있다고 우려했기 때문이다. 그러한 우려는 현실이 되었다. 세계 평화와 민주주의에 대한 그녀의 비전은 21세기에도 여전히 미래의 과제로 남아 있다.

참고문헌

이동기 편저, 『20세기 평화텍스트 15선』, 아카넷, 2013.
제인 애덤스, 심재관 역, 『헐하우스에서 20년』, 지식의숲, 2012.
Jane Addams, *Newer Ideals of Peace*, 1907.
Jane Addams, *Peace and Bread in Time of War*, 1922.
https://en.wikipedia.org/wiki/Jane_Addams
http://wilpf.org

Carl von Ossietzky 1889.10.03~1938.05.04

"

반전 평화주의자들은 항상 청정하고, 때로는 뛰어나게 용감하다. 그러나
진실을 말하자면 그들은 대부분 야수가 될 수 없는 자질을 갖고 있다.

"

- 「평화지향적인 사람들은 불행하다」(1929.02.12) 중

급진적 평화주의와 반파시즘 투쟁의 기수

카를 폰 오시에츠키

Carl von Ossietzky

이름 / 카를 폰 오시에츠키(독일)

수상 연도 / 1935년

수상 근거 / 반전 평화주의 확산 및 반파시즘 투쟁

수상 분야 / 인권

—

• 글 이동기

강릉원주대학교 사학과 교수

빈한한 삶에서 우파 민족주의자로:
출신은 미약했고 출발은 모호했다.

오시에츠키는 1889년 독일 함부르크에서 태어났다. 그의 부모는 독일제국의 북동부인 슐레지엔에서 살다가 더 나은 삶을 찾아 함부르크로 이주했다. 그곳에서 오시에츠키의 아버지는 변호사 사무실의 보조 자리를 얻었지만 경제적 어려움 때문에 부업으로 식당 운영을 해야 했다. 오시에츠키가 세 살 때 아버지가 사망하자 어머니가 홀로 식당을 했고 궁핍한 살림은 나아질 기미를 보이지 않았다. 다행히도 함부르크의 시의원이자 나중에 시장이 되는 막스 프레될(Max Predöhl)이 나서서 오시에츠키의 집안을 도왔다. 그의 도움으로 오시에츠키는 실업계 중등학교를 마칠 수 있었고, 학업 성적은 형편없었지만 프레될의 소개로 함부르크 시 검찰청의 하급 보조 서기가 될 수 있었다.

양부이자 사회민주주의자였던 구스타프 발터(Gustav Walther)의 영향으로 오시에츠키는 일찍부터 정치에 관심을 가졌다. 하지만 성인이 될 때까지 정치활동에 참여하지는 않았다. 오시에츠키는 스무 살을 전후해 삶의 변화를 본격적으로 시도했다. 낮에는 직장 업무에 충실했지만 밤에는 다양한 문화 행사와 정치 모임에 드나들었다. 그는 여가 시간에 집중적으로 독서에 매달렸으며 글을 쓰기 시작했다. 처음에는 시와 희곡을 써보기도 했지만 곧 정치나 사회 현실을 주제로 한 에세이를 썼다.

1911년부터 그의 기고문은

에스터베겐 수용소의 오시에츠키(1934)

헬무트 폰 게를라흐(Hellmut von Gerlach)가 창립한 〈민주주의연맹〉의 주간지 《자유로운 말》과 에른스트 헤켈(Ernst Haeckel)이 주재하던 〈일원론동맹〉의 기관지에 자주 실렸다. 민주주의연맹은 자유주의적 좌파와 우파 민족주의자들의 결집체였지만, 일원론동맹은 다윈주의자이자 인종우생학자인 헤켈의 극우 민족주의 사상을 전파하고 있었다. 히틀러도 그 조직의 영향을 크게 받았는데, 당시 오시에츠키는 함부르크 지부의 회원이었다.

비판적 언론인으로서의 길: 전환은 단호했고 입장은 선명했다.

오시에츠키는 게를라흐의 평화주의에 점차 더 많은 영향을 받았으며 자신의 빈한한 사회적 배경으로 인해 사회 정의와 민주주의 문제에 눈을 뜨기 시작했다. 초기에 경도되었던 우파 민족주의 사상과 조직에서 이탈해 점차 자유주의 좌파 내지 급진적 민주주의자로 정체성을 형성해갔다. 오시에츠키가 평화와 민주주의 문제에 큰 관심을 갖게 된 데에는 아내 모드 헤스터 리치필드-우즈(Maud Hester Lichfield-Woods)의 영향도 있었다. 1913년 오시에츠키와 결혼한 모드 헤스터는 영국 장교인 아버지와 인도 공주 출신 어머니 사이에서 태어났는데, 이미 영국의 여성운동에 참여한 전력이 있었다. 결혼 뒤 그녀는 남편이 직장을 그만두고 본격적인 언론 활동을 시작하도록 독려했다.

결국 오시에츠키는 직장에 사표를 낸 뒤 1914년부터 극우 민족주의와 군사주의에 대한 비판적인 글을 발표하기 시작했다. 하지만 1916년 군인으로 제1차 세계대전에 참전하면서 겪은 전쟁 체험이 그의 생애사에서 가장 결정적인 전기가 되었다. 그는 그동안 기웃거렸던 모든 종류의 인종주의적 일원론과 극우 사상에 단호히 결별을 선언했다. 오시에츠키는 1917년 『일원론과 평화주의』라는 소책자에서 당시 일원론동맹 대표였던 빌헬름 오스트발트(Wilhelm Ostwald)가 인도주의적 이성을 외면한 채 범게르만주의의 망상에 빠져 있다고 비판했다. 그는 제1차 세계대전의 참상을 직접 본 뒤로 다윈주의적 진화론을 버리고 확고한 반전 평화주의의 신념을 다졌다. 아직 전쟁이 끝나기도 전에 이미 그는 〈독일평화협회(Deutsche Friedensgesellschaft)〉의 함부르크 지부에 회원으로 가입했다. 함부르크 지부의 대표를 거쳐 1919년에는 베를린으로 파견되어 중앙본부의 비서직을 맡게 되었다.

하지만 그는 독일평화협회의 회장이자, 1927년 노벨평화상 수상자인 인 루트비히 크비데(Ludwig Quidde)와의 의견 차이로 곧 협회 활동에서 물러났다. 크비데로 대표되는 '애국적 평화주의'는 오시에츠키의 적극적 평화관과 맞지 않았던 것이다. 그는 언론 활동에 복귀해서《베를린 인민신문》,《다스 타게-북》그리고《세계무대》지에 정기적으로 기고했다. 1924년 오시에츠키는 반군사주의 잡지로 잘 알려진 다스 타게-북의 편집 책임을 맡았고, 1927년 마침내 당시 가장 널리 읽힌 비

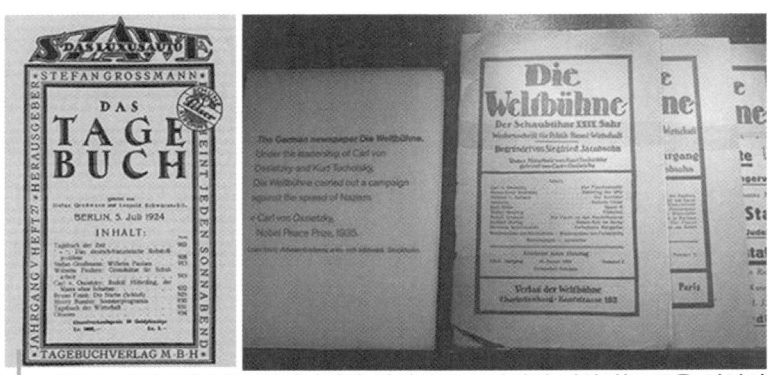

《다스 타게-북》(좌), 편집장이자 발행인으로 나치에 저항하는 글을 실었던 비판지《세계무대》(우)

판지《세계무대》의 편집장이자 발행인이 되었다.

'정치적'이고 '급진적'인 평화주의:
평화는 몽상에서 벗어나 정치와 결합해야 했다.

1920년대에 언론인 오시에츠키는 주로 반전과 군사주의, 평화 문제에 집중해 글을 썼다. 그는 당시 새로운 지향으로 등장하고 있던 '급진적 평화주의'를 대표했다. 그것은 독일의 오랜 군사주의와 전쟁 찬양의 전통 속에서 매우 특별한 의미를 지닌 것이었다. 독일어권에서 평화주의 운동과 조직은 영국이나 미국보다 늦게 등장했다. 베를린에서 독일평화협회가 조직된 것은 1892년이었다. 당시 독일은 군사주의를 비판하거나 전쟁과 무장을 거부하기가 다른 어떤 나라보다도 어려웠다. 19세기 자유주의 혁명의 실패 이후 권력을 장악한 프로이센과 독일제국의 보수적 민족주의 지배자들은 전쟁과 군사적 가치를 옹호하며 국민국가로의 통일과 통합적 지배를 관철했기 때문이다.

심지어 지배 체제를 비판하던 노동운동가나 사회주의자들도 반전 평화지향을 '부르주아적 한담'이라며 조소하고 오히려 자본주의나 제국주의에 대항하는 투쟁, 심지어 폭력 투쟁을 수용했다. 그러다가 오스트리아의 선구적인 평화운동가인 베르타 폰 주트너의 평화운동과 국제적 평화정치의 등장으로 인해 평화주의는 독일에서도 점차 자리를 잡기 시작했다.

오시에츠키는 1920년대 독일 평화운동의 주류라고 할 수 있는 루트비히 크비데의 온건한 평화운동에 대해서도 비판적이었다. 크비데의 평화주의는 국제무역을 통한 상호이해와 국제법적 조정을 통한 외교에만 관심을 가졌고, 심지어 방어 차원의 전쟁을 용인하는 문제점을 가졌기에 오시에츠키는 그것에 맞서 '급진적 평화주의'를 내세웠다. '급진적 평화주의'의 조류는 독일평화협회의 좌파 진영에서 발현된 것으로서 모든 종류의 지배, 폭력 사용에 대한 원천적 거부, 나아가서 병역 의무나 무장에 대해서도 거부의 입장을 보였다. 오시에츠키는 《세계무대》에서 이 급진적 평화주의를 대변했으며 크비데를 중심으로 한 자유주의 우파 계열의 온건한 '애국적 평화주의'와 대립하게 된다.

게다가 오시에츠키는 자신의 평화노선을 베르타 폰 주트너의 '도덕적 평화주의'와도 구분 짓는 의미에서 '정치적 평화주의'라고 불렀다. 오시에츠키는 1924년 『평화주의자들』이라는 에세이에서 당시까지의 독일 평화주의가 "망상적이고 몽상적이며 사유에만 빠져 있는데다 정치라는 수단을 불신한다"고 비판했다. 그는 특히 주트너처럼 감정에 대한 호소나 인류애를 내세워서는 대중들에게 다가갈 수 없다고 강조했다. 오시에츠키는 주트너처럼 왕들이나 정치지도자들의 양심에 호소해 그들을 설득하는 것은 더 이상 유효하지 않다고 단언했다. 그는 대중에게 다가가기 위해서는 평화주의가 정치적이 되어야 하며, 이성적인 관점에서 전쟁으로 치닫는 현실을 분석하고 지배 질서에 맞서 싸울 것을 강조했다. 그의 관점에서 평화주의는 정치적이 될 때만 비로소 대중과 함께하는 길이 열릴 수 있었다.

그러나 당시엔 '급진적'이거나 '정치적'인 평화주의는커녕 온건하고 '도덕적'인 평화주의조차도 받아들여지기 어려운 개념이었다. 평화주의는 '반역'이나 '비겁함' 같은 부정적 함의를 지닌 것으로 인식되었기에 우파뿐만 아니라 좌파들에게도 의심스럽거나 조심스러운 용어였다. 그런 상황에서도 오시에츠키는 평화주의를 더욱 급진적으로 끌어올려 모든 종류의 국가 기구를 통한 무장과 전쟁을 거부했으며 군사주의적 가치와 문화에 대해 비판을 퍼부었던 것이다.

특히 오시에츠키는 《세계무대》를 같이 만들던 동료 쿠르트 투콜스키(Kurt Tucholsky)가 자극적으로 내건 "군인들은 살인자들이다"라는 반전 슬로건을 적극 옹호하고 자기화했다. 단호하고 비타협적인 반전평화주의 기고문들로 인해 그는 곧 바이마르 공화국의 검찰, 사법부와 충돌했다. 독일 해군과 제국군에 대한 비방 죄로 오시에츠키는 벌금형을 선고받았지만 결코 굴복하지 않았다.

정치활동과 반파시즘 투쟁: 고난은 이어졌고 투쟁도 지속되었다.

오시에츠키는 언론 활동 외에도 잠시 정치 일선에 나서서 자신의 주장을 알리고 반전평화주의를 실현하려는 시도를 하기도 했다. 1924년 오시에츠키는 공화당(RPD)이라는 자유주의 좌파 계열의 정당을 결성했다. 하지만 그 당은 1924년 5월 총선에서 단지 0.17%의 득표를 얻었을 뿐이었다. 오시에츠키의 손을 거쳐 완성된 공화당 강령은 1848년 혁명과 1918년 11월 혁명을 계승한다고 밝혔다. 오시에츠키는 강령을 통해 한편으로는 기업의 사회화 조치를 옹호했고 다른 한편으로는 모든 독일인들의 '통일공화국'을 주장했다. 하지만 당시 대부분의 자유주의자들에게 그것은 국가사회주의적 강령에 가까운 것으로 보였고, 독일사회민주당(SPD) 지지자들에게는 지나치게 민족주의적이었다. 현실정치에 좌절한 오시에츠키는 다시 언론활동에 집중하며 바이마르 공화국의 지배적 질서를 격렬히 비판했다.

바이마르 공화국 말기의 히틀러와 나치즘의 등장에 대해 오시에츠키는 수차례 그 위험성을 경고하며 자신을 반파시스트로 규정했다. 하지만 그는 히틀러를 '이탈리아의 싸구려 모방꾼'으로 폄하했고 중공업 분야의 기업가들이 나치당을 재정적으로 지원하고 있는 사실에 더 주목했다. 그런 점에서 보면 오시에츠키가 나치즘의 본질과 고유한 동력을 충분히 파악했다고 보기는 어렵다. 오시에츠키는 나치가 권력을 장악하더라도 내적 모순 때문에 자멸할 것이라고 내다보기도 했다. 하지만 당시에 그만큼 단호하고 완강하게 모든 종류의 극우적 민족주의를 비판하며 반전과 반군사주의를 적극적으로 밝힌 이는 드물었다.

1929년 3월《세계무대》에서 오시에츠키는 독일이 비밀리에 추진하던 군비확장을 폭로하는 기사를 게재했다. 1931년 말 바이마르 공화국의 검찰은 그를 체포해 법정에 세웠고 법원은 18개월의 징역형을 선고했다. 이미 비판적 언론인으로서 독일뿐만 아니라 유럽 전역에서 큰 명성을 누리던 오시에츠키의 석방을 위해 알베르트 아인슈타인과 토마스 만, 로맹 롤랑 등의 저명한 지식인들이 나서서 석방 탄원서를 제출했다. 하지만 파울 폰 힌덴부르크(Paul von Hindenburg) 대통령은 석방을 거부했다. 오시에츠키는 당시 나치당과 독일국가인민당(DNVP), 금융자본과 산업자본 세력이 단일한 전선으로 결집하는 것을 보고 다가올 대선에서 독일공산당(KPD) 지도자인 에른스트 탤만(Ernst Thälmann)을 지지해야 한다고 주장했다. 오시에츠키의 그런 정치적 입장과 선전 활동을 힌덴부르크는 용납할 수 없었던 것이다.

구금 중의 노벨평화상 수상:
죽음의 길은 열렸고 수상의 길은 닫혔다.

1932년 12월 22일 오시에츠키는 정치범에 대한 성탄 특별사면으로 베를린의 테겔 교도소를 나왔다. 출감 후에도 그는 민주주의와 평화를 위한 활동을 멈추지 않았다. 이제 오시에츠키는 그동안 거리를 두었던 사민당과 공산당의 노동자통일전선이 히틀러의 권력 장악에 맞설 수 있는 유일한 희망이라는 의견을 피력했다. 그러나 히틀러의 권력 장악 후 오시에츠키는 나치 당국의 표적이 되었다.

1933년 2월 독일 국회의사당 방화사건 후 오시에츠키는 다시 체포되어 베를린의 슈판다우 교도소에 수감되었다. 1933년 5월 10일 베를린의 나치 지지 대학생들이 "불멸하는 독일의 민족정신을 수호"한다며 분서 난동을 감행했을 때 오시에츠키의 저술도 함께 불태워졌다. 오시에츠키는 존넨부르크로 이송된 뒤 1934년에는 올덴부르크 시 근교의 에스터베겐 수용소에 수감되어 극심한 고문을 당했다. 국

베를린의 테겔 교도소에서 방면된 오시에츠키(가운데)(1932.12)

제적십자위원회의 중재로 1935년 오시에츠키를 방문했던 스위스 외교관 칼 야콥 부르크하르트(Carl Jacob Burckhard)의 전언에 따르면, 그는 눈이 부어올라 잘 볼 수 없었고 치아가 뽑혀 나가고 다리가 부러진 채로 끔찍한 고통의 삶을 견디고 있었다.

망명에 성공한 오시에츠키의 동료들은 그의 곤경을 세계 언론에 널리 알렸다. 그들은 1934년부터 '독일인권동맹'의 이름으로 오시에츠키의 노벨평화상 수상을 촉구하는 서명 캠페인을 전개했다. 다시금 아인슈타인과 토마스 만이 나섰고 작가 하인리히 만과 올더스 헉슬리, 버트런드 러셀 등의 학자들이 서명에 동참했다. 당시 오시에츠키는 나치 독일과는 다른 '독일의 상징 인물'이 되어 있었다.

캠페인은 우여곡절 끝에 성공했다. 노르웨이의 노벨위원회는 1935년에 나치 독일의 개입을 우려해 노벨평화상 수상자를 정하지 못했다. 그러나 캠페인은 계속되었고, 이미 만신창이가 된 오시에츠키는 1936년 베를린 올림픽이 개최되기 직전에 게슈타포의 엄격한 감시 하에 병원으로 이송될 수 있었다. 노벨위원회는 국제적 압력이 지속

에스터베겐 수용소에서(1934)

되자 1936년 11월에 오시에츠키를 1935년도 노벨평화상 수상자로 뒤늦게 발표했다. 게슈타포는 오시에츠키가 수상을 하지 못하도록 출국을 막았다. 심지어 히틀러는 독일인의 노벨상 수상을 금지한다고 발표하면서 1937년부터 노벨상을 대신할 '문화학문 독일민족상'을 제정했다. 1938년 5월 4일 오시에츠키는 49세의 나이로 병원에서 사망했다.

기억과 유산: 평가는 갈렸지만 기억은 모였다.

사망 직후부터 오시에츠키는 나치즘의 억압과 만행의 대표적 순교자로 간주되었다. 전후에는 반파시즘 투쟁의 상징적 인물로 동독과 서독 모두에서 존경받는 드문 인물이 되었다. 이를테면 통일 이전에 동독은 1963년부터 1970년까지 '오시에츠키 메달 상'을 제정해 추모하며 자신들의 반파시즘 투쟁과 연결시키고자 했다. 서독도 오시에츠

오시에츠키 메달 상 수여식(2008)

키를 다양하게 기리며 민주적 평화문화의 선구적 인물로 인정하고 추모했다.

1991년 독일 중부 지역 니더작센 주의 올덴부르크 대학도 그의 이름을 대학 명칭에 병기해 그를 기리고 있다. 또한 1984년부터 올덴부르크 시는 '현대사와 정치를 위한 칼 폰 오시에츠키 상'을 제정해 격년으로 수상자를 발표하며 오시에츠키의 유업을 기리고 있다. 올덴부르크 출판사는 그의 저술 전체를 8권으로 편집해 발간했다. 또 올덴부르크 대학 도서관에는 그의 삶과 저술에 대한 전시관이 마련되어 있다.

물론 오시에츠키의 정치적 의미와 역사적 공헌을 둘러싸고 학계의 견해가 일치하는 것은 아니다. 오시에츠키를 비판적으로 보는 역사학자들은 그가 바이마르 공화국 말기에 정부를 과도하게 비판해 민주체제의 붕괴에 일조했다고 본다. 하지만 대다수 역사가들은 그가 반군사주의와 반파시즘 정신을 일깨우며 민주주의와 평화의 가치를 옹호했다는 점을 높이 평가한다.

특히 그의 '급진적 평화주의' 사상과 실천은 1945년 이후 독일과 유럽의 평화정치와 문화의 초석이 되었다는 점을 부인하기 어렵다. 평화운동이 항상 '급진적'이거나 '정치적'일 필요는 없다. 적대와 갈등의 당사자들이 감성 또는 이성에 호소함으로써 공감대와 합의점을 모색하고 조정과 화해를 통해 평화를 찾아가는 길이 분명 존재하기 때문이다. 하지만 역사와 현실에서는 전쟁과 폭력을 유발하거나 인도하는 지배 엘리트가 자주 등장한다. 그에 대해 완강한 비판과 거부가 필요할 때가 적지 않다.

그렇기에 전쟁과 적대를 조장하는 지배 질서에 대해 근본적인 비판을 수행하는 '정치적 평화주의', 또는 모든 종류의 국가 기구를 통한 무장, 전쟁과 폭력 사용을 전면 거부하는 '급진적 평화주의'의 전통을 확인하는 것은 중요하다. 그 대의를 구금과 죽음에 이르기까지 지킨 오시에츠키의 이름은 20세기 전반기의 인류 평화사에서 큰 자리를 차지할 수밖에 없다. 현재 독일에는 그의 이름을 딴 고등학교나 거리가 적지 않다. 특히 베를린과 올덴부르크 시는 그를 추모하는 비석을 세워 그의 평화 정신을 기억하고 환기한다. 평화를 말하면서 정치투쟁을 외면하는 사람들이 있다면 오시에츠키의 치열했던 삶을 더듬어 볼 필요가 있을 것이다.

참고문헌

Elke Suhr, *Carl von Ossietzky. Eine Biographie*, Köln, 1988.

Wilhelm von Sternburg, "Es ist eine unheimliche Stimmung in Deutschland". *Carl von Osssietky und seine Zeit*, Berlin, 1996.

Wolfgang Wippermann, "Der umstrittene Friedensnobelpreisträger Carl von Ossietzky", Hans Kloft(Hrsg.), *Fridenspolitik und Friedensforschung*. Die Friedensnobelpreisträger aus Deutschland, Berlin, 2011.

Carlos Saavedra Lamas

1878.11.01~1959.05.05

"

협정이나 조약이 아무리 완벽하다고 할지라도 이것들로 세상에서 전쟁이 사라지지는 않는다는 것을 잘 알고 있다. 그러나 필요할 때마다 이 협정문들을 뒤적이는 어떤 야심가, 미친 사람, 혹은 어떤 천진난만한 사람은 늘 있을 것이다.

"

- 사베드라 라마스

라틴아메리카의 분쟁을
라틴아메리카인의 손으로 해결하다

사베드라 라마스

Carlos Saavedra Lamas

이름 / 카를로스 사베드라 라마스(아르헨티나)

수상 연도 / 1936년

수상 근거 / 차코 전쟁 종식

수상 분야 / 국제 분쟁 조정

• **글** 이성훈
서울대학교 라틴아메리카연구소 교수

대학교수에서 국제연맹의 리더로

카를로스 사베드라 라마스는 노벨평화상을 받은 최초의 라틴아메리카인으로, 뛰어난 외교적 능력으로 라틴아메리카에 평화를 정착시키는데 기여했다는 평가를 받았다. 아르헨티나 부에노스아이레스의 유력 가문에서 태어난 그는 상원 및 하원의원을 역임하고 부에노스아이레스 주지사를 지냈던 마리아노 사베드라(Mariano Saavedra)의 손자다. 어머니 역시 우루과이의 유명 외교관이자 정치인이었던 안드레스 라마스(Andrés Lamas)의 딸이었다.

부에노스아이레스에서 가장 고가의 셔츠를 입는다는 소문이 있을 정도로 유복한 성장기를 보낸 그는, 부에노스아이레스 대학에서 1903년 법학박사를 취득하고 이후 파리에서 수학했다. 귀국한 이후에는 라플라타 대학에서 법학 및 헌법사를 강의했고, 부에노스아이레스 대학으로 옮겨 헌법과 정치경제, 그리고 사회학을 강의했다. 대학 교수로서 노동법과 국제법 분야에서 뛰어난 역량을 보여준 그는 1906년 정계에 입문했다. 1908년 의원이 되어 재선을 했고 1915년 법무 및 교육부 장관에 임명되었다. 장관 시절 공공교육제도를 개선했을 뿐만 아니라, 중등직업교육 및 기술교육을 위한 새로운 교육과정을 구체화했다.

그는 젊은 시절부터 사회 문제에 깊은 관심을 가지고 있었다. 이런 관심으로 부에노스아이레스 대학에 사회학 과정을 만들었고, 아르헨티나 사회의 당면 과제였던 노동권 보호와 관련된 다양한 활동을 하게 된다. 노동법을 만들었으며 노동관련 부서를 노동부로 승격하자는 제안을 내놓았다. 1919년 〈국제노동기구(ILO)〉의 창설을 옹호했으며, 1928년에 개최된 제11차 ILO 회의에 아르헨티나 대표단을 이끌고 참석하여 이 회의의 대표자로 선출될 정도로 노동 분야에서 국제적인 명성을 인정받았다.

1932년에는 아구스틴 후스토(Agustín P. Justo) 정권 아래에서 외무부 장관에 임명되어 6년간 일했다. 이 기간 동안 아르헨티나의 국제연맹 재가입과 차코 전쟁 종식 등 뛰어난 업적을 남기게 된다. 아르헨티나는 국제연맹이 제1차 세계대전의 승전국 중심으로 운영되는 것에 반대했다. 모든 국가들이 국제연맹에 참여할 수 있는 권리를 주장했지만 받아들여지지 않자, 1920년 12월 국제연맹에서 탈퇴했다. 이런 상황에서 그는 1933년 의회에서 국제연맹 규약을 통과시켜, 다시 아르헨티나가 국제연맹에 가입하는 데 결정적인 역할을 하게 된다. 이를 계기로 1936년 국제연맹 총회의장에 선출되어 국제외교 무대에서 자신의 평화구상을 펼치게 된다. 또한 아르헨티나는 1936년 스페인 내전 시기에 중립을 취한다. 영국의 불개입 정책에 영향을 받았다고 할 수 있지만, 당시의 국제정세에 대한 그의 현실적 판단이 개입되었다고 할 수 있다.

사베드라 라마스의 뛰어난 외교적 역량은 국제법에 대한 해박한 지식, 국제연맹 및 ILO 등 국제기구에서의 뛰어난 활동 경험, 그리고 미국의 대외정책 등 세계질서에 대한 냉철한 이해에서 비롯됐다. 이런 외교적 역량을 통해 차코 전쟁을 종전으로 이끌면서 라틴아메리카 지역의 평화 정착에 기여했다. 또한 '불가침 및 조정에 의한 반전 조약'을 만들어 분쟁의 평화적 해결을 모색한 점도 그의 주요한 업적이라고 할 수 있다.

그의 업적은 '차코 전쟁'이라는 라틴아메리카 대륙 내의 분쟁을 라틴아메리카 국가의 주도적인 역할을 통해 해결했다는 점에서 중요한 의미를 갖는다. 당시의 국제질서 속에서 영향력을 행사하던 국제연맹이나 미국이 아니라, 아르헨티나가 주도적으로 차코 전쟁을 해결한 것이다. 차코 전쟁의 종전을 위한 다양한 중재 시도는 외교적 주도권 다툼의 일환이기도 했다. 따라서 차코 전쟁의 해결은 분쟁을 평화적으로 해결한 사베드라 라마스의 외교 능력을 잘 보여줄 뿐만 아니라, 미국 주도의 라틴아메리카 질서를 견제하면서 아르헨티나의 이해관계를 관철했다는 의미가 있다.

1938년 외무부 장관에서 은퇴한 그는 부에노스아이레스 대학으로 돌아가 1941년부터 2년간 총장직을 역임했고 이후 1946년까지 교수직을 봉직했다. 1959년 80세의 나이로 사망했다.

차코 전쟁을 종식시키다

사베드라 라마스가 노벨평화상을 수상한 것은 차코 전쟁(1932~1935)을 종전으로 이끈 업적 때문이었다. 차코 전쟁은 그란 차코의 북부 지역인 차코 보레알의 영토권을 놓고 파라과이와 볼리비아 사이에 벌어졌다. 20세기 남아메리카에서 가장 격렬했던 전쟁중 하나로 1932년 9월 9일에 발발해 1935년 6월 12일까지 이어졌다. 남아메리카에서 최빈국에 속하는 볼리비아와 파라과이는 3년 동안의 전쟁에서 각각 25만 명의 병력과 12만 명의 병력을 동원했다. 이 전쟁에서 볼리비아는 전체 인구의 약 2%에 달하는 5만 6,000천~6만 5,000명의 사망자, 파라과이는 약 3.5%에 달하는 3만 6,000명의 사망자를 냈고 수많은 부상자와 실종자를 양산했다.

차코 보레알 지역은 65만*km*²에 달하는 방대한 크기에도 불구하고 1920년대까지 거주자가 거의 없이 방치된 땅이었다. 또한 두 나라가

목축을 위해 벌목된 파라과이 접경의 그란 차코

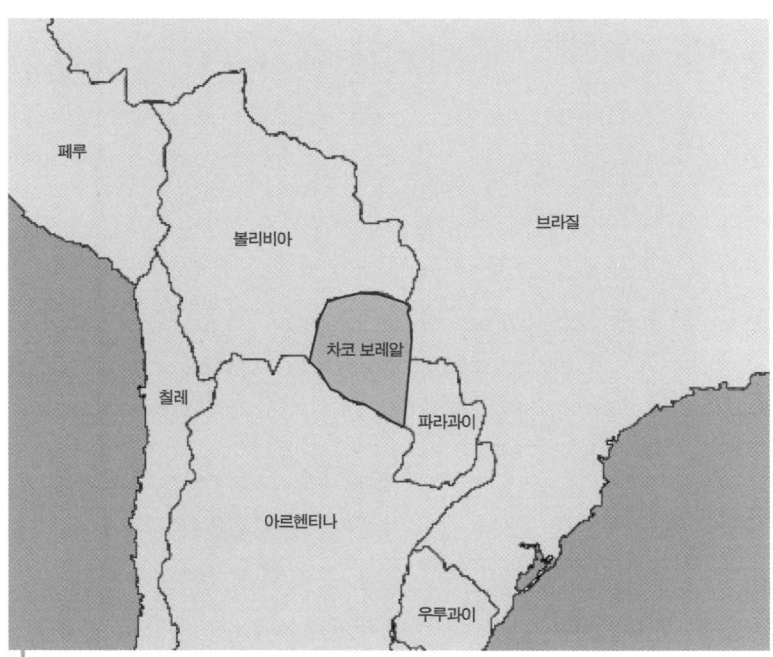

차코 전쟁의 원인이 된 차코 보레알 지역과 인접국들

스페인의 식민지배에서 벗어나 독립국가가 될 때 국경이 명확하게 정리되지 않았기 때문에, 이 지역은 양국 간 분란의 여지가 많았다. 서로 유리한 자료들과 측량자료에 근거해 자국의 영토를 주장했기 때문이다. 1879년부터 1907년 사이에 네 번의 영토경계 조약이 만들어졌지만, 국경에 대한 최종적인 합의에 이르지는 못했다.

볼리비아와 파라과이는 내륙 국가였기 때문에 파라과이 강을 통해 대서양에 진출하기 위해서도 꼭 필요한 전략 지역이 차코 보레알이었다. 특히 1879년 태평양 전쟁을 통해서 칠레에 태평양 연안을 빼앗긴 볼리비아는 이 지역이 더욱더 중요했다. 파라과이 역시 '삼국동맹 전쟁(1864~1870)'에서 브라질과 아르헨티나에 국토의 절반을 잃었기 때문에 이 지역을 볼리비아에 넘겨주기가 쉽지 않았다. 차코 전쟁의 또 다른 원인으로 이 지역을 둘러싼 외국계 원유회사들 사이의 갈등관계를 들 수 있다. 파라과이를 지원하던 〈로열 더치 쉘(Royal Dutch Shell)〉과 볼리비아를 지원하던 〈스탠더드 오일(Standard Oil)〉 사이의 원유를 둘러싼 이해관계가 이 지역을 둘러싼 두 나라의 갈등을 심화시켰다. 안데스 산악지역에서 원유가 발견되면서 차코 지역에 광대한 원유가 매장되어 있을 것이라는 기대가 높아졌던 것이다. 또한 이미 볼리비아 동부 고원지대에서 원유를 채굴하고 있던 스탠더드 오일이 파라과이 강까지 원유를 운송하기 위해서는 볼리비아가 차코 보레알 지역을 확보하는 것이 중요했다.

그러나 원유 매장량은 사실이 아니었고 파라과이 강에 항구를 확보하는 것이 사실상 불가능했기 때문에, 차코 보레알 지역을 둘러싼 갈등은 주로 양국 사이의 심리적인 이유가 컸다. 파라과이에게는 이 지역을 넘겨주는 것이 국가에 대한 반역행위나 다름없었고, 볼리비아는 일련의 군사, 외교적 실패를 만회할 계기가 필요했다. 이러한 두 나라의 대립적인 입장으로 인해 중재를 통한 평화나 긴장 완화의 여지는 없었고, 결국 애국주의가 득세해 전쟁으로 치달을 수밖에 없었다.

이렇게 시작된 차코 전쟁에서 적대행위를 중지한다는 합의는 1935년 6월 12일에 이뤄졌다. 이후 진행된 협상과정에서 파라과이는 적대행위 종결 시점에서 점령하고 있던 영토 중에 11만*km²*를 볼리비아에 양도했다. 1938년 7월 21일 '평화, 친선, 영토경계 조약'이 최종 체결되었다. 결국 두 나라 사이에서 논란이 되었던 차코 보레알 지역의 4분의 1은 볼리비아가, 4분의 3은 파라과이가 차지하게 되었다. 그리고 볼리비아는 파라과이 강 연안의 부시 항(Puerto Busch)을 통해 대서양 방향으로 진출할 통로를 얻었다. 이렇게 해서 남아메리카 중심부 지역에서 긴장과 전쟁을 야기했던 영토 분쟁은 해결이 된다.

'사베드라 라마스 조약'

차코 전쟁을 종식시켜 라틴아메리카에 평화를 정착하려 한 사베드라 라마스의 외교적 노력은 남아메리카뿐만 아니라 당시의 국제 질서 속에서도 의미를 갖는다. 그는 협상을 통해 전쟁을 끝내기 위해 일련의 외교적인 틀을 구상하고 현실화했다. 여기에는 국제적 분쟁을 평화적으로 해결해야 한다는 평소의 입장이 잘 반영되었다. 이런 입장에 따라 사베드라 라마스는 1932년 워싱턴에서 볼리비아와 파라과이 양국에 대해 무력을 통한 국경 변경을 인정하지 않겠다는 선언을 주도했다. 여기에 대륙 내 19개 국가들이 참여했다. 차코 전쟁을 끝내기 위한 그의 외교적 노력은 그가 구상한 '불가침 및 조정에 의한 반전 조약(Tratado Antibélico de No-Agresión y de Conciliación, 이른바 '사베드라 라마스 조약)'에 잘 드러나 있다.

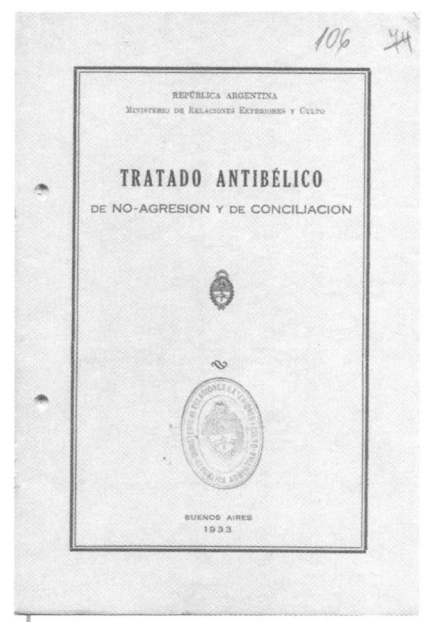

사베드라 라마스 조약의 표지(1933)

17개 조항으로 구성된 조약의 처음 두 조항은 사베드라 라마스가 미국의 외교정책을 이해하고 이를 전략적으로 이용하고 있음을 보여준다. 1928년 미 국무장관 프랭크 켈로그와 프랑스 외무부 장관 아리스티드 브리앙의 주도하에 체결된 '켈로그-브리앙 조약'에서 정한 바 있는 '모든 형태의 공격적인 전쟁을 거부한다'는 내용을 재확인하고 있다. 또한 일본의 만주 침략과 관련해 당시 미 국무장관이었던 헨리 L. 스팀슨(Henry L. Stimson)이 주장했던 폭력적인 수단을 통한 영토의 어떠한 변화도 인정하지 않는다는 내용 또한 명시되어 있다.

이런 원칙 하에서 이 조약은 주변 국가들이 갈등을 종식시키기 위해 공동으로 노력하는 절차들을 규정하고 있다. 또한 다른 협약을 명분으로 관련자들이 군사적 혹은 외교적으로 개입하는 것을 배제하고 있다. 이것은 국제연맹 회원국들이 국제연맹 규약을 명분으로 취하는 제재조치를 막기 위한 것이다. 당시의 국제질서 속에서 국제연맹 회원국들과 비회원국들 사이의 외교적 균형을 적절하게 이용했던 것이다. 이렇게 해서 국제연맹 회원국과 미국을 중심으로 한 비회원국 간의 협력을 가능하게 했다는 점은 그의 뛰어난 외교적 수완이라고 할 수 있다.

그는 1933년 10월 6일 리우데자네이루에서 이 조약에 대한 아르헨티나, 브라질, 칠레, 멕시코, 파라과이, 우루과이 등 6개 라틴아메리카 국가들의 서명을 얻어낸다. 두 달 뒤 우루과이의 몬테비데오에서 개최된 범미주회의(Pan-American Conference)에 참여한 모든 아메리카 대륙 국가들도 동의를 하게 된다. 1934년 그는 국제연맹에 이 조약을 제출했고 1935년 비준을 받았다. 아르헨티나 국제연맹 재가입의 성과와 함께 이렇게 사베드라 라마스의 평화 구상은 국제사회에서 인정받게 되고, 1936년 국제연맹 총회 의장에 선출되기도 했다.

반전 조약이 국제사회의 인정을 받는 동안, 사베드라 라마스는 자신의 평화구상에 따라 교착상태에 빠진 차코 전쟁을 해결하려는 외교적 노력을 경주했다. 1935년 국제연맹 회원국인 아르헨티나, 칠레, 페루와 우루과이, 그리고 비회원국인 미국과 브라질이 참여한 평화회의를 결성했던 것이다. 교전 당사국인 파라과이와 볼리비아가 반전 조약을 비준하지 않았지만 두 나라 외무장관이 이 평화회의에 참여하도록 설득했다. 그의 주도적인 활동을 통해 1935년 6월 12일 적대 행위를 중지하자는 협정 초안에 서명이 이뤄졌다. 사베드라 라마스는 국

차코 강화조약(1935)
왼쪽부터 우루과이, 파라과이, 볼리비아 대표와 사베드라 라마스

제 정세에 대한 해박한 이해와 외교 역량을 통해 자신이 구상한 반전 조약이 갈등을 해결하는 데 유용하다는 것을 보여준 것이다.

분쟁 조정의 이면: 미국의 패권에 맞서다

사베드라 라마스의 평화 중재는 선린정책을 앞세워 아메리카 대륙에서 주도권을 행사하려는 미국의 범미주주의(Pan-americanism)에 맞서 아르헨티나의 외교적 노력이 승리를 거둔 사례라고 할 수 있다. 국제연맹이 차코 전쟁을 해결할 능력이 없다는 것이 드러난 상황에서 미국의 역할에 국제사회의 기대가 커가고 있던 상황이었다. 그러나 미국이 주도했던 중립국위원회는 아르헨티나가 협력을 거부하면서 실패했다. 중립국 위원회가 1933년 별다른 성과를 거두지 못하고 해산하면서, 사베드라 라마스의 주도로 구성된 ABCP 그룹(el grupo ABCP: 아르헨티나, 브라질, 칠레, 페루가 참여)이 협상의 주도권을 갖게 된다. 결국 ABCP 국가들과 미국, 우루과이가 참여한 6자 회의에서 차코 전쟁의 종전이 중재되었다. 이런 상황은 라틴아메리카의 주도권을 놓고 미국과 아르헨티나가 경쟁하고 있던 당시의 국제 정세를 잘 보여준다.

아르헨티나와 미국의 경쟁 관계는 아르헨티나와 영국의 밀접한 관계를 고려한다면 다른 해석이 가능하다. 이는 아르헨티나의 자원을 차지하려는 미국과 영국의 다툼이자 서반구의 헤게모니를 장악하기 위한 다툼이라고 할 수 있다. 자신의 주도하에 범미주주의 시스템을 구축하려는 미국의 의도에 맞서 남아메리카 지역에서 주도권을 행사하려는 아르헨티나의 이해관계가 충돌한 것이다. 여기에 라틴아메리카 지역에서 가지고 있던 전통적인 이해관계를 유지하려는 영국과 아르헨티나의 이해관계가 맞물리면서, 미국이 차코 전쟁의 해결을 주도하는 것에 부정적인 입장을 보였던 것이다. 이처럼 지역 내의 주도권을 둘러싼 긴장 관계가 차코 전쟁을 해결하는 과정에서 드러나고 있었다.

사베드라 라마스는 먼로주의 이후로 지속된 미국의 대외정책을 라틴아메리카에 개입하기 위한 수단으로 간주했다. 선린외교 역시 미국의 제국주의적 속성을 은폐하기 위한 것이라는 비판적 시각이 가능하다. 그러나 선린외교 정책은 미국의 대외 정책에서 일정한 변화를 의미했고, 라틴아메리카 국가들이 역내 문제에 적극적으로 관여할 수 있는 여지가 만들어졌다. 이런 상황에서 사베드라 라마스가 차코 전쟁을 해결하는 과정은 라틴아메리카 문제를 자신들의 손으로 해결하려는 의지를 보여준 것이다. 물론 여기에는 차코 전쟁 해결보다 오히려 라틴아메리카에서 미국의 영향력을 축소하고 자국의 영향력을 확대하려는 아르헨티나의 패권주의가 숨어 있을 수 있다. 또한 자신들과 밀접한 경제적, 정치적 이해관계를 맺고 있던 파라과이를 보호하기 위한 아르헨티나의 입장이 평화 정착 과정에 투영되었다는 시각도 존재한다.

몇 가지 일화들

사베드라 라마스의 노벨평화상 수상은 세계 언론의 주목을 거의 받지 못했다. 1935년 평화상 수상자로 결정된 카를 폰 오시에츠키가 나치의 반대로 1936년에야 수상하게 되는 드라마틱한 상황 때문이었다. 사베드라 라마스 역시 부에노스아이레스에서 개최 중인 '평화를 위한 미주 간 회의(Inter-American Conference for the Maintenance)'를 주재해야 했기 때문에 수상식에 참석할 수 없었던 이유도 있었다.

최근 들어 그가 받은 노벨상 메달이 경매에 나와 판매되면서, 그의 노벨상은 그의 공적과는 다른 이유로 세간의 관심을 받았다. 그가 받은 노벨상 메달이 2014년 미국에서 미화 116만 달러에 팔렸는데, 1993년 누군가가 메달의 금값만 받고 전당포에 넘겼다고 한다. 그가 이뤄낸 성과와 노벨상의 가치에 비하면 터무니없는 거래였던 셈이다. 1959년에 사베드라 라마스가 타계한 후에 벌어진 이 메달과 관련한 자세한 사연은 알려진 것이 없다. 그는 전직 대통령의 딸이었던 로사 사엔스 페냐(Rosa Sáenz Peña)와 결혼하여 외아들인 카를로스 로케(Carlos Roque Saavedra Saénz Peña)를 두었다고 알려졌다. 그러나 아이러니하게도 이 외아들은 저택에 사격장을 둘 정도로 무기 사용에 취미를 갖고 있었다고 한다. 그는 1973년 사람을 살해한 혐의로 감옥에 갔고 2011년 사망했다고 알려졌다. 사베드라 라마스의 노벨상은 경매로 다른 사람의 손에 넘어가 버렸지만, 라틴아메리카 문제를 자신들의 손으로 해결한 그의 업적은 아르헨티나와 라틴아메리카 인들의 기억 속에서 면면히 이어질 것이다.

참고문헌

Andrés Cisneros & Carlos Escudé, et. al., *Historia de las Relaciones Exteriores Argentinas*, Grupo Editor Latinoamericano, 1998.

Irwin Abrams, *The Nobel Peace Prize and the Laureates: an Illustrated Biographical History, 1901~2001*, Science History Publications, 2001.

Iván A. Castro, *100 Hispanics You Should Know*, Libraries Unlimited, 2007.

Friends Service Council 1927~

American Friends Service Committee 1917~

"

주님은 ... 무슨 일에나 '예'나 '아니오' 하고 대답하도록 나를 가르치셨다.
세상 사람들이 아무리 입에 거짓말과 변하기 쉬운 말들을 담아도 나는 모든
일에 '예' 혹은 '아니오' 하고 말해야 한다.

"

- 『조지 폭스의 일기(*The Journal of George Fox*)』(1976) 중

내면의 빛, 철저한 평화주의

퀘이커

Quakers

이름 / 영국퀘이커봉사협회

　　　미국퀘이커봉사위원회

수상 연도 / 1947년

수상 근거 / 전쟁난민 구호, 평화주의 확산

수상 분야 / 국제평화운동 및 인권

• **글** 이찬수

서울대학교 통일평화연구원 HK연구교수

종교단체의 첫 노벨평화상 수상

내면으로 침잠하며 묵상에 전념하는 종교인이 사회적 평화에 기여하거나 세상을 바꿀 수도 있을까. 그 가능성을 보여주는 역사적 사례 가운데 하나가 퀘이커이다. 퀘이커는 조지 폭스(George Fox)의 영적 체험과 평화 운동에 기원을 두고 발생한 개신교계 종교단체다. 모든 인간 안에 절대자의 기운, 즉 '내면의 빛(inner light)'이 갖추어져 있다고 믿고, 이를 근거로 인간의 평등과 사회적 평화를 이루려는 종교적 흐름이라 할 수 있다. 세간에서는 〈퀘이커〉라는 말로 통용되지만, 퀘이커 내부의 공식 명칭은 〈종교친우회(Religious Society of Friends)〉다.

영국에서 퀘이커의 기본 가치인 평등, 정의, 평화, 단순, 진리를 구체화시킬 수 있도록 지원하기 위해 꾸려진 대표적 조직이 〈영국퀘

퀘이커의 모토인 평화, 평등, 단순, 진리
브리스톨 소재 퀘이커 평화 정원(Horfield Quaker Meeting House Peace Garden in Bristol) 내 타일 작품

이커봉사협회〉다. 1868년 결성된 한 퀘이커 선교단체에 뿌리를 두고 있는 이 단체는 1927~1978년에는 〈친우봉사의회(Friends Service Council)〉로, 1979~2000년에는 〈퀘이커평화봉사(Quaker Peace and Service)〉로 활동하다가, 2001년부터는 〈퀘이커의 평화와 사회적 증언 (Quaker Peace and Social Witness)〉이라는 이름으로 활동 중이다. 한국에서는 영국퀘이커봉사협회라는 의역된 이름으로 소개되어 있지만, 공식 명칭은 〈퀘이커의 평화와 사회적 증언〉이다.

〈미국퀘이커봉사위원회〉는 1917년 군사주의에 반대하는 미국의 퀘이커 회원들이 제1차 세계대전의 희생자들을 지원하기 위해 결성됐다. 한국에서는 의역된 이름으로 불리고 있지만, 공식 명칭은 〈미국친우봉사위원회〉다. 사회정의, 평화, 화합, 사형제 폐지, 인도주의적 지원 등을 목적으로 설립된 이 단체는 퀘이커 신자들의 자원봉사에 의존하다가, 제2차 세계대전 이후 좀 더 전문적인 평화운동가들이 주축이 되어 종족, 성 문제, 성소수자 문제를 중심으로 인간의 평등성을 확보하기 위한 운동에 집중해 왔고, 점차 군축, 인권, 핵무기 반대와 관련된 운동 등으로 영역을 확장해왔다.

1947년 영국과 미국의 두 단체가 공동으로 노벨평화상을 수상했다. 두 차례의 세계대전에서 전쟁 난민과 그 유가족을 돕고, 평화주의를 국제적으로 환기시키는 데 공헌했다는 이유에서였다. 두 단체의 노벨평화상 수상은 사실상 이들 단체에게만 귀속되지는 않는다. 두 단체 모두 개인의 내적 평화와 폭력 없는 세상을 위한 사회적 실천을 동전의 양면처럼 생각해온 퀘이커의 정신을 고스란히 반영한다는 점에서 노벨평화상은 모든 퀘이커에게 돌아가야 한다. 그것이 이 글에서 퀘이커 전반을 다루어야 하는 이유이기도 하다.

퀘이커의 창시자 조지 폭스: 차별에 대한 저항

17세기 중반 영국에서 국가교회의 교리주의와 감동 없는 예식을 혐오하고, 빈곤과 불의를 못마땅해 하는 이들이 종교적 자유와 사회적 평등을 지향하며 종교개혁 운동(이른바 청교도혁명)을 일으켰다. 그 혁명을 주도했던 세력들 중 하나가 퀘이커이다.

퀘이커의 창시자인 조지 폭스는 외적 교리나 제도가 아니라, '내면의 빛'을 체험하는 것이 구원의 근간이라는 입장을 견지했다. 성경 속 문자보다 성령이라는 살아있는 힘이 진리에 더 가깝다고 믿었다. 실제로 폭스는 19세 되던 해 집을 떠나 많은 이들을 만나고 대화하며 종교적 고민을 하다가, 23세 되던 해인 1647년에 제도화된 교회에 매이는 것보다 사람의 마음 안에 있는 그리스도의 빛(성령)을 만나는 일이 근본적인 진리의 기준이라고 확신하게 되었다. '내면의 빛'은 모든 이에게 평등하게 갖추어져 있기에, 인간이 인간을 차별할 수 없을 뿐만 아니라, 인간적 평등성을 회복하려면 차별적인 세상에 저항하며 살아야 한다고 믿었다.

퀘이커의 창시자 조지 폭스
(1624~1691)

이듬해인 1648년에 폭스는 "신의 능력으로 몸이 떨리고(trembling) 회한스러우면서도(contrite) 황홀한(rapt)" 영적 체험을 하게 되었다. 그 뒤 가는 곳마다 자신의 영적 체험과 종교적 소명에 대해 설교했고, 주변에는 그에 동의하는 '친구들'이 모였다. 폭스와 함께 하는 이들은 스스로를 〈친우회(Society of Friends)〉라고 불렀다.

전술한 대로 '친우회'가 퀘이커 내부의

명칭이지만, 1650년 영국의 한 하급법원 치안판사가 폭스와 그의 친구들을 일컬어 '몸을 떠는 이들'이라며 비아냥댔던 말이 계기가 되어 오늘날까지 '퀘이커'라는 말이 통용되고 있다. 영어 'quake'는 '몸을 떨다, 전율하다'는 뜻이다. 실제로 폭스가 그랬듯이, 강렬한 신적 체험을 하면 몸이 떨리기도 한다. 몸을 떨든 어떻든, 퀘이커는 내면의 빛에 대한 체험을 중시하면서 인간 평등과 그에 기반한 사회적 평화를 구현하고자 했고, 그 정신과 자세가 초기부터 지금까지 지속되어 오고 있다는 사실이 중요하다.

폭스는 신과 직접 소통하는 명상 체험을 중시하면서 국가종교 체제에 근거한 교리나 제도적 강압을 거부했다. 그는 귀족 앞에서 모자를 벗어 경의를 표하는 관례를 거부했다. 경의를 표할 대상은 사람이 아니라 신이라고 믿었기 때문이다. 이런 자세 때문에 폭스는 여러 차례 체포되거나 기소되기도 했다. 초기 친우회의 멤버로서 퀘이커 최초의 여성 설교자였던 마거릿 펠(Margaret Fell)도 폭스를 도와 국가 및 교회 권력에 저항하다가 옥고를 치루기도 했다.

국가종교 체제 하에서 퀘이커가 받은 박해는 찰스 2세(Charles II) 때 최고조에 달했다. 3,170명 이상이 투옥되고, 그중 400여 명이 옥사하는 등 퀘이커는 시련기를 맞았다. 그러다가 귀족 윌리엄 펜(William Penn)이 퀘이커가 되면서 전환기를 맞게 된다.

윌리엄 펜은 왕정복고 운동으로 찰스 2세를 도왔던 해군 제독 윌리엄 펜 경(Sir William Penn)의 아들이었다. 찰스 2세는 펜 경의 공로를 인정하여 영국령이었던 미국 뉴욕과 메릴랜드 사이의 땅을 1681년에 아들 윌리엄 펜에게 하사했고, 어려움에 처했던 퀘이커는 신앙의 자유를 찾아 미국으로 이주하였다. 그 땅이 오늘날의 펜실베니아(Pennsylvania, 펜의 숲이 있는 땅)주다.

폭스는 영국에서 평화와 평등주의적 신념을 지키며 투옥을 반복하다 1689년 종교적 관용령이 공포되면서 비로소 신앙의 자유를 획득했지만, 2년 후인 1691년 사망했다. 하지만 많은 퀘이커가 미국으로 건너가면서 평화의 정신을 더욱 구체화시킬 수 있게 되었다.

퀘이커의 '거룩한 실험'

신앙의 자유를 찾아 미국으로 이주해 온 퀘이커는 펜실베니아에서 초대 총독인 윌리엄 펜을 중심으로 평등과 평화의 원리에 기반한 퀘이커식 정치를 구현하고자 했다. 원주민(인디언)과 이주민(백인) 사이에 폭력과 갈등이 벌어지면 양자 간 협상을 통해 해결을 시도했고, 이른바 인디언과 백인 사이에 상호 존중과 협력을 다지는 문호개방조약을 맺도록 했다. 이러한 사실이 알려지자 다른 지역의 많은 인디언들이 펜실베니아로 이주해왔는데, 이곳의 평화 정책 덕에 인종간의 갈등은 물론 빈부격차도 상대적으로 적었다. 펜실베니아 정부는 이미 이곳에 거주해 왔던 다른 종파 및 집단과의 조화를 추구하면서, 다양성을 포용하는 평화 정책을 선구적으로 시도했다.

펜은 총독을 투표로 선출하는 식의 진보적 헌법을 제정했고, 평등 사상에 기반해 경, 마담, 각하와 같은 계급적인 호칭을 쓰지 않았다. 펜실베니아는 영국 식민지 가운데 두 번째로 인쇄소를 갖췄고, 세 번째로 신문을 발행했으며, 식민지 최고의 병원과 자선단체를 운영했을 정도로 당시 상황에 비추어 상당히 인간적이고 인권적인 정책을 펼쳤다.

그러다가 펜 사후에 인디언과 백인 사이의 갈등이 재점화되고 전쟁까지 벌어지는 등 평화 정책은 약화되었다. 특히 영국으로부터의 독립 전쟁(1776~1783)이 벌어지자, 가톨릭과 개신교의 여러 종파들 대부분이 애국주의적 자세로 미국의 독립을 위한 전쟁을 지지했다. 하지만 퀘이커는 독립을 위한 것이라 해도 전쟁은 안 된다며 반전을 외쳤다. 이런 식으로 주류 사회의 흐름과 괴리되면서 규모도 위축되어 갔다. 하지만 여러 역사학자와 정치학자들은 펜실베니아에서 펼쳐진 퀘이커의 평화주의 정책기 70년을 '거룩한 실험(Holy Experiment)'으로 부르며 큰 의미를 부여한다.

금주법과 데탕트의 기원

펜실베니아에서 퀘이커는 점차 소수자가 되어갔지만, 평화주의 정신은 지속되었다. 특히 노예 해방, 인디언 권리 증진, 여권 신장 운동은 퀘이커 운동가들의 꾸준한 관심사였고 실천 과제였다. 미국 정치사에서 시도됐던 평화주의적 정책 가운데 퀘이커의 영향이 돋보이는 사례는 '거룩한 실험' 이후에도 몇 차례 더 확인할 수 있다.

가령 독실한 퀘이커였던 허버트 후버(Herbert Hoover)가 1928년 미국의 31대 대통령이 되면서 인디언의 권리 증진을 위해 교육, 보건, 실업 문제를 개혁하려는 시도를 하기도 했다. 청교도적인 성향이 강했던 20세기 초반, 후버는 공화당 대선 후보로 나와 "숭고한 동기와 원대한 목적을 지닌 위대한 사회, 경제적 실험"이라며 금주법 제정을 내세워 대통령에 당선되기도 했다. 미국 영내에서 술을 금한다는 금주법은 루즈벨트(Franklin Delano Roosevelt) 대통령 취임 후 폐지될 때까지 14년 가량 도리어 미국 전역을 술과 관련한 탈법으로 몰아가기도 했다. 곡물이 부족한 데다가 적국인 독일의 맥주산업을 고사시키려는 정치적 의도도 있었지만, 결과야 어떻든 미국의 금주 정책에도 퀘이커 신앙이 반영되었던 것으로 간주된다.

퀘이커 신앙을 가졌던 닉슨(Richard Nixon)이 37대 대통령이 된 뒤 소련과의 데탕트 정책을 시도했던 데에도 상당 부분 퀘이커의 화해 정신이 반영되었다는 것이 중론이다. 그럼에도 워터게이트 사건을 규명하는 과정에서 닉슨이 거짓 증언을 했던 사실들이 드러나자, 퀘이커는 닉슨을 같은 퀘이커로 인정하기를 거부했다. '정직'이 퀘이커의 기본자세라고 보았기 때문이다.

양성평등, 양심적 병역거부 운동과 탈국가주의

퀘이커의 양성 평등적 사고방식은 선구적이었다. 퀘이커는 설립 초기부터 예배에서 여성들이 영적 체험을 자유롭게 증언하도록 했고, 교육에도 성차별을 두지 않았다. 미국에서 19세기 이래 여성들이 직업을 갖기 시작하면서, 첫 여성 의사들의 22%, 여성 동식물 연구자들의 22%, 여성 기업인들의 16%, 여권운동가의 18%, 여성 노예폐지론자의 50%, 교도소 개혁 여성운동가의 33%가 퀘이커 출신이었다. 미국에서 여성 참정권 운동을 시작한 것도 퀘이커였다. 이들이 여성 참정권 연합을 조직해 헌법 개정 운동을 전개한 결과 1920년에 여성도 참정권을 획득할 수 있었다. 당시 퀘이커가 미국 인구의 1%에도 못 미쳤던 점을 감안하면, 퀘이커 여성들의 사회 참여도가 상당히 높았다는 사실을 알 수 있다.

평화 운동가들의 사회적 정당성이 도덕적 삶을 통해 확보되는 경향이 있다 보니, 퀘이커 운동가들은 가능한 한 윤리적인 삶을 살고자 했다. 내면의 빛의 체험을 사회윤리로 이어가려 했던 것이다. 이러한 퀘이커의 정신과 자세를 퀘이커 역사가인 브린튼(Howard Brinton)은 '윤리적 신비주의(Ethical Mysticism)'라고 규정한 바 있다. 보편적 내면의 빛을 근간으로 하는 인간 존중 정신은 사회적 범죄자들인 재소자의 인권을 향상시키려는 운동으로 이어졌다. 이와 같은 퀘이커의 인권 운동은 국제사면위원회 설립의 정신적 기원이 되기도 했다.

퀘이커는 초창기부터 전쟁과 같은 폭력적 행위에 반대해왔다. 영국퀘이커봉사협회도 영국의 세계대전 참전을 반대했을 뿐만 아니라, 이른바 양심적 병역거부 운동을 벌였다. 미국퀘이커봉사위원회도 미국이 제1차 세계대전에 참전하자 군사주의를 배격하고 양심적 병역거부를 확산시키려는 취지로 시작되었다. 자국민들에게 매국노, 배신자로 비난받기도 했지만, 퀘이커는 양심적 병역거부자들이 대체 활동을 할 수 있도록 지원했다. 이들은 소련, 세르비아, 폴란드 등을 포함한 여러 나라에서 전쟁 부상자들을 병원으로 이송하고, 전쟁 피해 어린이와 여성 및 나치 치하에서 탈출한 독일 난민을 돕는 등 세계 여러 지역에서 평화를 위한 활동을 벌였다. 적국과 자국 병사를 가리지 않는 평화주의적 실천은 자국의 애국주의자들에게 비난을 받기도 했지만, 퀘이커는 만인 평등의 인도주의적 자세가 국가주의에 우선한다고 생각했다.

노벨평화상 수상과 그 이후

퀘이커의 이러한 평화운동이 알려지면서 두 단체는 1947년 공동으로 노벨평화상을 수상했다. 개인이나 단체에 시상하는 노벨위원회의 원칙에 따른 것이었지만, 두 단체의 성격이나 퀘이커 내의 위상으로 볼 때, 노벨평화상은 퀘이커의 신앙을 실천하는 모든 이들에게 수여된 것이나 다름없다고 해야 할 것이다.

노벨평화상 수상 이후에도 퀘이커의 운동은 지속되었다. 한국전쟁 이후에 영국과 미국의 퀘이커가 한국에서 의료봉사 활동을 펼쳤고, 파괴된 군산도립의원을 복구하고 전쟁 난민 2만여 명을 무료로 진료한 기록을 남기기도 했다. 베트남전쟁 당시 미국퀘이커봉사위원회는 미국과 교전 중인 북베트남이 심각한 식량난과 물자난을 겪고 있다는 소식에 원조물자를 실은 구호선을 보내는가 하면, 직접 북베트남에 들어가 식량과 생필품을 전달하기도 했다. 이로 인해 미국 정부로부터 반국가단체로 낙인찍히기도 하고, 전쟁 중 어느 한쪽을 편드는 행위가 화해자로서의 퀘이커의 역할에 어울리는가를 놓고 내부적으로 비판적 논쟁이 일어나기도 했다.

하지만 전쟁을 반대하고 물리적 폭력의 희생자를 살리는 행위가

베트남 평화를 위해 백악관 앞에서 시위성 예배를 하고 있는 미국퀘이커봉사위원회

더 옳다는 것이 그렇게 행동한 이들의 입장이었다. 퀘이커 내에서 의견이 갈리기도 한다는 것은 퀘이커가 평화를 획일적으로 이해하거나 일방적으로 적용하지 않는다는 뜻이기도 하다. 퀘이커 내부에서도 평화에 대한 다양한 관점이 있을 수 밖에 없는 것이다.

그럼에도 주류 사회의 애국주의를 거스르는 행동은 그것만으로도 정부 혹은 국가권력의 눈 밖에 나기 십상이다. 가령 퀘이커는 9·11 사건 이후 부시 정부가 벌인 '테러와의 전쟁'도 반대하고 비판하다가, 미국 정부의 사찰 대상이 되기도 했다. 부시 정부가 미국퀘이커봉사위원회를 테러리스트 동조 집단으로 감시했다는 사실이 최근 폭로되기도 했다.

종교를 넘어선 종교

퀘이커는 종교적 형태를 띠고 있기는 하지만, 경직된 교리나 신조 같은 것을 두지 않는다. 그래서 퀘이커의 외적 경계를 명백히 설정하기란 힘든 일이다. '내면의 빛'을 기준으로 평등과 평화의 삶, 정직하고 단순한 삶을 살고자 한다면, 더 나아가 퀘이커의 모임에 참석하기도 한다면, 얼마든지 퀘이커라고 할 수 있다. 퀘이커의 봉사정신에 감동한 함석헌이 1960년대에 퀘이커 세계회의 참석차 미국에 가서 "이제 퀘이커가 되어야겠다"고 말하자, 퀘이커 동료가 "당신은 이미 퀘이커"라고 대답했다는 일화가 있다. 퀘이커가 보기에 평화적 실천을 하며 사는 이는 이미 충분히 퀘이커인 것이다.

이런 관점에서 보면 퀘이커 조직에 속했느냐 아니냐는 그다지 중요하지 않다. 내적 영성과 사회적 실천이 더 중요한 것으로 받아들여진다. 실제로 퀘이커는 회원과 참석자로 나뉘지만, 위원회나 총회 같은 공식 행사에 참여하느냐 아니냐의 차이가 있을 뿐, 일반 모임에서의 차이는 거의 없다.

이런 식으로 퀘이커는 일반적인 종교 단체나 공동체와는 다르다. 퀘이커는 보통의 생활을 하되, 평화와 평등을 구현하고, 단순한 삶으로 진리를 추구하는 이들에 대한 통칭이라 해도 과언이 아닐 정도이다. 절대자의 숨결은 종교와 사회에 두루 현존하고, 세계는 유기체적으로 연결되어 있다고 보기에, 딱히 자기 집단의 안과 밖을 가르는 경계를 세우지 않는다. 가끔 퀘이커를 아미쉬(Amish) 같은 섹트 형태의 종교 단체로 여기는 이도 있지만, 실상은 전혀 그렇지 않다.

회원과 일반 참석자 간의 구분을 별로 두지 않는 분위기 때문에 정확한 숫자를 파악하기 힘들지만, 1994년 기준으로 전 세계에 30만 3,858명의 퀘이커가 있는 것으로 보고된 바 있다. 전 세계라지만 퀘이커가 주로 분포해있는 지역은 미국, 영국, 케냐 등으로 그다지 넓지는 않다. 한국에서는 이윤구가 첫 퀘이커가 되고, 함석헌이 1961년 퀘이커 모임에 본격 참여하면서 이름이 알려진 정도다. 그 뒤 박성준,

│ 영국의 기후행진(Climate March)에 참여한 퀘이커들

성소수자의 권익을 위한 퀘이커의 가두 시위

이행우 등이 지금까지 한국 퀘이커를 이끌어오고 있다. 한국 퀘이커의 예배에 참석하는 숫자는 보통 20여 명 미만이다. 그러나 한국에서는 물론 세계적으로 퀘이커의 평화사적 의미는 예배에 참여하는 신자의 숫자로는 가늠할 수 없을 만큼 크다.

참고문헌

정지석, 『퀘이커리즘으로의 초대』, 대한기독교서회, 2014.

하워드 브린튼, 함석헌 옮김, 『퀘이커 300년』, 한길사, 2009.

Allan W. Austin, *Quaker Brotherhood : Interracial Activism and the American Friends Service Committee, 1917~1950,* University of Illinois Press, 2012.

Howard H. Brinton, *Guide to Quaker Practice,* Pennsylvania : Pendle Hill, 1993.

Rufus M. Jones ed., *The Journal of George Fox,* Richmond, Indiana : Friends United Press, 1976(문효미 옮김, 『조지 폭스의 일기』, 크리스챤다이제스트, 1994).

UNHCR
The UN
Refugee Agency

"

난민을 위한 활동이 평화를 위한 활동이라는 사실을 믿지 않는 사람들이 있다. … 만약 전쟁에서 상처 입은 사람들을 치유한다면, 인류가 형제애를 증진시키는 것이 평화를 위한 것이라면, 그것은 평화를 위한 것이다.

"

-《노벨평화상 수상 연설문》(1955) 중

"

평화는 적극적인 것, 형제애, 타인과의 연대의식과도 같은 것이며, 도울 준비가 되어 있고 곤란에 처한 사람에 대한 자비와도 같은 것이고, 인권이 모든 개인들에게 주어지는 것이라는 이해와도 같은 것이다.

"

-《노벨평화상 수상 연설문》(1981) 중

인권, 인류애, 평화의 비전에 대한
세계적 각성을 촉구하다

유엔난민기구

United Nations High Commissioner for Refugees, UNHCR

이름 / 유엔난민기구

수상 연도 / 1954년, 1981년

수상 근거 / 난민의 법적 보호 및 정착 지원, 국제 평화 환경 조성

수상 분야 / 인권 및 인도주의

———

•글 송영훈
강원대학교 정치외교학과 교수

〈유엔난민기구〉의 역사와 임무

　〈유엔난민기구〉는 최초로 노벨평화상을 받은 유엔기구이며, 유일
하게 두 차례에 걸쳐 노벨평화상을 받은 단체이기도 하다. 유엔난민
기구는 제2차 세계대전 중 대규모로 발생한 유럽의 난민위기를 해결
하는 데 있어 기존과는 다른 국제적 협력의 필요성이 대두되면서, 유
엔총회의 결의로 1950년 12월 14일 설립되었다. 인도주의 활동에 대
한 국제사회의 공감이 확산되었음에도 불구하고 난민기구의 설치
가 각국의 내정에 미칠 영향에 대한 우려 또한 존재하였기에 처음엔
1951년부터 3년 동안 한시적으로 운영하는 것으로 결정되었다.

　유엔난민기구의 주요 임무는 난민들에 대한 보호와 지원을 제공
하고 그들의 인권이 보장될 수 있는 국제적 환경을 조성하는 것이다.
1951년 7월 28일 채택된 '난민의 지위에 관한 유엔협약(United Nations
Convention relating to the Status of Refugees)'에 의하면 난민은 "인종, 종교,
민족, 특정사회집단의 구성원 신분, 또는 정치적 의견을 이유로 박해를

스위스 제네바에 있는 유엔난민기구 본부

받을 합리적 근거가 있는 공포로 인하여, 자신의 국적국 밖에 있는 자로서, 국적국의 보호를 받을 수 없거나 또는 그러한 공포로 인하여 국적국의 보호를 받는 것을 원하지 않는 자"를 의미한다. '제네바난민협약'으로 알려진 이 조약의 체약국들은 대부분 〈1951년 1월 1일 이전에 유럽에서 발생한 사건〉에 의한 난민들을 보호하는 것에 중점을 두었다.

그런데 국제난민 발생의 흐름은 1956년에 이르러 큰 변화를 맞이한다. 그 해 10월 23일 헝가리 부다페스트에서 복수정당제에 의한 자유총선거, 소련군의 철수, 표현과 사상의 자유 등을 내세운 시민혁명이 발생하였다. 이에 소련은 헝가리 시민혁명을 소련의 영향권으로부터의 이탈로 판단하고 11월 헝가리에 탱크와 병사를 투입해 혁명 정권을 무력 진압하였다. 이 과정에서 난민이 서유럽뿐만 아니라 아시아의 중국까지 대규모로 이동을 하였다.

1960년대에는 아프리카 대륙의 많은 국가들이 식민지배로부터 벗어나는 과정에서 인종 및 종교 갈등 등으로 인하여 대규모 난민이 발생하였으며, 베트남 전쟁도 국제사회 난민 발생의 주요 요인이 되었다. 따라서 유엔난민기구는 유럽뿐만 아니라 아프리카, 아시아, 남아메리카 등의 난민 보호에도 적극적으로 나서게 되었으며, 1967년 발효된 '난민의 지위에 관한 의정서'에 의하여 법적, 규범적 뒷받침을 받게 되었다.

유엔난민기구의 역할은 21세기에 들어서면서 협약상의 난민보호에만 국한되지 않고 고향을 떠났으나 국내의 다른 곳에서 대안적 피난을 구하는 국내실향민(internally displaced person)에 대한 보호 및 지원 활동으로까지 확대되고 있다. 그 이유는 국경을 넘지 않거나 넘지 못했지만 이들의 삶은 난민과 마찬가지로 비극적 상황에 처해 있으며 국제적 지원과 보호가 절실하기 때문이다. 이뿐만 아니라 다른 나라에 비호

신청을 하고 있는 사람들(asylum seeker)과 어떤 국가로부터도 국적을 인정받지 못하는 무국적자(stateless person) 등도 주요 보호 대상이다.

설립 당시 34명이던 직원은 2017년 6월 30일 기준, 1만 966명이며 130개 국가에서 활동하고 있다. 예산은 1951년 미화 30만 달러였으나 2017년에는 77억 달러에 이르고 있다. 2003년에는 난민문제가 완전히 해결될 때까지 계속 업무를 수행하도록 승인을 받았으며, 현재 아프리카와 유럽 등에서 복합적인 난민위기에 대응하고 있다.

유엔난민기구에 의하면 전 세계 강제이주민은 2016년 말을 기준으로 6,560만 명에 이르는데, 유엔난민기구 위임 난민이 1,720만 명, 국내실향민 4,030만 명, 비호신청자 280만 명 등이 있다. 이와 같은 통계가 보여 주듯이, 2015년에 이어 2016년에도 난민을 포함한 전세계 강제이주민 통계가 기록을 갱신하고 있다. 또한 시리아 난민들의 위기처럼 국제사회의 노력에도 불구하고 국내의 정치적 불안정이 해소되지 않아 자발적 귀환이 이뤄질 수 없어 난민위기가 장기화되고 있어, 난민들의 인권이 심각하게 침해받고 있다.

아프리카 차드에 있는 다르푸르 난민 캠프

최초로 노벨평화상을 받은 유엔기구

유엔난민기구는 1955년에 1954년의 노벨평화상을 받았다. 1954년 노벨평화상 선정 과정에서 선정위원회는 알프레드 노벨의 기준에 맞는 후보자가 없다고 결정을 내렸으나, 1년이 지난 1955년에야 1954년의 노벨평화상 수상자로 유엔난민기구를 선정하였다. 두 차례의 전쟁을 경험한지 오래지 않은 상황에서 직접적인 분쟁의 해결이 아닌 난민지원 활동이 노벨평화상의 취지에 적합한 것인가라는 비판이 있었던 것이다.

그러나 1955년 노벨위원회는 개인들의 인권을 보호하고 안전을 책임지는 것이야말로 평화와 직결된 일임을 강조하였다.

> 난민을 위한 활동이 평화를 위한 활동이라는 사실을 믿지 않는 사람들이 있다. … 만약 전쟁에서 상처 입은 사람들을 치유한다면, 인류가 형제애를 증진시키는 것이 평화를 위한 것이라면, 그것은 평화를 위한 것이다.
>
> – 《1954년 노벨평화상 수상 연설문》(1955)

노벨평화상 발표 연설은 난민들이 국제사회로부터 잊혀지지 않았음을 느끼고 아는 것이 그들에게 어떤 의미인지 알아야 한다고 강조했고, 그들에게 법적 보호를 제공하는 것은 그들이 새로운 삶을 살아갈 수 있는 토대를 제공하는 것이라 하였다. 한나 아렌트(Hannah Arendt)가 지적하였듯이 공동체에 속하지 못하였다는 이유로 난민들의 존엄성과 인권이 보호되지 않는다면 정당하지 못한 것이다. 또한 그로 인하여 그들이 국제사회에서 잊혀지거나 분리되어서는 진정한 평화를 이룰 수 없게 된다.

유엔난민기구는 '소외되고 불행한 외국인'이 될 수 있는 난민을 또 다른 인류구성원으로서 이해하는 것이 항구적 평화를 구축하는 길임을 각인시켰기에 노벨평화상을 수상하게 된 것이다.

> 평화는 단순히 전쟁이 없는 상태 그 이상의 상태이다. 평화는 어느 나라, 어떤 종류의 사람도 두려움과 결핍 속에 살지 않는 것이다.
> – 《1954년 노벨평화상 선정 발표문》(1955)

유엔난민기구는 1951년부터 1954년까지 유럽의 난민을 자발적으로 귀환시키는 데 성공적인 역할을 하였다. 그런데 전후 유럽의 난민 문제가 어느 정도 해결되고 더 이상의 대규모 난민이 발생하지 않으면서, 세계 각국은 유엔난민기구의 활동이 지속적으로 자국내의 정치에 영향을 미칠 수 있음을 우려하기 시작하였다. 따라서 일부 국가들은 유엔난민기구의 활동이 비정치적, 인도주의적이어야 함을 이유로 들어 자국내의 활동을 정치적인 것으로 규정하기도 하였다.

이로 인하여 유엔난민기구는 3년 동안의 활동을 끝으로 해체될 수도 있었으나 향후의 인도적 위기에 대처하려면 계속 유지하여야 한다는 의견이 우세하여 활동 연장이 이뤄졌다. 이처럼 1954년의 노벨평화상은 유엔난민기구의 3년에 걸친 활동의 공로뿐만 아니라 인류가 지향해야 할 가치와 방향을 제시하였다는 점에서 수여된 것이다.

노벨평화상을 두 번 받은 유일한 유엔기구

약 25년을 사이에 두고 유엔난민기구는 노벨평화상을 두 차례 받게 된다. 이 시기 동안 국제사회는 베트남인들이 육로와 해상을 통해 대규모 탈출을 감행하는 것을 목격하였다. 또한 각각 2백만 명 이상의 아프가니스탄인들과 에티오피아 난민들이 세계 각지에서 피난처를 찾아 헤맸다.

1954년 220만 명이던 난민의 숫자가 1981년 1,000만 명으로 급증하면서, 난민위기는 더 이상 유럽만의 의제가 아니라 국제사회의 의제가 되었으며 새로운 관심이 촉구되었다. 유엔난민기구가 다시 한번 노벨평화상을 받은 것은 지난 25년 동안의 숭고한 난민보호활동의 중요성뿐만 아니라 난민위기에 대한 국제사회의 인식 확산이 필요했기 때문이기도 하다.

> 평화는 적극적인 것, 형제애, 타인과의 연대의식과도 같은 것이며, 도울 준비가 되어 있고 곤란에 처한 사람에 대한 자비와도 같은 것이고, 인권이 모든 개인들에게 주어지는 것이라는 이해와도 같은 것이다.
>
> ─《1981년 노벨평화상 수상 연설문》

이 냉전의 시기에 유엔난민기구는 난민들의 안전한 본국 송귀환을 위해 노력을 기울였고 많은 성과를 올렸다. 1962년에는 모로코와 튀니지에 체류하던 알제리 난민 25만 명을 본국으로 안전하게 송환하였다. 1972년에는 약 1,000만 명의 난민들이 새롭게 독립한 방글라데시로 귀환하였고, 15만 명의 수단 난민들이 주변국가에서 본국으로 안전하게 돌아갈 수 있었다.

1974년에는 아프리카에서 새롭게 독립한 기니비사우, 모잠비크, 앙골라로 수백만 명의 난민이 귀환할 수 있었다. 1978년에는 버마와 자이레 난민들이, 1979년에는 앙골라, 니카라과 난민들이, 1980년에

유엔난민기구의 패키지
텐트와 방수포, 모기장 등이 들
어 있다.

는 우간다 난민들이 유엔난민기구의 도움
으로 본국에 재정착할 수 있었다. 이와 같
은 활동은 유엔난민기구를 비정치적 단체
로 인정하는 정부의 협조 속에서 가능한
것이었다.

정치적 난민을 돕는 것은 평화를 위한 일
이다. 인간존엄성의 재창조에 기여하는 것
또한 평화에 기여하는 것이다. … 해결되
지 않은 문제는 개인의 삶뿐만 아니라 공
동체를 위험하게 만든다.

－《1981년 노벨평화상 선정 발표문》

"비극에서 희망으로": 유엔난민기구의 도전과 과제

유엔난민기구의 이와 같은 활동에는 부정적인 요소도 존재했다.
해당 국가의 협조 속에 이뤄진 것이기는 했지만 수용국 정부와 송출
국 정부 모두 난민 보호와 지원에 인색하였다. 일차적 난민수용국이
대부분 개발도상국가 혹은 저개발국가였기 때문에 난민에 대한 충분
한 지원이 이뤄질 수 없었다.

귀환하는 본국의 정치적 상황이 충분히 안정적인가에 대해서도
의문이 존재했다. 또한 난민들이 본국에 재정착하더라도 그들이 경제
적으로 자립할 수 있는 자원과 능력의 결핍으로 인해 어려움이 악화
될 가능성도 제기되었다.

1981년 노벨평화상 강연의 제목은 《비극에서 희망으로》였다. 전쟁의 역사와 함께 발전해 온 것이 국제 인도주의의 역사이지만 난민 문제는 점점 더 심각해지고 있고, 국제사회의 관심과 실질적 지원은 제한적임을 함축적으로 표현한 것이다.

난민들에게 미래의 희망을 주고자 한다면 각국 정부의 정치적 협조, 국제기구들 간의 조정 및 협력, 그리고 같은 인간으로서 난민에 대한 관심 등이 중단되어서는 안 된다. 인간의 존엄을 회복하기 위한 국제사회의 신념과 노력은 결코 헛된 것이 아니며 적극적인 평화로 이어질 수 있음을 역설한 것이라 할 수 있다.

난민문제의 해결은 난민의 자발적 본국 귀환, 수용국 현지 통합, 제3국으로의 재정착 등에 의해서 이뤄진다. 그런데 최근엔 난민문제의 본질적 해결이 어려워지면서 결국 2만 5,000명 이상의 난민들이 한 곳에서 최소 5년 이상 거주하는 '장기화된 난민 상황(protracted refugee situations)'이 확산되고 있다. 이러한 경우 국제사회의 지원은 제한되고 수용국 정부도 안보의 위협으로 인식하여 지원을 꺼리게 되므로 상황이 더욱 악화되곤 한다.

유엔난민기구는 국내실향민 보호에도 적극적으로 나서고 있지만, 대부분의 경우 해당 국가의 정부에 의해 활동이 제한된다. 이처럼 정부가 개입하는 이유는 난민의 개인적인 고충과 난민 발생으로 인한 사회적 문제가 성격이 서로 다르기 때문이다. 난민의 지위를 부여하는 것은 수용국가의 주권 사항에 해당하는 정치적인 것이고, 난민의 지위는 그룹 혹은 집단에게 주어지는 것이 아니라 개인에게 주어지는 것이다. 대규모 난민의 유입은 국가안보와 지역안보에 위협이 될 수 있다. 따라서 난민문제는 자국내의 정치사회적 요인으로 인해 정치적 무관심의 영역으로 밀려나곤 한다.

부다페스트 기차역의 시리아 난민들

냉전 종식 후 내전과 분쟁의 현장에서 난민구호에 앞장섰던 전 유엔난민기구 대표 사다코 오가타는 "난민은 죄인이 아니다. 난민을 만든 정치와 국가, 정부의 책임"이라고 주장하였다. 그녀는 회고록에서 난민에 대한 지원과 보호활동은 인도적 규범과 동인에 의해서 이뤄지지만, 난민위기의 본질적 해결은 지도자들의 정치적 의지(political will) 없이는 이뤄질 수 없음을 강조한다. 2015년 아일란 쿠르디의 죽음 앞에 인도적 관심과 도덕적 책무의식이 깨어날 수는 있지만, 파리 테러사건에 직면한 상황에서 정치적 의지 없이 난민문제 해결을 위한 인도주의 캠페인은 성공하기 어렵다.

유엔난민기구는 비정치적인 기구이다. 그렇지만 유엔난민기구의 임무 중 하나는 난민들의 발생을 억제하고 그들이 평화로운 삶을 영위할 수 있는 환경을 조성하는 것이다. 유엔난민기구가 각국 정부에 난민문제의 해결을 위한 협조를 요구하는 노력을 중단할 수 없는 이유이다. 또한 유엔난민기구는 긴급구호뿐만 아니라 난민들이 본국으로 귀환하건, 제3국에 정착하건, 현지에서 통합되건, 빠른 시일 내에

경제적 자립을 할 수 있도록 개발지원단체들과 공동의 노력을 기울이고 있다.

유엔난민기구가 두 차례에 걸쳐 노벨평화상을 받을 수 있었던 것은 난민위기의 해결 없이 지속적인 평화가 구축되기는 어렵다는 국제사회의 인식이 있었기 때문이다. 인도적 위기가 지속될 것이라는 예측이 팽배하지만 유엔난민기구의 활동은 인류가 지향해야 할 인권, 인류애, 평화의 가치를 각성시키고 있다.

난민위기가 정치적 무관심에 의해 더욱 심화된다는 사실은, 2015년 국제사회의 난민위기를 통해 다시 한번 확인됐다. 그럼에도 불구하고 난민들의 존엄성을 지키고 인간안보를 해결하기 위해 국제사회의 인도적 노력이 확대되어야 한다는 1954년과 1981년 노벨상의 취지는 오롯이 기억되어야 할 것이다.

참고문헌

노르웨이 노벨위원회,《1954년 노벨평화상 선정 발표문》(1955.12.10).

노르웨이 노벨위원회,《1981년 노벨평화상 선정 발표문》(1981.12.10).

UNHCR,《1954년 노벨평화상 수상 연설문》(1955.12.10).

UNHCR,《1981년 노벨평화상 수상 연설문》(1981.12.10).

Sadako Ogata, *The Turbulence Decade: Confronting the Refugee Crises of the 1990s*, New York: W.W. Norton & Company, 2005.

UNHCR, *Global Trends: Forced Displacement in 2016*, Geneva, Switzerland: UNHCR, 2017.

Albert Lutuli 1898~1967.07.21

"

백인뿐만 아니라 흑인도 인간의 존엄성을 가진 신성한 영혼의 소유자다.
모든 인간은 각자의 개성을 발전시키기 위해 해로운 환경을 만드는 정책에
저항할 도덕적 권리가 있다.

"

-《흑인 강제이주정책에 대한 반대 연설》(1954) 중

비폭력 불복종으로 인종차별에 맞서다

앨버트 루툴리

Albert Lutuli

이름 / 앨버트 루툴리(남아프리카공화국)

수상 연도 / 1960년

수상 근거 / 〈아프리카민족회의〉의장, 비폭력 반아파르트헤이트 운동 전개

수상 분야 / 인권

• 글 김광수

한국외국어대학교 아프리카연구소 HK교수

아프리카 최초의 노벨평화상 수상자

앨버트 루툴리는 아프리카에서 노벨평화상을 받은 최초의 인물이다. 1952년부터 1967년 사망할 때까지 〈아프리카민족회의(African National Congress)〉 의장을 지내며 아프리카민족회의의 발전을 위해 노력했고 비폭력적인 반아파르트헤이트 운동을 주도하였다. 남아프리카공화국 백인 정부는 그의 정치적 활동을 법으로 금지하였고 노벨평화상 수상에 대해 폄하하였다.

노벨평화상을 받은 최초의 아프리카인임에도 불구하고 루툴리는 잘 알려지지 않았다. 교사이자 추장, 정치가였던 그는 시종일관 온건한 비폭력 노선을 견지하며, 정치적 견해, 인종, 종교를 초월해 반대자도 포용하는 모습을 보여주었다.

> "나는 남아프리카공화국에 피부색과 인종의 모든 다양성이 존재한다고 믿는다. 우리는 세계에 민주주의의 새로운 방식을 보여줄 것이다. 우리는 민주주의에 대한 새로운 선례를 만들기 위한 도전에 직면해 있다."
>
> - 《남아프리카공화국 민주주의자회의 연설》(1958)

선교사의 아들로 짐바브웨에서 태어나다

메리 벤슨(Mary Benson)은 루툴리의 전기에서 앨버트 존(Albert John)은 기독교식 이름이며 그는 '끊임없는 비'라는 뜻을 가진 줄루어 이름 '음붐비(Mvumbi)'를 더 좋아했다고 적고 있다. 이렇게 여러 개의 이름이 사용된 이유는 일반적으로 성이 없고 이름을 상황에 따라 여러 개로 사용하는 아프리카의 문화 때문이다. 그의 성은 곧잘 Luthuli로 알려져 있지만, 루툴리 자신은 h를 빼고 Lutuli로 서명을 했다. 두 가지 이름이 혼용되고 있지만, 그의 의견을 존중하여 Lutuli로 쓰는 것이 옳을 것이다.

루툴리는 1898년 지금의 짐바브웨인 남로디지아의 제2의 도시 불라와요에서 출생했다. 정확한 출생월일은 알려져 있지 않다. 그는 제7일 안식일 재림교회 선교사인 존 루툴리(John Bunyan Lutuli)와 음토냐 구메데(Mtonya Gumede)의 셋째 아들로 태어났다. 그의 아버지는 통역가로 선교활동을 하였기 때문에 여러 지역을 방문하였고, 불라와요에도 선교 때문에 정착하여 살게 되었다. 아버지는 줄루 귀족의 후예였고, 어머니는 줄루 세츠와요 왕가의 후예였기 때문에 루툴리는 줄루의 귀족과 왕가 출신이라 할 수 있다.

그가 태어난 곳은 은데벨레 족이 살고 있는 지역으로 선교사들이 활발한 활동을 벌이고 있었다. 종족 간 전쟁으로 은데벨레족은 남아공의 나탈 지역에서 현재 불라와요가 있는 짐바브웨의 지역으로 이주하여 마타벨레랜드라는 왕국을 건설하였다.

아버지는 병환으로 그가 2살 때 사망했고 4살 때까지 불라와요에서 살았다. 1908년 10살이 되었을 때 루툴리는 어머니와 함께 고향인 남아공 크와줄루-나탈의 크와두쿠자에 있는 그라우트빌(Groutville)로 돌아왔다.

| 크와두쿠자에 있는 앨버트 루툴리의 동상

인도주의자인 삼촌 밑에서 '기독교신사'로 자라다

루툴리는 그의 삼촌인 마틴 루툴리(Martin Lutuli)의 집에서 자랐다. 그 당시 마틴은 그라우트빌의 줄루인 기독교 대표로 활동하던 명망 있는 인물이었다. 그라우트빌은 남아공 선교역사에서 중요한 지역이 었다. 그라우트빌이라는 이름은 1844년 이곳에 선교기지를 세운 미국의 선교사 알딘 그라우트(Aldin Grout)의 이름을 딴 것이다. 그라우트 빌은 선교사에 의해 기독교가 일찍부터 뿌리내린 지역으로 모든 공동체 생활은 교회를 중심으로 이루어졌다.

그의 삼촌 마틴은 루툴리를 아들과 차별 없이 키웠다. 마틴 삼촌은 훌륭한 성품을 가진 인도주의자로 루툴리에게 매우 지대한 영향을 끼쳤던 것으로 알려져 있다. 외숙모는 엄격하게 아이들을 돌보았는데 많은 친척이 아이의 교육을 그 집에 맡겼을 만큼 교육에 남다른 열정을 갖고 있었다.

루툴리는 당시 가장 훌륭한 민족주의 교육기관에서 교육을 받았고 남아공 정치에 중요한 역할을 했던 인물들과 교류하였다. 남아공의 19세기 상황은 소수의 교육받은 흑인 엘리트가 교육사업과 정치활동을 적극적으로 시작하던 시기였다. 특히 선교 교육을 받았던 흑인 엘리트들이 미국의 흑인운동에 매우 고무되어 있었다. 그 당시 흑인해방에 대한 믿음을 갖고 있던 미국의 아프리카계 미국인 부커 워싱턴(Booker T. Washington)은 1881년 터스키기 대학교를 설립하여 흑인의 자각과 경제적 발전을 위해 활발히 활동하고 있었다.

아프리카민족회의의 창립자 중 한 명이며 초대 〈남아프리카 전국원주민회의(South African Native National Congress)〉 의장인 존 두베(John Dube)는 워싱턴으로부터 깊은 감명을 받고 1900년 오흘랑게 고등학교

를 설립하였다. 또한 신문《나탈의 태양
(*Ilanga lase Natal*)》을 펴내 교육의 중요성
을 강조하였다.

루툴리는 1914년 초등학교 과정을 마
치고 흑인이 만든 최초의 중등학교인 이
오흘랑게 고등학교에 진학하였다. 이런
상징적 의미 때문에 넬슨 만델라 대통령
이 1994년 총선 당시 이곳에서 투표를 하
기도 했다.

루툴리는 성적이 매우 우수하여 단지
2학기를 마친 후 오흘랑게 고등학교를 졸

작가이자 철학자, 교육자, 정
치가였던 존 두베 박사

업하고 피터마리츠버그 근처의 에덴달에 있는 감리교 학교에 입학하
여 초급교사 양성과정을 수료하였다. 이후 1917년 그는 나탈의 시골
에 있는 블라우보쉬 초등학교의 교장 겸 선생이 되었다.

그는 이 당시 자신의 종교에 대해 심각하게 고민한 이후 감리교
교회에서 세례를 받고 평신도 목사가 되었다. 이후 성경과 기독교 교
리가 그의 삶과 정치활동에 아주 깊은 영향을 주었고 그의 전 생애에
걸친 중요한 신념이 되었다. 루툴리는 신을 굳게 믿었고 인류에 대한
사랑을 주장했다. 그는 '기독교 신사'라고 불릴 정도로 신앙심이 깊었
으며 인품이 뛰어났다.

흑인 엘리트들과의 교류

1920년에는 2년 과정의 정부 장학금을 받아 나탈에 있는 애덤스 대

청년 시절의 앨버트 루툴리(1920)

학에서 고등교사 양성과정을 이수하
였다. 당시 애덤스 대학 교장이었던
매슈스(Zachariah Keodirelang Mathews)
가 그를 가르쳤고 많은 영향을 주었
다. 매슈스는 1923년 포트하레 대학
교에서 학사과정을 마친 최초의 흑인
이었으며 1925년 애덤스 대학의 총장
이 되었는데, 역시 역사상 최초의 흑
인 총장이었다.

그 당시 애덤스 대학은 중남부 아
프리카에서 가장 좋은 학교 중 하나
로 평판이 나 있었다. 루툴리는 포트

하레 대학교에서 공부할 수 있는 장학금을 받았지만 어머니를 봉양하
기 위해 거절했다. 대신에 애덤스 대학에서 한 달에 약 10파운드를 받
고 교수요원이 되었다. 그는 기회 있을 때마다 애덤스 대학의 기억을
매우 소중히 생각하고 있다고 말했다. 그는 "자신만의 세계가 있었다.
다른 곳에서 어떤 일이 일어났는지에 대한 관심보다 우리 자신의 일
로 너무나 바쁘게 지냈다"라고 회상했다.

애덤스 대학에 다니는 흑인 학생들은 어찌 보면 혜택을 받고 있었
음에도 아주 어렵게 공부하고 있었다. 안톤 렘베데(Anton Lembede)는
아프리카민족회의 청년연맹의 설립자 중 한 명이었는데 닳고 해진 초
라한 옷을 입고 다닌 것으로 유명하다. 흑인들이 가질 수 있는 직업은
매우 한정되어 있었으며 교수의 월급도 너무 낮았다.

루툴리는 이 당시 노동자의 삶에 관심을 갖고 있었고, 〈나탈원주
민교사연합(Natal Native Teachers Union)〉의 간부로 활동하는 동안 백인

당국과 협상을 하거나 보이콧을 조직하면서 귀중한 정치적 경험을 얻을 수 있었다.

동료 교수와의 결혼

1927년 그는 줄루 추장의 손녀인 노쿠칸야 벵구(Nokukhanya Bhen-gu)와 결혼했다. '밝은' 또는 '영리한'이라는 뜻을 가진 노쿠칸야라는 이름에 걸맞게 그녀는 평생 동안 루툴리를 내조하고 지지했다.

아내인 노쿠칸야는 1904년 생으로 루툴리와는 여섯 살 차이다. 그녀는 중등학교 성적이 매우 우수하여 한 선생님의 권유로 1920년 애덤스 대학에 입학하였고 교사양성 과정을 밟았다. 1922년 교사로 재직하다 1923년 애덤스 대학에 초빙되었고 그때 루툴리를 만났다. 1929년부터 1945년 사이에 3명의 아들과 4명의 딸 등 모두 7명의 자녀를 낳았다.

그녀는 뛰어난 농부로 야채, 사탕수수, 과일 재배를 통해 남편이 정치활동을 하는 동안 생계를 책임졌다. 또한 그녀의 농업지식은 루툴리가 추장으로 있을 당시 지역민의 사탕수수 재배를 독려하는 데 크게 도움이 되었다. 그녀는 공동체 활동에도 활발히 참여해 그라우트빌에 우체국을 세우고 진료소를 만드는 데 앞장섰다. 또한 〈아프리카민족회의 여성연맹(Women's League)〉의 모델이 된 〈아프리카의 딸들(Daughters of Africa)〉이라는 조직을 만드는 데 참여했다. 그녀는 여성에게 '패스법(Pass Law)'을 적용하겠다는 조치에 반대해 그라우트빌의 대표로 줄루 왕을 면담하여 항의했다. 패스법이란 아파르트헤이트 정책의 하나로 16세 이상의 흑인이 신분증을 소유하지 않거나, 거주 지역

이탈 시 백인의 농장에 강제 노역을 하게 만든 악법을 말한다. 1955년에는 블룸폰테인에서 열린 아프리카민족회의의 대표로 참석하기도 했다.

1961년 오슬로에서 노벨평화상을 받을 당시 루툴리는 아내의 내조에 대해 최고의 존경과 찬사를 아끼지 않았다. 그녀는 1967년 루툴리가 사망한 이후에도 활발히 활동하다가 1996년 92세의 나이로 루툴리의 묘 옆에 안장되었다.

예체능과 전통문화에 관심을 갖다

루툴리는 애덤스 대학 성가대 지휘자로 유명했다. 그는 애덤스 대학의 교수로 15년 동안 재직했으며 음악을 아주 좋아하여 대학 성가대를 이끌었다. 루툴리는 가끔 테니스는 즐겼지만 스포츠에 열광하는 사람은 아니었다. 그러나 축구를 좋아하여 애덤스 대학 축구 팀의 총무와 감독직을 맡기도 했다. 젊은 루툴리 교수가 축구에 관심을 갖고 활동하면서 얼마 안 가 축구가 학교에서 가장 인기 있는 스포츠가 되었다.

이로 인해 애덤스 대학을 졸업한 다수의 학생이 지역의 축구 리그나 클럽에서 선수 또는 직원으로 활동하면서 축구와 관련된 각종 지역 단체들이 생겨났으며, 이를 통해 지역 주민들은 자신들의 정체성을 강화할 수 있었다. 이는 스포츠가 행복한 삶을 위한 수단으로써 어떻게 활용되는지를 잘 보여주는 사례로 평가할 수 있다.

루툴리는 서구 문화의 유입으로 훼손되고 있던 아프리카 문화에도 관심을 갖고 있었다. 1920년대에는 〈줄루문화사회(Zulu Cultural

Society)〉라는 모임을 만들고 아프리카 문화에 대한 지원을 시작하였다.

그는 정치활동에서도 서구의 사고와 함께 아프리카인의 문화를 융합하는 노련한 모습을 보여주었다. 루툴리의 문화적, 종교적 관용과 온건한 정치성향은 다양한 조직과 사람을 단합시키는 데 도움을 주었다. 또한 그는 자신과 다른 정치적 견해에 대해 관용의 자세로 일관했다. 특히 추장으로서의 경험은 많은 도움이 되었다. 추장이라는 그의 직함은 아프리카민족회의와 흑인 노동조합의 회원을 결속시키고 폭넓은 단합을 이끌어내는 데 중요한 역할을 했다. 루툴리는 도시의 급진주의자와 시골의 전통주의자를 하나로 단합시켰다. 그는 항상 '아프리카민족회의는 방패이며, 노동조합은 창'이라는 비유를 들곤 했다.

추장으로 선출되다

루툴리가 살고 있던 지역은 전통과 현대의 경계를 넘나드는 혼종적 문화 정체성이 팽배했다. 백인 정부는 전통적인 추장제도를 이용하여 원주민 행정을 하고 있었고 그라우트빌 역시 전통적인 추장제도가 있었다. 루툴리는 서구의 문화 정체성과 함께 전통적인 문화 정체성을 갖고 있는 사람으로 평가되었다. 처음에 마을 원로들이 그를 추장으로 추대했을 때 정중히 거절했으나, 계속된 원로들의 요청으로 이 제안을 받아들일지를 놓고 2년 동안 장고를 하였다.

결국 루툴리는 1935년 그라우트빌의 추장직을 받아들였고 1952년 백인 정부가 추장직을 박탈할 때까지 17년간 추장의 지위를 유지하였다. 이런 이유로 존경의 의미에서 그의 이름 앞에는 항상 '추장

^(chief)'이라는 말을 붙여 부르게 되었다.

추장으로 재직하는 동안 루툴리는 지역 주민의 복지를 향상시키기 위해 노력했다. 특히 미래의 젊은 세대에 대한 교육에 관심이 많았다. 그는 자신이 관리하는 모든 지역을 돌아다니며 아이들과 청소년이 제대로 보살핌을 받고 있는지 살폈다. 루툴리는 아이들이 비록 가난해서 학교에 갈 수 없지만 나중에 위대한 인물이 될 수도 있다는 신념을 갖고 있었다. 그는 야간학교를 열고 이주 노동자에게 교육의 기회를 주려고 노력했다.

그는 항상 봉사하는 마음을 갖고 있었으며 어려움에 처한 사람을 도울 수 있는 방법을 찾기 위해 노력했다. 좀 더 나은 남아공을 만들기 위해 그라우트빌뿐만 아니라 인근 지역의 추장을 찾아가 공동체의 삶을 향상시킬 수 있는 방법을 찾기 위해 노력했다. 루툴리는 추장으로 활동하던 초기에 주민들에게 사탕수수 재배를 독려하고 재배자들의 이익을 보호하기 위해 노력했다. 루툴리는 흑인 사탕수수 재배업

전통 복장을 입은 줄루족 여성들

자의 이익이 침해당하고 있다고 생각했고 이를 대변하고자 애썼다.

그는 매우 강한 신념을 가진 사람이었다. 무언가에 확신이 들면 옆이나 뒤를 돌아보지 않고 헌신적으로 전진하는 인물이었다. 그는 추장으로 재직하는 동안 백인들의 원주민 행정을 돌보면서 그라우트빌뿐만 아니라 남아공 흑인들이 받는 불평등을 점점 더 날카롭게 인식하게 되었다.

늦깎이로 정치에 입문하다

루툴리는 그라우트빌의 〈움보티 선교보호지(Umvoti Mission Reserve)〉의 대표를 맡은 이후부터 정치활동에 관심을 갖게 되었다. 특히 1935년부터 1952년 사이에 추장으로 활동하면서 백인 정부가 어떻게 흑인의 권리를 빼앗고 착취하는지 경험하게 되었다. 이 시기의 경험은 후에 정치적 지도력을 발휘하는 데 중요한 역할을 하게 된다.

백인 정부는 루툴리가 1952년 불복종 운동에 적극적으로 참여하자 아프리카민족회의에서 탈퇴할 것을 요구했고 이를 거절한 루툴리에게 제재를 가하기 시작했다. 결국 백인 정부는 1952년 11월 그를 추장직에서 해임하고 추장 사무실을 폐쇄하였다. 그러나 백인 정부가 루툴리를 체제에 반대하는 위험한 인물로 규정한 이 사건으로 인해 오히려 그는 민족주의자로 부상하게 된다.

루툴리는 교육받은 엘리트로서 백인이 인종차별적인 통치를 일삼는 사회에서 흑인들의 권익이 향상될 길이 없다는 사실을 깨닫게 되었다. 이러한 상황은 루툴리를 비롯해 많은 흑인 엘리트로 하여금 정치적 투쟁으로 뛰어들도록 했다.

'백인 전용'이란 푯말이 서 있는 나탈의 해변

루툴리는 1935년 추장직을 시작할 당시에는 본격적으로 정치에 입문할 생각이 없었다. 그 당시 블룸폰테인의 전 아프리카인회의에서 루툴리를 대표로 초대하였으나 응하지 않았다. 그러나 추장직을 수행하면서 그는 점점 더 깊숙이 정치에 관여하게 되었다. 루툴리는 1944년 아프리카민족회의에 가입하였고 1945년에는 아프리카민족회의 〈크와줄루 주 지역위원회(Committee of the KwaZulu Provincial Division)〉 위원으로 활동하였다.

그 당시 나탈의 아프리카민족회의 지부는 거의 활동을 하지 못해 빈사 상태였고, 특히 1946년 존 두베가 병석에 있다가 사망하여 지도력의 공백을 보이고 있었다. 루툴리는 조직의 강화를 위해 적극적으로 개입하기 시작하였다.

초기에는 다소 어려움이 있었으나 활발한 활동을 통해 정치지도자로서의 이미지를 강화한 끝에 1951년에는 크와줄루 나탈 아프리카민족회의 의장에 당선되었다. 이때부터 루툴리는 전국적인 인물로 알려지게 되었으며 1952년에는 추천을 통해 아프리카민족회의의 사무총장이 되었다.

아프리카민족회의 의장이 되다

1910년 〈남아프리카연방(The Union of South Africa)〉이 출범할 당시
만 해도 흑인은 단합하지 못하고 분열되어 있었다. 그러나 1912년 남
아프리카 최초의 흑인 변호사였던 픽슬레이 세머(Pixley Ka Isaka Seme)
가 전국적인 흑인 조직을 창설하기 위해 블룸폰테인에서 회의를 소
집하면서 변화하기 시작했다. 이 회의에는 전통적인 통치자인 추장과
서구화된 흑인 정치지도자들이 전국에서 참석했다.

회의에서 이들은 〈남아프리카 전국원주민회의(South African Native
National Congress)〉를 설립하기로 결의했으며 이 회의는 1923년 아프
리카민족회의로 명칭이 바뀌었다. 남아프리카 전국원주민회의의 초대
의장은 존 두베가 맡았으며 1912년부터 1917년까지 6년간 활동했다.

초기에 아프리카민족회의는 백
인 정부에 대한 청원에 중요한 의미
를 두었고 흑인의 이익증진을 위한
압력집단으로 '책임 있게' 행동하는
아주 온건한 조직이었다. 이들의 첫
번째 주요 관심사는 원주민 토지법
(Native Land Bill)이었고, 항의 대표단
을 케이프타운과 런던으로 보냈지
만 아무 소득이 없었다.

아프리카민족회의 지도부는 서
구교육을 받은 엘리트 흑인들이 우
세를 점하고 있었다. 그들은 백인
사회의 생활습관과 가치를 고수했

요하네스버그에 있는 아프리카민족
회의 본부 루툴리 하우스

기 때문에 중간계층으로서 존경을 받았으며, 그들이 교육받았던 선교회에 의해 인도주의적인 기독교 윤리를 잘 이해하고 있었다.

이들은 처음에 남부 아프리카에서 백인 사회의 지배를 타도하고자 하는 의도를 갖고 있지 않았다. 단순히 문명화된 가치의 기초 위에서 흑인들이 백인사회에 받아들여지기를 희망했다. 그들은 모든 흑인들을 위한 참정권을 요구하지는 않았지만 참정권이 점진적으로 확대되기를 원했다. '모든 문명인을 위한 평등권'은 그들의 이념에 대한 요약이었고 이 슬로건은 끊임없이 반복되었다.

이와 동시에 피부색에 근거를 둔 차별은 더 많은 흑인들에게 영향을 주었다. 일반적으로 흑인들은 그들의 불만에 대한 시정을 요구했으며 자신들의 주장을 합리적인 방법으로 관철하고자 하였다. 비록 좌절이 반복됐지만 자신들의 입장을 충분하고 분명하게 이성적으로 주장한다면 성과를 얻게 될 것이라는 희망에 필사적으로 매달리고 있었다.

백인 정부에 의한 추장직의 강제 해임과 특유의 포용력으로 명성을 얻게 된 루툴리는 아프리카민족회의의 새로운 의장이 되었다. 루툴리는 기독교적인 배경과 전통적인 지도력을 겸비한 지도자로 성장했다. 그는 대중을 모을 수 있는 강력한 인물이 되었고, 1955년과 1958년 아프리카민족회의 의장으로 재선되었다. 비록 재임기간 동안 백인 정부의 활동 금지 조치로 인해 운신의 제약을 받긴 했지만, 시골집에서 많은 연설문을 쓰고 아프리카민족회의 회의에 발표문을 보내며 드러나지 않는 활동을 했다.

루툴리는 아프리카민족회의 의장으로 업무를 시작하면서부터 언제나 흑인의 평등한 권리를 주장했고 다른 이념을 가진 사람들의 권리도 보장되어야 한다고 생각했다. 미래의 남아공은 다양한 인종이

통합된 사회를 만들어야 한다고 생각했고 아프리카민족회의의 활동도 그런 방향으로 가야 한다고 보았다. 그는 개인적으로 사회민주주의를 표방하는 영국노동당을 모델로 삼고 싶어 했기 때문에 좌파에 치우쳐 있다는 지적을 받기도 했다.

비폭력 불복종 운동: "자유를 향한 길은 십자가를 통해서"

1936년 백인 정부는 케이프 주에서 흑인의 선거권을 박탈했다. 1948년 정권을 잡은 국민당은 '아파르트헤이트 정책'과 '패스법'을 실시하였다. 흑인들은 사진과 그의 출생 장소, 세금 납부와 전과 경력에 관한 모든 정보가 들어 있는 패스를 항상 가지고 다녀야만 했다. 경찰이 이 증명서의 제시를 요구했을 때 거부하는 것은 범법 행위였다.

루툴리의 정치노선은 기독교와 아프리카 민족주의, 헌법에 의한 다수의 통치를 지향하는 자유주의의 혼합이라고 설명할 수 있다. 그는 기독교 정신에 입각한 비폭력의 수동적 저항과 함께 다인종 사회의 공존을 주장했다.

루툴리는 아프리카민족회의와 〈나탈인도인회의(Natal Indian Congress)〉를 단결시켜 1952년 '불복종 운동(Defiance Campaign)'을 전개했다. 마하트마 간디의 무저항 비폭력 전술을 차용하고 인도인과 컬러드(Coloured), 좌익 백인들과 연합하여 대규모의 수동적 저항을 이끌었다. 이중 컬러드란 남아프리카 공화국에서 백인 이주민과 원주민의 혼혈 및 그 후 동남아시아에서 들어온 노예와의 혼혈로 태어난 사람들을 총칭하는 말이다.

루툴리는 마하트마 간디의 열렬한 신봉자였다고 만델라는 회고했다. 그는 기독교인으로서 하나의 신념으로 비폭력을 따르고자 했다. 철저한 비폭력주의자로서 어떠한 상황이 벌어져도 비폭력 노선을 지켜야 한다고 주장했다. 그러나 만델라는 비폭력이 효과적이지 않거나 상황이 좋지 않으면 폭력적인 방법을 사용해야 한다고 주장했다.

불복종 운동은 패스법 반대, 흑인의 권리향상, 집단지역법의 부당함, 선거권, 공산주의 탄압에 대한 백인 정부의 정책변화 등을 주장했다. 대부분 트란스발과 케이프에서 온 많은 참가자들이 계획적으로 가벼운 법을 스스로 위반하여 체포당했다. 이는 가능한 한 많은 사람이 체포되어 감옥과 법정을 가득 메움으로써 행정에 불편을 주려는 의도였다.

이 운동은 1952년 11월에 끝났고, 체포된 8,326명 중 거의 모든 사람들이 유죄를 선고받았다. 이 사건으로 인해 1953년 새로운 '공공안전법(Public Safety Act)'과 '형법수정법안(Criminal Law Amendment Acts)'이 만들어졌다. 불복종 운동을 통해 아프리카민족회의에 대한 지지가 전폭적으로 늘어나게 되었는데 회원이 2만 명에서 약 10만 명으로 증가하였다.

불복종 운동 기간에 루툴리는 자원자를 끌어모으기 위해 적극적으로 활동했다. 그는 여러 지역을 방문하고 연설을 하며 그의 주장을 사람들에게 알렸다. 또한 루툴리는 노동조합과 함께 불복종 운동을 활발히 벌이면서 점차 전국적인 저항의 지도자로 자리매김하게 됐다.

루툴리는 비폭력 운동을 하면서 "자유를 향한 길은 십자가를 통해서"라는 원칙을 고수했다. 그는 아파르트헤이트는 모든 인종집단의 명예를 손상시킬 것이라는 신념을 갖고 있었다. 또한 백인들은 얼마 안 가 인종차별에 대한 노선을 바꿀 것이며 모든 인종이 함께 살아가는 사회를 받아들일 것이라는 믿음을 갖고 있었다.

만델라의 등장으로 무장투쟁의 기로에 서다

루툴리가 오슬로에서 노벨평화상을 받고 돌아온 이후에 무장투쟁 노선을 따랐다는 주장이 최근까지 제기되곤 했다. 노선의 변화에 양면적인 입장이었다는 주장이 사실에 더 가깝다고 할 수 있다. 그러나 그는 분명히 폭력의 사용을 거부했다. 종교적 신념과 완벽에 가까운 도덕적 성격은 그의 정치적 신념의 근간이었기 때문이다.

넬슨 만델라는 1961년 12월 무장조직 〈민족의 창〉을 공식적으로 발족시켰다. 그 당시 만델라의 지도력과 인지도는 루툴리를 능가하고 있었으며 루툴리를 점차 고립시키고 있었다. 후에 만델라는 민족의 창을 발족시킬 당시 루툴리와 상의하였고 동의를 받았다고 설명하였다.

그러나 급진적인 무장투쟁을 선호하지 않는 루툴리가 이러한 조직을 찬성하지 않았을 것이 분명하기 때문에 만델라의 주장은 지금까지 확인된 바는 없다. 루툴리가 그 당시의 정치적 상황으로 인해 더 투쟁적인 방향으로 정치활동을 변화시킬 수밖에 없었던 것만은 분명하다. 그러나 그가 아프리카민족

자신의 패스를 태우고 있는 넬슨 만델라(1960)

회의의 투쟁방법을 폭력적인 노선으로 바꾸는 것을 승인했는지의 여부에 대한 일치된 의견은 여전히 없다.

넬슨 만델라가 민족의 창을 결성할 당시 루툴리와 다른 지도자들은 폭력을 행사하지 않을 것이며 계속해서 비폭력적인 방법을 고수하겠다는 입장을 밝혔다. 만델라가 만든 민족의 창에 대해 루툴리는 허락하지 않았다고 하지만 만델라는 그의 전기에서 대화를 나누었고 루툴리도 동의했다고 적고 있다.

'불복종 운동'은 채 1년이 못 가 잦아들었고 아프리카민족회의와 나탈인도인회의는 심각하게 사기가 저하되었다. 흑인을 억압하는 법에 아프리카민족회의는 조직적이고 체계적으로 대처하지 못했고 정치자금을 모으는 것도 효율적이지 못했다. 도덕적으로 해이해진 많은 사람들이 적극적인 투쟁에 나서기보다 백인의 정책을 인정하고 안주하려 했다. 자연히 아프리카민족회의의 성장은 정체되었고 많은 사람들이 좌절하였다. 간부들은 아프리카민족회의의 몰락 가능성을 심각하게 받아들이고 있었다.

소웨토 클립타운에 있는 자유헌장 기념물

이러한 상황 속에서 1953년 아프리카민족회의에서 미래의 남아프리카를 위한 '자유헌장'을 제정하자는 논의가 전개되었다. 많은 소규모의 모임을 가진 후에 국민회의가 결성되었고 1955년 요하네스버그 남쪽에 있는 클립타운에서 회합하였다. 그 회의에 참석한 사람들은 약 3,000명에 달했다.

자유헌장은 다인종적이고 사회민주주의적인 남아공을 지향하고 있다. 남아공은 모든 사람들에게 속한 것으로 인종이나 민족을 구별하지 않는 민주주의를 요구하며, 모든 인종차별법을 폐지하고, 모든 민족에게 교육과 직업의 균등한 기회를 주어야 한다는 것을 결의하였다. 그리고 은행, 광산업, 중공업, 토지의 재분배를 요구하였다.

자택연금 중 노벨평화상을 수상하다

백인 정부가 활동을 법적으로 금지시킨 기간에 루툴리는 아프리카민족회의 의장으로서 다른 지도자들과 긴밀하게 활동할 수가 없었다. 그는 이런 점을 잘 인식하고 있었기 때문에 연설문을 통해 그의 주장을 백인들과 지지자들에게 밝히려고 노력했다. 물론 모든 백인들이 그의 호소에 동조한 것은 아니었지만 인종문제에 대한 그의 세련된 연설과 균형 잡힌 호소에 많은 백인들이 호응하였다.

1952년 루툴리가 아프리카민족회의의 사무총장이 되자 백인 정부는 즉시 2번에 걸쳐 4년간 루툴리의 정치활동을 금지하는 조치를 발표하였다. 두 번째 정치활동 금지가 끝나던 1956년 아프리카민족회의에 참석했을 때 다시 체포되었고 몇 개월 후에 다른 155명의 흑인들과 함께 반역죄로 기소되었다. 거의 1년에 이르는 구금 후 루툴리는 석방되었으나 65명의 동료들은 여전히 감금된 상태였다.

1953년 백인 정부는 그가 남아공의 대도시에 자유롭게 드나드는 것을 금지하였다. 1954년에는 활동범위를 더욱 제한하고 모임에 참여하는 것도 금지시켰다.

1957년에는 또 다시 5년간 자택에서 반경 24km를 벗어나지 못하는 자택연금을 당했으며 이후 일시적으로 정치적 활동금지가 풀리기도 했다. 그러나 1960년 3월 샤프빌 사건 이후 그의 패스를 공식적으로 불태운 사건으로 인해 다시 체포명령이 떨어졌다. '샤프빌 사건'은 1960년 3월 21일 남아공 트란스발 주 샤프빌에서 발생한 학살 사건으로, 아파르트헤이트 체제 폐지, 인종차별 반대, 민주화를 외치는 시위대 69명이 총에 맞아 숨졌다. 이어진 국가비상사태 속에서 그는 체포되었고 유죄판정을 받았으나 벌금을 내고 감옥에 가는 것은 피했다. 그는 이후 그라우트빌로 돌아왔다.

루툴리가 노벨평화상 수상자로 선정되었을 때 백인 신문인《트란슬발러(Die Transvaler)》는 이해할 수 없는 병적인 시상이라고 혹평했다. 1960년 12월 초에 그와 그의 아내가 노벨평화상 시상식 참석차 오슬로를 방문할 수 있도록 10일 동안 한시적으로 정치활동 금지가 풀렸다.

오늘날까지 이어지는 관용과 화합의 정신

1962년 그는 『우리 국민들이여 가자(Let My People Go)』라는 자서전을 출판했다. 백인정부는 집 근처를 벗어나지 못하는 연금조치를 1964년 5월까지 계속 연장하였다. 1966년 남아공을 방문 중이던 미국 상원의원 로버트 케네디(Robert F. Kennedy)가 루툴리를 찾아가 아프리카민족회의의 투쟁에 대해 대화를 나누었다. 케네디의 방문과 만남은 그 당시 남아공의 인종차별로 인한 흑인의 고통을 세상에 알리는 데 중요한 역할을 하였다.

루툴리는 그의 집 근처에서 발생한 열차사고로 심각한 부상을 입었고 결국 1967년 69세의 나이로 사망했다. 루툴리가 사망한 이후 그가 주장한 비폭력 노선이 너무 온건했다는 비판을 받기도 했다. 그가 넬슨 만델라의 정치적 영향력에 가려 제대로 평가를 받지 못한 것도 사실이다. 그러나 그의 주장은 아프리카민족회의 이념과 1997년 제정된 남아공 헌법에 대부분 반영되었다. 그가 주장한 다수의 통치와 관용에 바탕을 둔 다인종 민주주의는 남아공의 현재를 이끌어가는 중요한 이념이 되고 있다.

참고문헌

Gail M. Gerhart, *Black Power in South Africa*: *The Evolution of an Ideology*, 1979.

Gerald Pillay, *Voices of Liberation*: *Albert Luthuli*, 2012.

Mandela, Nelson R., *Conversations with Myself*, 2010.

https://en.wikipedia.org/wiki/Albert_Lutuli

http://www.sahistory.org.za/people/chief-albert-john-luthuli

Willy Brandt 1913.12.18~1992.10.08

"

한 걸음도 나아가지 않는 것보
다는 작은 걸음이라도 나아가는 게
낫고, 특히 거창한 말만 떠들썩하게
하는 것보다는 작은 걸음이라도 나
아가는 게 더 낫습니다.

"

- 『인권 침해와 오용』(1987) 중

'작은 걸음'의 큰 평화

빌리 브란트

Willy Brandt

이름 / 빌리 브란트(독일)

수상 연도 / 1971년

수상 근거 / 동방정책을 통해 독일 통일과 유럽 평화에 공헌

수상 분야 / 민주화

• **글** 이동기

강릉원주대학교 사학과 교수

'낯선 놈'의 이탈

20세기 후반의 독일 정치가인 빌리 브란트가 국내에 비교적 많이 알려진 것은 1970년 12월 7일 폴란드 바르샤바의 추모지에서 무릎을 꿇은 사건 때문이다. 일본 정치가들의 식민 통치 관련 망언이나 전쟁 범죄의 변호와 비교되면서 나치 과거사 반성에 대한 브란트의 용기 있는 행위는 높은 평가를 받고 있다.

그러나 그 '역사적 순간'의 이면들은 충분히 알려지지 않았다. 그 중 하나를 먼저 들면, 브란트의 그 '무릎 꿇기' 행위는 국제적으로 큰 감동과 호응을 불러일으켰지만 서독 내에서는 평가가 크게 갈렸고 부정적이거나 냉소적인 반응이 더 많았다는 사실이다.

당시 서독 여론 조사에 따르면, 브란트의 행위에 공감하는 사람은 41%였지만 '쓸데없는 짓'이라거나 '멍청한 짓'이라고 생각하는 사람들은 48%에 달했다. 특히 서독 수상으로서 소련도, 프랑스도 아닌 '작고 볼품없는 나라'에서 무릎까지 꿇었으니 이전에 브란트에게 덧씌워진 '조국의 배신자'라는 이미지가 다시 등장했다.

사실 브란트의 인생사와 정치역정은 처음부터 탄탄대로와는 거리가 멀었다. 같은 시대를 살았던 '평균적 독일인'의 눈에서 보면 브란트는 '우리'와는 다른 '낯선 놈'에 불과했다. 세 가지 이유 때문이었다.

먼저, 브란트의 출신 배경이었다. 유럽 사회주의 정치가들 중에는 하층 노동자 계급 출신이 적지 않지만, 브란트는 그것에 더해 출생 배경도 좋지 않았다. 그는 '사생아의 사생아'였다. 1913년 12월 18일 독일 북부 뤼벡에서 태어난 그는 헤르베르트 프람이란 이름으로 불렸는데, 성은 어머니로부터 받을 수밖에 없었다. 어머니 마르타 프람이 미혼모였기 때문이다.

가게 점원으로 일했던 마르트 프람의 어머니, 즉 헤르베르트 프람의 외할머니도 미혼모였는데 일찍 사망했다. 결국 헤르베르트 프람은 미혼모인 어머니와 의붓 외할아버지에게서 자랐다. 특히 재혼한 뒤에도 자신을 보살폈던 그 의붓 외할아버지를 헤르베르트는 '아빠'로 불렀다.

나중에 정치가로 활동하면서 브란트는 이 출신 배경과 집안을 '엉망진창'이라 말하며 숨기지 않았지만, 1950년대와 1960년대에 '시민적 도덕과 품위'를 중시한 서독 사회 분위기에서 보수 우파들의 조롱거리이자 인신공격의 빌미가 되었다.

두 번째로 브란트의 정치 경력을 괴롭혔던 것은 그가 독일사민당을 이탈한 소수파 출신이라는 사실이었다. 1930년 17살의 헤르베르트 프람은 애초 사민당에 입당했었다. 하층 노동자였던 어머니와 의붓 외할아버지도 모두 사민당 당원이었다.

게다가 헤르베르트 프람은 사민당의 재정 지원으로 고등학교를 다닐 수 있었기에 사민당은 그의 사회적 삶의 모태이자 정치적 고향이었다. 그러나 1931년 사민당이 혁명성을 잃고 나치의 위협에 제대로 맞서 싸우지 않음을 보고 프람은 사민당을 떠났다. 그 뒤 그는 신생 급진 사회주의 정당인 '독일사회주의노동당(SAPD)'에 가입했다.

비록 1944년 사민당으로 다시 복당했지만 이 이탈 경력과 독일사회주의노동당 당원 이력은 전후 브란트의 정치적 부상에 족쇄가 되었다. 과거의 탈당 경력은 주류 사민당원들에게 '종파적' 내지 '비정통적'이라는 의구심을 갖게 만들었던 것이다.

'조국을 배신한' 반나치 투사

　마지막으로 정치 망명객으로서의 경력 또한 브란트를 괴롭혔다. 1933년 나치가 권력을 장악한 후부터 종전까지 헤르베르트 프람은 주로 노르웨이와 스웨덴에서 망명 생활을 하며 나치 독일에 대항해 투쟁했다. 그는 1934년 나치즘에 대항하는 비합법적 활동을 효과적으로 수행하기 위해 이름도 빌리 브란트로 바꿨다.

　그는 유럽 전역을 여행하며 다양한 사회주의 운동과 정치가들을 접하고 자신을 발전시켰다. 브란트는 동료들과 함께 좌파 신문을 만들어 파시즘의 위험을 알리고 사회주의의 가치를 옹호했다. 브란트는 노르웨이가 나치의 점령하에 들어가자 스웨덴으로 이주했다. 1938년 나치로부터 국적을 박탈당한 브란트는 노르웨이 국적을 취득해 '제2의 조국' 노르웨이의 해방을 위해 군인으로 복무했다. 물론 그는 그것이 노르웨이를 위한 길일 뿐만 아니라 히틀러 독일과는 '다른 독일'을 위한 길이라고 생각했다.

　그러나 1933년에서 1945년까지 나치 독일을 떠나 국적까지 바꾼 경력으로 전후 그는 '어려운 시절 조국을 버린 배신자'라는 공격에 직면했다. 전후 나치의 전쟁범죄와 파괴적 과거사를 정리할 준비와 의지가 아직은 없던 대다수 독일인들에게 노르웨이 군복을 입고 나타난 브란트는 단지 '낯설고 의심스런 인물'이었을 뿐이었다.

　특히 보수 언론과 정치가들은 1970년대 초까지도 브란트가 노르웨이 군복을 입고 독일에 대항했던 사실을 들먹이며 독일 민족에 대한 소속감과 자긍심이 없는 인물이라고 헐뜯었다. 그들은 그가 나치에 대항했던 투사이며 '다른 독일'을 위해 노력했다는 사실을 부정하며 '제 한 몸 살기 위해 위험에 빠진 조국을 배신하고 독일 민족과 국가를 등진' 것을 용납할 수 없다고 몰아붙였다. 1961년과 1965년 사민당 총리 후보로 나섰을 때 결국 패배한 것도 이런 비이성적 공세가 상당 부분 먹혔던 탓이기도 하다.

그런 상황에서 브란트는 자신의 반나치 투쟁 경력을 내세우기는 커녕 자신의 행위를 변호하기도 어려웠다. 게다가 브란트는 노르웨이 군복을 입은 기자 신분으로 1946년 뉘른베르크 재판에 참관해 나치의 범죄를 규탄하는 소책자 『범죄자 그리고 다른 독일인들』을 발표하기도 했기에 그에 대한 의구심은 지워지지 않았다.

심지어 사민당 내에서 권력을 놓고 그와 경쟁했던 헬무트 슈미트 같은 사민당 정치가들도 의식적으로 브란트와 자신을 구분했는데, 브란트와는 달리 나치 군인으로 참전했던 '우리'는 독일을 더 잘 이해하며 당시 평범한 독일인들과 함께 고통을 겪었다고 강조했다. 물론 국외에서 나치에 저항했던 브란트는 '우리'에 포함되지 않았다.

자유를 옹호하는 사회주의자

많은 난관과 방해에도 불구하고 브란트는 정치가로서 성공했다. 그는 1949년부터 1992년 사망 시까지(1950년대 후반과 1960년대 몇 년을 제외하고) 총 31년 동안 서독 연방의회 의원이었고, 1957년부터 1966년 사이에는 서베를린 시장, 1966년부터 1969년까지는 외무부장관, 1969년부터 1974년까지 연방총리를 역임했다. 아울러 사민당 내에서도 점차 신뢰를 얻었으며 곧 누구도 따라잡지 못할 신망을 얻었다. 그는 1964년 2월부터 1987년 3월까지 23년간 사민당의 대표직을 유지하며 당을 이끌었다.

브란트가 정치가로서 화려한 경력을 쌓을 수 있었던 이유 중 하나는 그가 독일 사민당 내에서 사회민주주의의 '현대화'를 가장 앞서 주창하고 선보였기 때문이다. 그것은 무엇보다 자유와 민주주의를 중심으로 사회주의를 인식하고 추진하는 것이었다.

이때 청년 시절 북유럽의 망명 경험이 중요한 밑거름이 되었다. 그는 노르웨이와 스웨덴의 사민주의 정당들의 영향을 받아 교조주의와 계급해방 지향의 구원론을 벗어났다. 브란트는 사민당이 무엇보다 '자유의 당'임을 강조했으며 사회주의의 기본 이념이 자유의 가치 보호와 개별 인격의 자유로운 발현이라고 보았다.

그렇기에 그는 전후 소련식 공산주의의 억압에 대해서 강한 비판을 주저하지 않았다. 1948년 2월 체코 공산당이 합법적 선거를 무시한 채 권력을 장악하고 1948~1949년 소련이 베를린을 봉쇄하자 그는 반공주의자임을 자처했다. "오늘날 반공주의자가 아니고서는 민주주의자가 될 수 없다"고까지 말했다.

물론, 사회주의자 브란트가 생각한 자유란 자유주의나 보수주의의 인습적 대변가들이 내세우는 것과는 근본적으로 달랐다. 브란트의 자유는 시장만능을 옹호하는 자유도 아니었고 평등에 대립하는 자유도 아니었다. 억압적 지배 이데올로기나 비판세력을 박해하는 투쟁 도구로서의 자유는 더더욱 아니었다. 그가 이해하는 자유와 민주주의는 인권존중과 법치국가의 원리에 기초해 경제와 사회의 포괄적인 민주화와 사회정의를 구현하는 것이었다.

그런데 1950년대 서독 사민당은 소련식 공산주의에 대해서는 거리를 두었지만 아직 전통적인 마르크스주의적 노동계급 정당의 성격을 포기하지는 않았다. 1959년 '고데스베르크 강령'을 통해서 비로소 사민당은 계급정당의 길을 포기하고 '국민정당'의 길로 전환했다. 그

전환 과정에 브란트가 큰 역할을 수행한 것은 아니었다. 그러나 사민당의 주류가 브란트가 일찍부터 주장한 방향으로 변화한 것은 브란트의 위상을 높이기에 충분했다.

'햄릿'의 카리스마

1960년대 초 브란트는 '독일의 케네디'로 불리며 대중적 위상과 당내 지위를 높일 수 있었다. 1958년부터 1963년 사이의 베를린 위기와 동독의 베를린 장벽 건설 때 브란트는 탁월한 연설과 시민들과의 적극적인 소통을 통해 인기를 높였다. 그런 과정에서 그는 사민당의 최고 지도자가 될 수 있었다.

그러나 1964년부터 당권을 장악한 브란트가 실제로 사민당을 자신의 구상대로 끌고 갈 수 있었던 것은 아니었다. 심지어 1970년대

존 F. 케네디와 대담하는 브란트(1961.03)

초에도 연방 총리를 역임하면서 얻은 국제적 명성과 국내의 신임과는 별도로 사민당 내에서 그는 상당 기간 고립되거나 오해되었다. 브란트가 사민당뿐만 아니라 현대 유럽 정치사에서 보기 드문 형태의 리더십을 보였기 때문이다.

브란트가 앞선 지도자들과는 '완전히 다른 종류의' 당 대표로 여겨졌던 가장 결정적인 이유는 주요 쟁점들에 대해 항상 오랫동안 숙고하고 당원들 및 동료들과 함께 토론했기 때문이다. 흔히 훌륭한 업적을 남긴 정치지도자에게 기대하는 탁월한 판단력과 주도적 결정 및 카리스마 넘치는 추진력 등은 그의 정치 스타일이 아니었다. 브란트는 그와는 정반대의 인물이었다.

브란트는 참모나 동료들과 항상 토론했고 당내 회의나 정책 결정 기구들을 존중하며 개방적으로 토론하고 협의했다. 결정은 그 모든 토론 과정의 끝에 내려지도록 만들었다. 그 과정에서 필요하다면 자신도 입장을 가지고 당원들에게로 향했지만 권위적이거나 일방적이지 않았다. 그는 당원들을 당의 근간으로 존중하면서 '토론의 자유'를 최대한 보장했으며 그것을 통해 당내의 다양한 계파들의 충돌을 조정하고 갈등을 사전에 예방하고자 노력했다. 브란트는 1976년 자신의 정치 리더십을 다음과 같이 요약했다.

"나는 가능한 한 합의를 통한 업무 스타일을 실천하려고 노력했다. 이미 사전에 결정된 내 의견을 확인하기 위해서 단지 동의를 구하는 식의 토론을 하는 것은 내가 원하는 것이 아니었고 지금도 마찬가지다. …당 지도부 회의에서 하나의 합의를 만들어 가는 것이 더 생산적이다. 나에게 중요한 것은 어떤 문제에 대해 서로 의견이 다를 때도 인간적 결속을 유지하기 위해 애쓰는 것이었다."

결정을 미룬 채 끝없이 진행되는 토론 과정은 당내 지도적 정치가들을 힘들게 했고 브란트 자신도 그것에 진저리를 쳤다. 그러나 브란트는 "책상을 친다고 무슨 소용이 있겠냐"며 강력한 권위의 리더십에 대해 부정적이었다. 결국 그의 당대표 시절 사민당은 중요한 결정들을 연기하거나 입장이 모호한 경우가 많았다.

사민당의 핵심 정치가들은 불만이 많았다. 브란트와 함께 일했던 대부분의 정치가들은 그의 결단력 부족과 추진력 결여를 비난했다. 우유부단하며 주저하는 브란트를 두고 그의 핵심 참모 중 한 사람이었던 호르스트 엠케(Horst Ehmke)조차 '햄릿'이라며 고개를 저었다. 또 다른 오랜 동료 페터 글로츠(Peter Glotz)는 브란트를 "커브 길만 나타나면 차를 조심스럽게 모는 노인" 같은 인물로 묘사했다.

그럼에도 브란트는 자신의 원칙과 정치 스타일을 바꾸지 않았다. 그는 당내의 의견을 두루 듣고 조정하며 통합해 당의 결속력을 강화하는 데 전력을 기울였다. 특히 1970년대 사민당에는 학생운동의 영

동독을 공식 방문해 동독 수상 빌리 슈토프의 영접을 받고 있는 브란트
(1970.03)

향으로 청년 세대들이 당원으로 많이 가입했다. 그들은 당내 토론 문화의 활성화를 적극적으로 요구했기에 당은 위압적 권위나 패권적 카리스마가 아니라 소통과 조정과 통합의 리더십을 갖춘 브란트를 더욱 필요로 했다.

게다가 청년들은 부모 세대의 나치 독일에 비판적이었기에 브란트의 반나치 투쟁 경력은 그들에게 사민당에 대한 희망과 기대의 근거가 되었다. 그렇게 '햄릿' 브란트는 새로운 정치 문화의 발전과 당원 구성의 변화로 인해 사민당의 정신적 지주이자 당 통합의 상징적 인물로 도덕적 카리스마를 발휘할 수 있었다.

'작은 걸음'을 걷는 큰 정치가

브란트의 '동방정책'은 동방에 맞서 싸우면서 시작됐다. 1957년에서 1966년까지 서베를린 시장으로서 브란트는 이미 공산주의의 위협에 맞서 자유를 옹호한 정치가로 큰 명성을 얻었다. 특히 1961년 동독이 베를린 장벽을 건설했을 때 브란트는 당시 정적이었던 콘라트 아데나워(Konrad Adenauer) 연방총리와는 달리 선거 운동도 접고 서베를린 시민들의 안전을 위해 단호하고 기민하게 대응했다. 브란트는 국제적으로나 국내적으로 신뢰와 책임의 정치가라는 명성을 얻었다.

그런 바탕 위에서 브란트의 동방정책이 탄생했다. 1963년 그는 탁월한 참모이자 '친구'인 에곤 바르(Egon Bahr)와 함께 '접근을 통한 변화'로 냉전과 분단을 극복한다는 원칙을 제시했다. 브란트는 서베를린 시장으로서 동독과 협상을 통해 '통행증 협정'이라는 의미 있는 성취를 이뤘다. 서베를린 시민들이 동베를린을 방문할 수 있도록 한 이 협정 덕분에 120만 명의 서베를린 시민들이 헤어졌던 동베를린의 가족을 만나 크리스마스를 함께 보내게 된다.

그는 수년 동안 공산주의자들과 맞서 최전선에서 싸우면서 공산 정권의 속성을 너무나 잘 알게 되었다. 그는 공산주의 지배자들을 비난하고 그들과 '대결'해서 해결될 일은 아무 것도 없음을 통찰했다. 1969년에서 1974년까지 브란트가 총리로 이끈 서독 정부는 소련과 폴란드를 비롯한 동유럽 국가들이나 동독과 협정을 맺으며 화해와 협력의 기반을 다졌다.

특히 1972년 동서독 간 기본조약은 그 후 흔들리지 않고 지속, 심화되었던 양독 간 화해와 협력의 제도적, 법적 근거가 되었다. 그것은 상대 체제와 국가를 인정하고 존중하며 공동의 협력사업들, 특히 동서독 주민들의 상호 방문과 인도적 문제의 해결, 경제와 문화 분야의 교류를 증진시키는 토대이자 동력이었다.

이 시기에 브란트는 연설에서 '현실적', '실용적', '실제적'이란 말을 항상 앞세웠다. 체제와 이데올로기의 근본적 차이를 넘어서 구체적인 인간 삶의 고통을 해결하는 데 초점을 맞추자는 호소였다. 지금 당장 해결 가능한 문제들에 집중하고 그것을 통해 신뢰를 쌓아 변화를 유도하고 더 많은 대화와 협상의 장을 여는 것이 브란트가 추진했던 동방정책의 핵심이었다.

그는 "한 걸음도 나아가지 않는 것보다는 작은 걸음이라도 나아가는 게 낫고, 특히 거창한 말만 떠들썩하게 하는 것보다는 훨씬 낫다"고 자신의 평화정치를 요약했다. 가까운 시일 내에 독일의 분단 상황이 극복되지 않는다면 일단 분단으로 인한 사람들의 고통과 희생을 최소화하는 데 집중할 필요가 있다는 것이었다.

그러려면 동독과 소련을 비롯한 동유럽 국가들의 공산 정권과 대결이 아닌 '협력'을 해야 하는 것은 너무도 당연했다. 물론 그의 동방정책은 같은 시기 미국이나 다른 서유럽의 평화정책과는 달리 현실의 안정('현상유지')만을 지향하는 것이 아니라 현실의 '변화'를 아울러 추구했다.

그런 점에서 브란트는 1989~1990년 동유럽 체제 붕괴와 독일통일이라는 거대한 전환의 초석을 놓은 인물로 가장 앞자리를 차지한다. 1990년 10월 3일 독일통일을 축하하는 연단에서 브란트가 가장 큰 환호를 받은 것은 당연했다. 한 평화정치가가 자신이 시작했던 구상과 정책이 완성되는 것을 스스로 지켜보는 것은 그에게도 축복이지만, 그를 믿고 따랐던 정치공동체의 구성원 모두에게도 행운이었다.

브란트가 평화정치가로서 빛을 발한 것은 단순히 정책 때문만은 아니었다. 그는 대화 상대를 배려하고 이해할 줄 알았으며 신중함과

연설하는 브란트(1987)

진정성을 통해 신뢰를 쌓을 줄도 알았다. 또 그는 필요한 순간에는 작은 행동을 통해 사람들을 매혹했으며 동시에 책임 있는 지도자의 모습을 보여주었다

이를테면, 바르샤바에서 무릎을 꿇은 행위는 의전으로 미리 계획된 것도 아니었고 참모들이 긴급히 속삭여서 이루어진 것도 아니었다. 그는 헌화를 하는 순간 "고개를 숙이는 것만으로는 부족하다"고 느꼈으며 "말로는 더 이상 어찌할 수 없을 때 사람들이 행하는 바로 그것을 행했다"고 고백했다.

사실 브란트가 무릎을 꿇은 그 장소는 유대인의 저항 투쟁과 관련된 곳이지 폴란드인의 희생과는 무관한 곳이었다. 또 서독 정부는 당시 폴란드 정부의 과거사 배상 요구를 받아들이지 않은 상태였다. 그렇기에 당시 폴란드 언론은 브란트의 '무릎 꿇기'에 대해 냉담했고 보도를 거의 하지 않았다.

그럼에도 그의 진정성 있는 행위로 인해 폴란드를 비롯한 동유럽 국가들은 서독 총리를 신뢰할 수 있었고 남은 문제들도 계속 협상을 통해 해결할 수 있으리라 기대했다. 총리에서 물러난 뒤에도 브란트는 유럽 평화와 사회주의 연대뿐만 아니라 '제3세계'의 빈곤 문제 해결 등에 대해서도 국제적 관심을 환기시키며 평화정치의 지평을 확장하는 데 앞장섰다.

21세기에 더욱 필요한 20세기 평화정치가

브란트는 평화정치가의 위대함이 반드시 탁월한 전망, 원대한 전략, 단호한 결단력을 통해서 이루어지는 것만은 아니라는 사실을 보

여주었다. 그것은 브란트가 전망이나 전략이나 결단력이 없었다는 뜻
은 아니다. 그것 또한 브란트의 일부다.

그러나 브란트의 인물됨은 간단치 않다. 정치가로서는 친화력이
있었지만 인간으로서의 브란트는 약점 투성이의 냉정한 인물이었다.
그는 누구에게도 쉽게 곁을 주지 않았고, 우울증과 술 중독, 여자관계
등의 사생활 문제로 줄곧 동료와 참모들의 머리를 아프게 했다.

그런 인간적 약점과 결단력 부족에도 브란트가 위대한 평화정치
가로 기억되는 이유는 현실적 실용주의를 평화정치로 구현할 줄 알았
던 정치가로서의 능력, 그리고 신중함과 진정성을 통한 신뢰 같은 덕
목을 정치문화로 끌어올린 자질이었다.

그는 항상 주저하면서 궁리했고 관찰하면서 토론했다. 그런 뒤에
는 진정성을 갖고 말과 글과 몸으로 평화의 현실적 가능성을 넓혔다.

스웨덴 스톡홀름에 있는 브란트 동상

그런 소박한 덕목과 가치를 정치적
삶으로 전환시킨 것이야말로 브란
트의 위대함이다. 아울러 그것이야
말로 20세기 평화정치가의 상에 진
정으로 부응하는 일이었는지도 모
른다.

그런 맥락에서 독일뿐만 아니라
유럽 곳곳에 자리 잡은 브란트 기념
물들을 보면 인상적이다. 이를테면
베를린의 사민당 중앙당사에 있는
3.5미터 높이의 브란트 동상은 이론
적 명석함과 투철한 사명감을 지닌
채 앞길을 향도하는 영웅적 지도자

상이 아니다. 라이너 페팅(Rainer Fetting)이 만든 브란트 조각상은 '대지에 두 발을 딛고' 어정쩡하게 서 있으며, '큰 귀'를 가지고 사람들의 말에 귀를 기울이면서 동시에 주름진 바지 주머니에 한 손을 넣고 다른 한 손은 모호한 방향으로 펼치고 있다.

브란트는 그런 친근하면서도 열린 태도로 대중들과 소통하며 사람들의 현실적 고통을 해결하는 평화를 개척했다. 21세기의 지구는 어디든 그런 평화정치가들을 더 많이 필요로 하고 있다. 그들이 제발 브란트처럼 '성공'하기를!

참고문헌

그레고어 쇨겐, 김현성 옮김, 『빌리 브란트』, 빗살무늬, 2003.

이동기, 「브란트: 민주사회주의와 평화의 정치가」, 『역사비평』 2013년 봄 호(통권 102호), 2013.

이동기, 『지도자들: 성공과 실패의 역사에서 찾는 리더의 조건』, 역사비평사, 2013.

Egon Bahr, *Das musst du erzählen. Erinnerungen an Willy Brandt*, Berlin: Propyläen, 2013.

Peter Merseburger, *Willy Brandt, 1913~1992. Visionär und Realist*, Stuttgart: DVA, 2002.

"

기본적인 시민권과 정치적 권리가 절
대적으로 지켜지는 개방적이고 다원적인
사회, 복합적 경제 사회, 과학으로 통제되
는 진보를 실현하는 사회가 나의 이상이
되었다. 그런 사회는 사회주의와 자본주
의 체제 간의 평화로운 접근('수렴')의 결
과로만 발생할 수 있으며, 열핵무기의 재
난으로부터 세계를 구원할 중요한 조건이
여기에 있을 것이라 나는 밝혀왔다.

"

-《소련과학아카데미 의장에게 보내
는 공개서한》(1980) 중

Andrej Dmitrijevich Sakharov 1921.05.21 ~ 1989.12.14

'소련 수소폭탄의 아버지'에서
'세계 인권운동의 기수'로

안드레이 사하로프

Andrej Dmitrijevich Sakharov

이름 / 안드레이 드미트리예비치 사하로프(러시아)

수상 연도 / 1975년

수상 근거 / 반핵·군축, 사상과 표현의 자유, 양심수석방과 사형제 폐지 등
당시 소련 인권 신장에 기여

수상 분야 / 인권

• 글 이문영
서울대학교 통일평화연구원 HK교수

21세기 한반도 위기가 1953년 소련의 사하로프로부터?!

　2016년 1월 6일 북한이 4차 핵실험을 단행했다. 앞선 세 차례의 실험에 비해 특히 우리를 경악케한 것은 그것이 (북한 방송 멘트를 직접 인용하자면) '주체 조선의 첫 수소폭탄 실험'이며 그것도 '완전 성공'이었기 때문이다. '완전 성공'에는 많은 의혹이 제기되었지만, 어쨌든 북한이 최종 단계의 수소폭탄은 아닐지라도, 그 '비스무리한' 무언가를 실험한 것만큼은 사실인 걸로 추정되었다. 하지만 2017년 9월 3일 6차 핵실험 후, 북한이 상당한 수준의 수소폭탄 기술을 가지고 있다는 사실을 이제 누구도 의심할 수 없게 되었다.

　왜 특히 수소폭탄이 문제되는가. 이는 핵분열에 기반한 원자폭탄에 비해 핵융합으로 얻어지는 수소폭탄의 경우, 1) 원자폭탄을 기폭제로 삼기에 그 기술의 완성 없이는 실험 자체가 불가능하고, 2) 원자폭탄보다 훨씬 가공할 위력을 지니며, 3) 소형화, 경량화가 보다 용이하여 탄두 장착 등 실전 배치의 가능성을 현저히 높인다는 점에 있다.

　그럼에도 원자폭탄이 제2차 세계대전 당시 히로시마와 나가사키에 실전 사용된 데 반해, 수소폭탄이 전쟁에 사용된 사례는 인류 역사상 아직 없다. 역설적이게도 그 이유는 원자폭탄과 비교할 수 없이 치명적인 위력을 발휘하기 때문이다.

　그럼 이 가공할 무기를 누가 처음 만들었는가. 이 지점에서 2017년 한반도의 핵위기는 60여 년 전 소련의 안드레이 사하로프에게로 소급된다. '소련 수소폭탄의 아버지'라는 별명이 말해주듯이, 그는 미국과의 군비경쟁에 뒤져 있던 소련에 수소폭탄을 안김으로써 단숨에 그 역전을 가능하게 한 인물이다.

　1953년 그의 아이디어와 주도 아래 실시된 소련의 수소폭탄 실험은 소련 최초일 뿐 아니라, 엄밀히 말해 인류 최초의 수소폭탄 실험 성공사례이기도 하다. 한 해 전인 1952년 미국이 성공한 수소폭탄 실험의 경우, 일종의 실험실용 모델의 시험에 그쳤기 때문이다.

그런데 결과가 두려워 사용할 엄두조차 낼 수 없는 이 가공할 무기를 만든 사람은 그로부터 20여 년이 흐른 1975년, 노벨평화상 수상자가 된다. 이 상의 창시자 노벨의 '운명의 아이러니'가 사하로프를 통해 다시 한 번 반복된 셈이다. 세계 최대 무기상에서 세계 최고 평화상의 제정자로 대변신한 노벨처럼, 인류 최악의 무기를 만든 사하로프가 인류 최고 평화상의 영예를 안았으니 말이다. 이런 극적인 반전은 어떻게 가능했는가. 이제 그 이야기 속으로 들어가 보자.

특권층에서 반체제 인사로

1921년 5월 21일에 태어나 1989년 12월 14일 68세를 일기로 생을 마감한 사하로프의 삶은 크게 두 부분으로 나뉜다. 27세의 젊은 나이에 수소폭탄 개발 비밀연구팀에 소속되어 연구에 매진하며 눈부신 성과를 냈던 전반기(1948~1968)와, 핵실험 금지 호소 및 반체제운동으로 비밀연구팀에서 퇴출된 후 인권운동에 투신한 후반기(1968~1989)가 그것이다. 각각이 대략 20년 정도 된다.

전반기의 사하로프가 소련 특권층인 '노멘클라투라(nomenklatura)', 그중에서도 최상위층에 속해 높은 월급과 개인 경호원, 고급 아파트와 별장을 소유하는 등 갖가지 혜택을 누렸다면, 후반기의 사하로프는 KGB의 감시 속에 수시로 도청과 수색, 구금을 당하다 급기야 7년 동안 유배되는 등, 반체제 저항자의 신산스런 삶을 살게 된다.

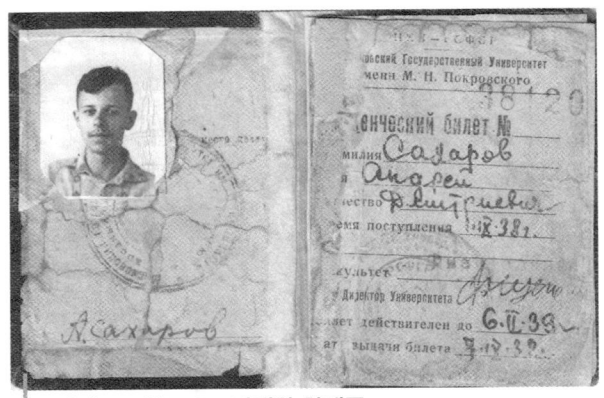

사하로프의 모스크바대학 학생증(1938)

얼핏 전혀 상반된 듯 보이지만, 뛰어난 이론물리학자이자 열핵무기 전문가였던 전반기의 사하로프는 자신이 개발에 앞장선 수소폭탄의 가공할 위력 속에 크나큰 생물학적 위험이 도사리고 있음을 이미 감지하고 있었다. 이때가 1950년대 말로, 그가 몇 차례의 수폭 및 원폭 실험을 경험한 후였다. 과학자 사하로프 속에는 이미 미래의 반핵인권운동가 사하로프가 잠재해 있었던 것이다.

과학의 도덕성, 과학자의 사회적, 윤리적 책무에 대한 사하로프의 예민한 감각은 그의 성장배경과 밀접한 관련이 있다. 그의 부계 쪽 가문은 대대로 성직에 종사해왔고, 할아버지는 변호사, 아버지는 물리학 교사였다. 특히 할아버지는 이미 1905년에 『사형제도 거부』라는 제목의 논문집을 편찬, 발간한 바 있다. 할아버지의 영향은 후반기의 사하로프가 사형제 폐지 운동에 발 벗고 나선 데서 잘 드러난다.

한편 물리학 교사이자 뛰어난 피아니스트였던 아버지 드미트리 사하로프는 아들을 학교에 보내지 않고 홈스쿨링을 할 정도로 소련 교육제도에 비판적인 지식인이었다. 사하로프가 학교에 간 것은 대학 입학을 목전에 둔 1936년으로 7학년에 바로 들어가게 된다. 그로부터 2년 후인 1938년에 그는 모스크바 국립대학 물리학과에 무시험 전형으로 입학한다. 고등학교를 우등으로 졸업했기에 가능한 일이었다.

전반적으로 사하로프의 집안 분위기는 혁명 전 러시아 인텔리 가정의 그것과 유사했다. 사하로프는 '일을 사랑하고, 일에 대한 능력을 존중하고, 서로를 격려해주고, 문학과 예술, 학문에 대한 사랑으로 가득했던' 자신의 유년시절을 따뜻하게 회고하곤 했다.

17살의 사하로프가 모스크바국립대학에서 물리학을 전공으로 택한 것은 물론 아버지의 영향이 컸다. 제2차 세계대전 중이던 1942년, 그는 대학을 우수한 성적으로 졸업하고 대학원 진학을 권유받았으나, 이를 거절한다. 독일과 필사의 싸움을 벌이고 있던 조국에 '뭔가 도움이 되는 일을 하고자' 했기 때문이다.

선천적으로 심장이 약했던 그는 자원병 선발에 몇 차례 탈락한 뒤 결국 볼가 강 인근 울리야놉스크의 군수공장에 배치된다. 거기서 그는 총탄실험용 자기장치를 발명하는 등, 소련군 무기의 질적 수준을 높이는 데 기여했다. 또 바로 거기서 첫 번째 아내인 클라브지야 비히레바(Klavdija Vikhireva)를 만나게 된다. 두 사람은 1943년 7월 10일 결혼해, 1969년 클라브지야가 위암으로 세상을 뜰 때까지 26년을 함께했다. 두 사람 사이에서 타냐, 류바, 드미트리 세 남매가 태어났다.

아내 클라브지야와 사하로프, 큰딸 타냐(1948)

1945년 사하로프는 레베제프 물리학연구소의 대학원 과정에 입학해, 당대의 저명 핵물리학자이자 1958년 노벨물리학상 수상자인 이고리 탐(Igor Tamm)의 지도학생이 된다. 이후 사하로프는 26살이던 1947년에 박사학위를, 32살이던 1953년에 〈소련과학아카데미〉 역사상 두 번째 최연소 회원이 되는 등 천재과학자로 두각을 나타내며 승승장구한다.

핵이 삶으로 걸어들어오다

대학원에 재학 중이던 1945년 8월 7일 아침, 빵을 사러 가던 사하로프는 운명적인 기사를 접한다. 벽신문에 내걸린 미국의 히로시마 원폭 기사였다. 사하로프는 이날을 다음과 같이 회상했다.

"두 다리가 휘청거렸다. 나는 내 운명과 아주 많은 사람들, 어쩌면 모든 사람들의 운명이 확 바뀌었음을 느꼈다. 삶 속으로 뭔가 새롭고 무시무시한 것이 걸어 들어왔다. 내가 마음속으로 숭배해왔던 가장 위대한 과학의 이름으로..."

이 예감은 이후 사하로프의 삶 속에 문자 그대로 실현된다. 핵무기가 그의 삶을 치고 들어와 그 중심을 차지하게 된 것이다.

1948년 지도교수인 탐과 사하로프는 소련 수소폭탄개발 비밀연구팀에 합류하게 된다. 당시 이 팀의 총책임자는 KGB의 전신인 비밀경찰조직 엔카베데(NKVD)의 수장이자, '스탈린의 개'로 악명 높았던 베리야(L. Berija)였다.

사하로프는 1946년과 1947년, 이미 두 차례나 연구팀 합류 제안을 거절했었다. 당시 사하로프는 공산당원이 아니었고 평생 그 상태를 유지했다. 아직 반체제 인사로 활동하기 전이었지만 그는 공산당이 저지른 범죄, 이를테면 무고한 사람을 체포하거나 집단화를 무리하게 강행한 점 등에 비판적이었고, 이런 이유로 공산당원이 되지 않았다. 또 무엇보다 사하로프는 지도교수 탐과 진행하던 이론물리 작업을 계속하길 원했다.

하지만 지도교수와 그가 속한 물리학연구소 단위가 이 비밀연구팀에 포괄되는 바람에 더 이상 도리가 없었다. 1948년 연구팀에 합류한 그는 1950년 연구팀의 과학자와 기술자들을 위해 특별히 조성된 도시로 옮겨가 그곳에서 연구와 실험에 진력하게 된다.

볼가 강 니즈니노브고로드 인근에 위치한 이 연구부락은 '오브젝트', 또는 '아르자마스-16'이란 은어로 불렸다. KGB 대원들이 경호원으로 근무하고, 여러 겹의 철조망에 둘러싸여 외부인의 접근이 엄격히 금지되는데다, 모든 사항이 철저히 기밀에 부쳐진 이곳은 지도상에서도 삭제된 그야말로 특급비밀단지였다. 존재하나 존재하지 않는 도시 '아르자마스-16'을 오가며 사하로프는 1948년 6월부터 연구팀에서 제명되는 1968년 7월까지 20년간 그곳에서 일하게 된다.

사회주의 노동영웅이 되다

사하로프가 비밀연구팀에 합류한 것은 무엇보다 애국심 때문이었다. 이는 제2차 세계대전 당시 그를 자발적으로 군수공장에서 일하게 만든 원동력이기도 했다. 당시 사하로프는 자신을 '새로운 과학전에 참여한 군인'에 비유하곤 했다. 하지만 그의 목적은 핵무기 개발에 사활을 걸고 있던 미국과의 경쟁에서 이기는 것, 단지 그것이 아니었다.

전쟁의 비극을 몸소 체험한 그의 최종 목적은 소련의 핵무기 보유가 가능케 할 거대한 세력균형과 그를 통한 전쟁억지에 있었다. 그는 "이 무기들이 오로지 전쟁을 방지하고 다시는 전쟁이 일어나지 않게 하는 데 사용되기를 가장 열렬히 그리고 최우선적으로 바랐다"고 당시를 회고했다.

애국심과 재능으로 무장한 사하로프는 비밀연구팀에서 혁혁한 공을 세운다. 1953년과 1955년, 1961년의 소련 수소폭탄 실험 성공은 그에 힘입은 바 크다. 특히 1953년 8월 12일 소련 최초의 수소폭탄 실험 성공은 이른바 '사하로프 슬로이카(Sakharov Slojka)'라 불리는 그의 독창적인 설계로 가능했다.

실험 성공 후 당시 소비에트 각료회의 의장이었던 말렌코프(G. Malenkov)는 즉시 연구팀장에게 전화를 걸어 "평화수호란 대의를 위해

'소련 수소폭탄의 아버지' 사하로프(왼쪽)와 '소련 원자폭탄의 아버지' 쿠르차토프(I. Kurchatov)(1958)

지대한 공헌을 한 사하로프에게 특별한 축하의 말을 전하고 포옹해주라"고 말했다.

이후 사하로프는 1954, 1956, 1962년 세 차례에 걸쳐 사회주의 노동영웅 칭호를 받게 되는데, 수상연도가 말해주듯이 핵실험 성공에 따른 포상이었다. 또 1953년의 실험 성공 후 '스탈린상'과 '레닌훈장'을, 1955년의 실험 성공 후에는 '레닌상'을 받는다. 스탈린상 수상으로 그는 모스크바 근교의 값비싼 별장과 상금 50만 루블을 받았다. 당시 소련 노동자의 월평균 임금이 110루블이었음을 감안하면, 노동자 한 명의 약 400년 치 월급에 해당하는 엄청난 금액이었다.

병사와 소녀의 죽음, 그리고 사상의 대전환

눈부신 성공과 사회 최상위층으로의 도약, 그에 따른 명예와 달콤하기 짝이 없는 여러 특혜에도 불구하고 사하로프의 회의는 커져만 갔다. '핵무기 보유를 통한 세력균형과 전쟁억지'라는 추상적 논리는 실험을 통해 눈으로 체험한 핵무기의 엄청난 위력 앞에 설득력을 잃어갔다.

사하로프는 핵전쟁은 말할 것도 없고, 핵실험이 인류에 야기할 치명적인 위험 앞에 공포를 느꼈다. 이 공포는 1955년 11월 22일 실험 당시, 폭발의 여파로 무고한 병사와 두 살 난 어린 소녀가 목숨을 잃는 사고로 현실화된다. 이 사고뿐 아니라 이를 처리하는 당국의 무성의함과 부도덕함에 그는 전율했다. 이를 계기로 사하로프의 입장은 '핵실험 반대'로 완전히 선회한다.

"우리 발명가, 과학자, 기술자, 숙련공들은 인류 역사상 가장 무서운 무기를 만들어냈다. 그러나 그 무기를 만든 우리들에게는 그 무기의 사용을 제어할 권한이 없다. 당과 군의 최고 수뇌부에 있는 사람들만이 그 무기를 사용할 결정권을 갖게 된다. 물론 나는 이것을 이미 알고 있었다... 그러나 추상적인 방법으로 어떤 것을 이해하는 것은, 삶과 죽음의 실체처럼 온몸으로 그것을 느끼는 것과는 다르다. 그 순간에 타오른 그러한 생각과 감정들이... 나의 사고체계를 완전히 바꾸어 놓았다."

핵 무기 개발자에서 핵 실험 반대자로, 다시 인권운동가로

사하로프는 핵폭발로 인한 사고가능성뿐 아니라, 핵실험이 초래할 생물학적 결과, 특히 광범위한 유전자 변형, 면역기관 이상, 암 유발 등을 야기하는 방사능 낙진의 위험성에 더욱 관심을 갖게 된다. 핵무기 개발의 일등공신인 사하로프는 깊은 책임감을 느낀다. 그는 이 사실을 널리 알려 핵실험을 멈추는 것이야말로 과학자로서 자신의 사회적, 도덕적 책무임을 깨닫는다. 이후 사하로프는 자신의 높은 직위를 적극 활용해 흐루시초프, 브레즈네프 등 소련의 최고지도자에게 직접 호소하거나, 핵실험의 위험성을 과학적으로 입증하는 논문이나 책을 저술해 핵실험 금지를 촉구한다.

사하로프의 일련의 활동은 1958년 3월 흐루시초프의 핵실험 일시 중단 선언, 1963년 8월 소련, 미국, 영국 간 '부분적 핵실험금지조약' 체결에 영향을 미쳤다. 후자의 조약은 지하를 제외한 대기권, 우주, 해저에서의 모든 핵실험금지를 주요 골자로 하며, 1996년 유엔의 '포괄적 핵실험금지조약'의 모체가 되었다.

핵실험 금지를 위한 사하로프의 활동은 흐루시초프와 브레즈네프 등 소련의 최고위급 지도자들과 끊임없는 불화를 일으켰다. 이 과정에서 사하로프는 사상과 표현의 자유의 심각한 유린, 열악한 인권상황 등 소련체제의 구조적인 모순을 온몸으로 느끼게 된다. 사실 20여 년 동안 특수시설에서 특별대우를 받으며 살았던 사하로프는 일반인들의 사정에 매우 어두웠다. 그랬던 그가 핵실험 반대 활동을 계기로 현실에 눈을 뜨게 된 것이다. 그 결과 1960년대 중반부터 사하로프의 활동은 핵문제에서 소련 내 인권 탄압, 정치범 수용소 문제 등 보다 보편적인 사회문제로 확대된다. 사하로프가 노벨평화상을 수상한 분야가 '인권'인 것은 이 때문이다.

소련체제의 모순에 대한 자각은 새로운 인식으로 이어졌다. 사회의 개혁과 개방성 확보가 핵으로 상징되는 과학기술의 진보를 세계평화로 연결하는 출발점이 되리라는 것이었다. 그의 문제작 『진보, 평화 공존, 그리고 지적 자유에 대한 고찰』은 이렇게 탄생했다.

1968년에 발표된 사하로프의 이 논문은 그의 사상을 집약적으로 반영한다. 내용은 1) 과학의 도덕적 기반을 회복해 문명의 진보를 평화의 수단으로 만들 것, 2) 그 일환으로 군비를 감축하고, 핵을 폐기 또는 감축하여 인류의 '집단자살 행위'인 핵전쟁을 막을 것, 3) 사회주의와 자본주의의 장점을 수렴해 평화적으로 공존할 것, 4) 이를 위해 먼저 소련 사회를 민주화하고, 그 핵심인 지식 및 사상의 자유를 보장할 것 등으로 요약될 수 있다.

사하로프는 이 글을 브레즈네프에게도 보냈지만, 대다수 시민은 지하출판물 형태로 접하게 된다. 이 글은 같은 해 7월 11일자 뉴욕타임스 1면에 "소련 전문가, 지적 자유를 요구하다"라는 제목으로 대서특필되었다. 논문은 서구사회의 뜨거운 관심의 대상이 되어, 이후 2

년간 전 세계에 17개 언어로 1,800만 부가 출판되었다.

소련의 역사학자이자 유명 반체제 인사인 아말릭(A. Amal'rik)은 이 논문의 내용보다도 '누가 썼는가'가 서방에 더 큰 충격을 주었다고 말한 바 있다. 그렇게 사하로프는 전 세계적인 유명인사가 되었고, 그와 동시에 비밀연구팀에서 쫓겨나게 된다.

노벨평화상: 평화, 진보, 인권의 삼각형

1960년대에 그는 다양한 사회적 의제에 걸쳐 반체제 활동을 전개했는데, 특히 1970년대 이후로는 인권 개선과 정치범 구명을 제1의 과제로 삼았다. 1966년 그는 이후 가장 대표적인 악법이 된 '형법 190조'의 입법화 반대 성명에 서명했다. 같은 해, 브레즈네프 정권의 등장 이후 스탈린 복권이 본격화되자 이에 반대하는 25인 공동서명에도 이름을 올렸다.

또 솔제니친(A. Solzhenitsyn), 아말릭, 긴즈부르그(A. Ginzburg), 갈란스코프(Y. Galanskov), 코발레프(S. Kovalev) 등 소련의 대표적 반체제 인사의 체포와 구금 등에 항의하고 그 재판과정을 함께하며 도움을 주었다. 자신의 국제적 명성을 활용해 외국 언론과 인터뷰를 많이 해 소련의 실상을 널리 알리기도 했다.

그뿐 아니라 그는 흐루시초프, 브레즈네프, 야스노프(M. Jasnov, 러시아 소비에트 최고회의 의장) 등 최고권력자들을 방문이나 전화, 편지 등으로 줄기차게 괴롭혔다. 1970년 그는 트뵤르도흘레보프(A. Tverdokhlebov), 찰리제(V. Chalidze)와 함께 〈모스크바 인권위원회〉의 발기인이 되었고, 1976년 5월에는 인권운동단체인 〈모스크바 헬싱키그룹〉의 공동문서에

〈모스크바 인권위원회〉 위원들과 함께(1973)
왼쪽부터 이고리 샤파레비치, 안드레이 사하로프, 그리고리 포들랴폴스키

서명했다.

다방면에 걸친 그의 활동은 큰 위험과 어려움을 동반한 것이었다. 그의 집은 늘 KGB의 감시 아래 있었고, 불시에 수색을 당해 원고와 논문을 빼앗겼으며, 전화 역시 도청당해 중요한 말은 필담으로 나눠야 했다. 관제 언론은 주기적으로 대대적인 '反사하로프 캠페인'을 벌여 그를 '미국의 스파이'로 맹공격하곤 했다.

1975년 사하로프의 노벨평화상 수상은 수상결정문에 쓰인 바와 같이 국가권력의 이 같은 횡포에 맞선 그의 "타협할 줄 모르고 지칠 줄 모르는 용기"를 치하하고 격려하기 위한 것이었다.

하지만 사하로프는 시상식 자리에 가지 못했다. 당국이 국가기밀 누설 위험을 빌미로 출국을 불허했기 때문이다. 시상식에는 1972년 결혼 후 평생의 반려자이자 최고의 동지로 사하로프에게 절대적인 영향을 미친 두 번째 아내 보네르(E. Bonner)가 대신 참석했다. 그녀가 대신 낭독한 사하로프의 노벨평화상 기념강연의 제목은《평화, 진보, 인권》이었고, 다음과 같이 시작되었다.

"평화, 진보, 인권 - 이 세 가지 목적은 뗄 수 없이 결합되어 있으며,
어느 하나를 무시하면 다른 어떤 것도 얻을 수 없습니다."

유배, 페레스트로이카, 그리고 죽음

1979년 12월 소련의 아프간 침공은 사하로프에게 1968년 8월의
프라하 침공만큼이나 큰 충격을 안겨주었다. 그는 즉각 이를 비판하
는 여러 성명을 발표했고, 이는 서구 언론에도 크게 보도되었다.

1980년 1월 사하로프는 길을 걷다 체포되어 재판도 없이 고리키
시로 유배된다. 동시에 사회주의 노동영웅 칭호, 스탈린상 및 레닌상
등 모든 공식적 상훈을 박탈당한다. 그와 외부세계를 잇는 유일한 끈
이었던 아내 보네르도 1984년 형법 190조 위반으로 5년의 유형을 선
고받고 고리키 시에 유배 중이던 사하로프와 합류하게 된다.

사하로프의 유배는 소련 개혁개방의 기수 고르바초프가 직접 전
화를 걸어 모스크바로의 귀환을 허락한 1986년 12월까지 7년간 이어
졌다. 이 기간 동안 사하로프는 사회활동을 이어나가는 한편, 우주론
등 과학적 저술 작업에 집중했다.

유배기간 동안 사하로프는 주로 그의 가족을 겨냥한 탄압에 세 번
의 단식(각 17, 26, 178일)으로 맞섰고, 단식과 강제입원이 반복되었다.
1985년 사하로프의 178일에 걸친 처절한 단식투쟁의 결과, 보네르는
미국에서 심장수술을 받을 수 있게 되었다. 그녀는 그곳에서 *Alone
Together*(1986)란 저서를 집필해 부부의 유배생활에 대한 생생한 기
록을 남겼다.

178일의 단식을 마친 후 부인 보네르와 함께(1985)

1986년 12월 23일 사하로프는 부인과 함께 모스크바로 돌아왔다. 시대가 달라졌고, 그는 그 어느 때보다 자유로웠다. 고르바초프의 페레스트로이카는 사하로프가 줄기차게 주장해온 개혁개방의 실현이기도 했다. 1987년 1월 사하로프가 그토록 애써왔던 정치범과 양심수의 대규모 석방이 이루어졌다. 또 처음으로 사하로프에게 외국으로의 출국이 허용되었다. 덕분에 그는 1988년 미국의 레이건과 부시, 프랑스의 미테랑, 영국의 대처 등 각국의 요인들을 만날 수 있었다.

1989년 4월 사하로프는 소련 역사상 최초로 실시된 자유복수선거에 소련과학아카데미 후보로 출마해 〈인민대표회의〉 대의원으로 선출된다. 또 소련의 새 헌법 초안을 작성하는 위원으로 선임되었다. 1989년 5월, 고르바초프는 제1차 인민대표회의의 첫 번째 연사로 등장하는 영광을 사하로프에게 주었지만, 사하로프는 고르바초프의 정책을 비판하고, 좀 더 과감한 개혁개방의 추진을 요구했다.

사하로프는 이미 『나라와 세계에 대하여』(1976)에서 펼쳤던 자신의 주장, 즉, 국유화 및 집단화의 철폐, 공산당 일당독재의 종식과 복수정당제의 도입, 소연방 구성공화국의 분리권에 대한 법적 보장 등의 주장을 펼쳐나갔다. 1989년 12월 12일 제2차 인민대표회의에서는 공산당의 지도적 역할을 규정한 '소련 헌법 제6조'의 폐기를 주장하며 고르바초프와 설전을 벌이기도 했다.

하지만 불행히도 그에게는 새로운 시대를 마음껏 누리며 뜻을 펼칠 시간이 주어지지 않았다. 사하로프는 소련 헌법 개정안 초고를 완성하고, 고르바초프와 설전을 벌인 이틀 후인 1989년 12월 14일 저녁 갑작스런 심장마비로 숨을 거뒀다. 그의 장례식에는 70만 명의 인파가 몰려들었다.

모스크바로 귀환하는 사하로프와 그를 둘러싼 인파(1986)

postscriptum

누군가 '고르바초프가 소련 개혁개방의 재단사라면, 사하로프는 그 원단을 만든 사람'이라고 했다. 소련에서 유일하게 노벨평화상을 수상한 두 사람이 마침 그들이다. 많은 것을 가졌던 사하로프가 모든 걸 버리고, 고초와 박해를 무릅쓰며 짜낸 그 원단으로 고르바초프는, 그리고 이후의 통치자들은 과연 어떤 옷을 지어냈는가. 현재 푸틴의 러시아를 목도한다면 사하로프는 과연 무어라 말할까. 막 재봉질이 시작될 즈음 그가 죽은 건 어쩌면 천만다행한 일일지도 모르겠다.

또 다른 질문도 가능하다. 사하로프가 좀 더 오래 살아 재단사의 역할까지 해냈다면 그는 어떤 옷을 만들어냈을까. 당대 그에 버금가는 반체제 거물이었지만, 그와 달리 2008년까지 장수했던 솔제니친의 운명이 참조점이 될까.

당시 반체제그룹의 쌍두마차였던 사하로프와 솔제니친은 각각 노벨평화상과 노벨문학상을 받았고, 또 각각 서구주의와 슬라브주의를 대변한다. 사하로프는 서구문명과의 대비 속에 소련의 문제점을 발견했고, 솔제니친은 서구문명의 해악(이를테면 사회주의 혁명) 속에 소련의 문제가 기원함을 주장했다. 당시 솔제니친의 변혁적 슬라브주의는 2000년대 러시아에서 보수적 민족주의로 변질되었고, '유라시아 제국의 부활'을 부르짖은 그는 푸틴과 기꺼이 우정을 나눴다. 그렇다면 사하로프는?

당시나 현재나 사하로프에 대한 비판에 빠짐없이 등장하는 주제 중 하나가 그의 친서구주의다. 그는 소련의 아프간 파병은 강력히 비난했지만, 베트남전에 대해서는 미국이 보다 단호히 대처할 것을 요구했다. 당시 소련 내에도 아프간 파병에 대한 많은 반대가 있었지만, 그럼에도 아프간에 파병된 어린 병사까지 '침략자'라 일컬은 그의

『이반 데니소비치의 하루』의 작가
알렉산드르 솔제니친(1974)

말에 당시 많은 소련인들이 마음을 다쳤다. 이런 일련의 사건들은 그의 노벨평화상 수상과 더불어 소련 언론이 反사하로프 캠페인을 맹렬히 전개하며 그 의미가 증폭, 과장되기도 했다. 그것이 아니더라도 미국과 소련이 팽팽히 맞선 냉전 시기, '소련 체제비판자에게 수여된 서구 평화상'은 그 자체 정치성 논란에서 벗어나기 힘든 것이 사실이다.

'서구의 앞잡이' 만큼 사하로프를 질기게 따라다닌 조롱은 '부인의 꼭두각시'였다. 그의 두 번째 부인 보네르가 사하로프에 끼친 영향은 그 자신도 인정한 바다. 그는 일기에 다음과 같이 썼다. "류샤(보네르)는 내게 많은 것을 일러주었고, 그게 없었다면 난 그것들을 이해하지도, 해내지도 못했을 것이다. 그녀는 대단한 조직가이고, 내 뇌를 움직인다." 사하로프가 목숨을 걸고 한 단식이 모두 보네르나, 보네르의 자식을 위한 것이었다는 점은 널리 알려져 있다. 비록 그것이 그들의 '인권'을 위한 것이었다 하더라도 말이다. 그녀와 재혼한 후 사하로프가 전처 소생의 세 남매를 홀대했다는 설은 反사하로프 캠페인의 단골메뉴였다. (사하로프와 보네르 모두 재혼이었고, 둘 다 전 배우자와의 사이에 남매를 두고 있었다). 그것이 과연 사실인가에 대해서는 좀 더 신중해야 하겠지만, '나는 고아나 다름없이 자랐다'는 친아들의 인터뷰가 '인권' 운동가 사하로프의 명성에 타격을 준 것은 사실이다.

사하로프가 보네르를 만난 것이 이미 저명 핵물리학자에서 반체제운동가로 변신한 이후였다는 점에서, '부인의 꼭두각시'나 '매 맞는 남편'이라는 조롱, 이와 관련된 성격이나 사생활 폭로는 많은 부분 소련 당국의 치졸한 흠집내기로 간주할 수 있다.

소련의 이후 운명과 관련해 더 중요한 요소는 그의 서구지향성이라 할 수 있다. 사하로프를 유배에서 풀어주고, 그가 선거에서 떨어졌음에도 재투표를 실시해 기어이 그를 인민대표 의원으로 만들어준 고르바초프에 대해 그가 반기를 든 사실은 널리 알려져 있다. 고르바초프가 소련의 개혁과 민주화를 열렬히 바랐지만, 소련의 해체는 결코 용납하려 하지 않았던 반면, 사하로프는 소련구성공화국의 분리권에 대한 법적 보장을 강하게 요구했다. 고르바초프에 대한 비판과 옐친과의 친교로 미루어 사하로프의 소련 역시 해체되었을 확률이 높다. 소련 해체 후 옐친 정부의 일방적 친서구 정책이 초래한 혼란을 생각하면, 사하로프가 살아있었다 해서 러시아의 운명이 얼마나 바뀌었을지 의심이 드는 것도 사실이다. 서구적 표준에 기반한 사하로프의 대안이 러시아 현실에 얼마나 뿌리내릴 수 있었을까. 변혁적 슬라브주의를 외친 지 불과 몇 십 년 후 반동적 민족주의로 퇴행해 '노망난 늙은이' 소리를 들었던 솔제니친의 운명이 사하로프의 미래를 정반대로 비춰준 것은 아닐까... 수많은 의문이 들지만, 이 모든 것은 추론에 불과하다.

이런 모든 회의에도, 또 反사하로프 캠페인이 악의적으로 퍼뜨린 무수한 루머들을 거슬러 또 하나의 추론을 보태어 보고자 한다. 만일 그가 살아있다면, 적어도 그의 세계시민적 감수성, 투철한 인권의식, 비상한 자기성찰 능력은 스탈린의 데자뷰로 대중을 현혹하는 푸틴에 지금처럼 속수무책인 상태로 러시아를 내버려 두진 않았을 것이다.

참고문헌

www.sakharov-center.ru

www.sakharov-archive.ru

www.sakharov-museum.ru

www.nobelprize.org/nobel_prizes/peace/laureates/1975

고가영, 「안드레이 사하로프의 서구주의와 평화 이념」, 『역사와담론』
　　　 57, 2010.

김경웅, 「사하로프의 生과 예언자적 메시지」, 『북한』 통권 219호, 1990.

안드레이 사하로프 지음, 고직만 · 김희매 옮김, 『사하로프 회고록』
　　　 상 · 중 · 하, 하늘땅, 1992.

А. Д. Сахаров, *Воспоминания в двух томах*, Москва, 1996.

А. Д. Сахаров, "Мир, прогресс, права человека", *Нобелевская*
　　　 лекция(www.sakharov-archive.ru).

А. Д. Сахаров, "Размышление о прогрессе, мирном сосу-
　　　 ществовании и интеллектуальной свободе"(www.
　　　 sakharov-archive.ru).

"

우리는 평화를 원합니다. 그래서 우리는 결코 물리적인 힘에 의존하지 않았습니다. 우리는 정의를 갈구합니다. 바로 그렇기 때문에 우리는 그렇게 집요하게 권리를 위한 투쟁을 벌이고 있는 것입니다. 우리는 신념의 자유를 추구합니다. 그래서 우리는 어느 누구의 양심도 노예화하려하지 않았으며 앞으로도 그런 시도는 결단코 하지 않을 것입니다.

"

- 《노벨평화상 수락 연설》(1983.12.11) 중

Lech Wałęsa 1843.09.29~

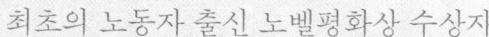
최초의 노동자 출신 노벨평화상 수상자

레흐 바웬사

Lech Wałęsa

이름 / 레흐 바웬사(폴란드)

수상 연도 / 1983년

수상 근거 / 자유노조운동으로 폴란드 및 동유럽 민주화에 기여

수상 분야 / 인권

• **글** 오승은
중앙대학교 사학과 강사

최초의 동유럽 노조 출신 수상자, 그러나...

레흐 바웬사는 1983년 노동자 출신으로는 최초로 노벨평화상을 수상하였다. 폴란드 그단스크(Gdańs) 조선소의 해직 노동자였던 바웬사는 비효율적이며 억압적인 공산통치에 맞서 1980년대에 〈자유연대노조(Solidarlity)〉를 조직, 투쟁을 이끌었다. 이는 동구권 최초의 합법적인 독립 노조로, 사회주의 진영에 커다란 파장을 몰고 왔으며, 전세계적으로 주목을 끌게 된 쾌거였다. 바웬사가 이끈 자유연대노조의 투쟁과 성공에 힘입어, 1989년 6월 폴란드는 동유럽 국가 중에서는 최초로 공산당이 정권을 이양하게 만들었다. 이후 폴란드의 선례를 따라, 헝가리, 체코슬로바키아, 루마니아 등 동유럽 전역에서 공산체제는 무너져 내렸다.

그러나 체제이행 이후 27년이 되어가고 있는 현재 자유연대노조와 그 구심점이었던 바웬사에 대한 평가는 엇갈리고 있다. 체제이행은 1989년 동유럽 민주화를 이끈 주역인 보통 사람들을 가난으로 내몰고 사회주변부로 소외시킨 반면 소수의 부르주아 특권층을 만들어 냈다. 체제이행은 민주화의 명분을 내걸고 진행되었지만, 실제 민주화는 형식적 차원의 법과 제도 마련으로 그치고, 대신 민영화를 골자로 하는 혹독한 시장개혁으로 실행되었다. 유럽연합을 비롯한 서구 기득권 세력의 압력 하에 시행된 신자유주의화는 일자리를 빼앗을 뿐만 아니라 기존의 복지 혜택마저 축소하거나 철폐하였다. 이에 동유럽 전역에서는 소수의 신흥부자 계급이 등장하는 반면, 사회주의 중산층이 해체되고 빈곤선 이하에서 사는 사람이 급증하였다.

정권을 잡은 자유연대노조 출신 정치인들은 일련의 악법 노동개혁을 통과시켜 '1989년 혁명'의 주역인 노동자들을 이행의 '최대 패배자'로 만들었다는 비판을 받고 있다. 이를 고려한다면, 바웬사를 비롯한 89년 혁명의 주역들이 사회주의 노동운동 역사에서 이룬 성과만큼이나, 사회주의 해체 이후의 한계 또한 분명하다. 27년이라는 거리를 두고 봤을 때, 바웬사의 노벨상 수상에 의의가 없는 것은 아니지만, 그럼에도 냉전 시대 자본주의 적대진영 폴란드의 노조 지도자였기에 가능했지, 만일 그가 자본주의 진영의 노조 지도자였으면 결코 받지 못했을 것이란 추측을 낳게 한다.

그단스크, 노동운동의 출발점

바웬사는 1943년 중북부에 위치한 포포보(Popowo)라는 작은 마을에서 태어났다. 아버지는 목수였으며, 제2차 세계대전 중 나치 독일

바웬사가 노동운동가로서의 새로운 인생을 맞게 된 그단스크

군에 징집되어 강제노역을 하였다. 그는 1946년 바웬사가 세 살 되던 해 제대 후 후유증으로 사망하였다. 어머니는 혼자 힘으로 바웬사를 키웠는데 '마을에서 가장 현명한 여성'이라는 평판을 들었으며, 바웬사에게도 많은 영향을 끼쳤다. 바웬사가 독실한 가톨릭 신자가 된 것도, 많은 교육을 받지 않았음에도 어려운 순간마다 현실적이면서 실용적인 지도력을 발휘할 수 있었던 것도 모두 현명한 어머니에서 배운 것이다.

바웬사는 폴란드 중북부의 작은 도시 리프노(Lipno)에 있는 직업학교를 졸업하였다. 학창 시절 평범한 학생이었다. 기계공으로 훈련을 받은 바웬사는 1961년부터 자동차 공장 기계공으로 근무하다, 1965년 입대하였다. 2년간의 군복무를 마친 바웬사는 1968년 그단스크에 일자리를 잡으며 인생의 새로운 전기를 맞이하였다. 그단스크는 바웬사와 결코 분리될 수 없는 곳으로, 바웬사가 평생의 동반자를 만나 결혼을 한 곳도, 노동조합을 조직, 저항운동에 투신하게 된 것도 모두 그단스크였다. 바웬사는 꽃가게 점원으로 일하고 있던 다누타(Mirosława Danuta)와 1969년 결혼, 8명의 자녀를 두었다. 후에 폴란드 대통령을 그만두고 바웬사 연구재단을 설립하여 세계 인권운동, 평화운동에 몸담고 있는 곳도 역시 그단스크이다.

동유럽 현실사회주의와 근대화

바웬사는 1970년 폴란드 전역에서 벌어진 대규모 시위를 계기로 노동운동에 참여하였다. 정부의 급작스러운 물가인상으로 폴란드 전역에서 시위가 촉발되던 때였다. 바웬사의 삶을 이해하기 위해선, 동유럽 현실사회주의(real socialism) 정권의 복잡한 성격을 파악할 필요가 있다. 사회주의 정권과 대중의 관계는 우리가 상식 수준에서 생각하는 것보다 훨씬 복잡다단했다.

우리는 사회주의 하면 '가게 앞에 감자와 설탕을 사기 위해 길게 늘어선 줄'이라는 이미지를 흔히 떠올린다. 그러나 사회주의 체제의 모든 면이 그렇게 회색으로 채색되는 것만은 아니다. 만일 그렇게 모든 것이 암울한 회색이기만 했다면, 동유럽 사회주의는 1989년 훨씬 이전에 무너졌을 것이다. 사회주의 정권은 억압적 독재정권의 성격과 평등지향적인 사회민주주의 특성을 모두 지니고 있다. 일정 수준 이상의 소비, 교육, 의료 등의 복지혜택이 사회 성원 모두에게 고르게 돌아가 역사상 최고의 삶이 보장됐던 것 또한 사회주의 시절이다.

사회주의 경제라고 모든 것이 늘 부족하기만 한 것은 아니었다. 공산당 집권 초기에는 '사회주의 혁명'의 달성을 위해 소비 욕구의 충족을 미래로 미뤄두고자 하였다. 그러나 이는 곧 폐기될 수밖에 없었다. 대중의 삶의 질을 담보로 한 중공업 우선 정책은 1950년대 초 중반 계속해서 사회적 불만을 일으키는 요소가 되어, 동독, 헝가리, 폴란드 등에서 대중시위를 촉발시켰다. 폴란드에선 1953년에 이어 1956년에는 10만 명의 노동자들이 참여한 대규모 시위가 발생하였다. 이에 대한 대응책으로 정치지도자들은 소비 진작 정책을 추진하기 시작하였다. 동유럽에서도 상대적으로 부유한 동독, 폴란드, 헝가리, 체코슬로바키아, 유고슬라비아를 중심으로 소비가 진작되었다.

그 결과 삶의 수준은 1960년대 말이 되면 역사상 최고수준에 이르렀다. 침대 하나를 두세 명이 나눠쓰던 동유럽 농부의 자식들은 대학을 가고, 도시에 직장을 얻어 TV와 전화, 냉장고를 갖춘 현대식 아파트에 살며, 슈퍼마켓에서 쇼핑을 하는 근대적 삶의 방식을 즐겼다.

1970년대 초반에는 동유럽 국가들이 자동차를 대량생산하게 되어, '피아트-폴란드 애국주의(Fiat-Polski patriotyzm)'라는 신조어가 시대적 상징이 되었으며, 동유럽에서는 가장 먼저 소비정책을 진작시켰던 유고슬라비아에서는 푸조-아지(푸조와 부르주아지의 합성어)라 불리는 새로운 부유한 중산층이 탄생하기도 하였다. 결혼한 부부들은 '아이를 가질 것이냐' 아니면 '차를 살 것이냐'를 놓고 선택하기도 하고, 차를 사서 주말엔 '마이카'로 여행을 떠나는 사람들이 늘어났다.

또한 동유럽 사람들은 시골에 전원주택을 짓거나 아파트 근처의 작은 땅에서 정원을 가꾸는 개인 취미활동에 몰입하였다. 이는 도시화에 따른 현상과 사적 자산의 부족, 여가를 증진시키려는 정부 정책 등이 복합적으로 작용한 결과이기도 하였다. 체코슬로바키아 반체제 인사 하벨(Václav Havel)은 이러한 사회주의체제의 특성을 독재와 소비사회가 역사적으로 조우한 '포스트-전체주의(post-totalitarian)'라고 불렀다.

〈자유연대노조〉의 상징

현실사회주의가 지닌 사회 민주주의는 바웬사 같은 하층민 자식들이 사회에 진출할 수 있는 사회적 여건을 마련 해주었다. 사회주의 근대화가 없었더라면, 가난한 목수의 아들로 태어난 바웬사가 그단스크 같은 대도시에서 일자리를 얻고, 노동운동에 뛰어들어 전국적 지도자로 부상하는 일은 일어나지 않았을런지도 모른다.

문제는 이런 사회주의의 호황이 1970년대를 거치면서 퇴조하기 시작했다는 것이다. 빠르게 이루어지던 산업화는 1970년대 들어 그 한계에 직면하여 더 이상 이윤을 내지 못하게 되었다. 재정적자를 감당할 수 없게 된 폴란드 공산당은 육류 가격을 80%나 올리는 등 기습적인 물가인상에 나섰다. 이에 대규모 시위가 발생하였던 것이다. 폴란드 공산당 정부는 사회적 불만에 대해 '당근과 채찍' 전략을 구사하였다. 일단 시위는 무력으로 진압하였으나 무력진압에는 한계가 있다는 판단 하에, 노동자들의 봉급을 40% 인상시킴으로써 물가인상분을 보충해 주었다. 또한 부족한 식자재 등은 수입을 해서라도 원활히 공급하고자 하였다.

문제는 폴란드 공산당이 그 비용을 외채로 충당했다는 것이다. 마침 1973년 석유파동 이후 서구 은행에는 오일 달러가 넘쳐나고 있었다. 그 사이에 경제는 더욱 비효율적으로 운영되었다. 우유 값을 예로 들면, 폴란드 공산당 정부는 농부에게서 1리터당 10즈워티(zloty, 폴란드 화폐단위)에 사들인 우유를 소비자들에게 4즈워티에 팔았고, 그 차액은 외채로 메웠다. 1970년대 중반이 되면서 폴란드 정부는 더 이상의 재정적자를 감당할 수 없는 지경에 이르렀고, 다시 물가인상을 발표하였다. 그러는 사이 외채는 계속 쌓여 폴란드는 이때 진 빚을 2012년이 돼서야 비로소 갚았다.

희망을 전파하는 실용주의자

36세의 전기공 바웬사를 전국적 노동운동의 지도자로 만든 것은 1980년 대규모 시위였다. 같은 해 7월, 폴란드 정부가 다시 기습적으로 고기값 인상을 발표하자 노동자들은 시위에 나섰다. 그러나 지도자도, 뚜렷한 목표도 없는 대규모 시위는 곧 사그라져 들어갔다. 이때 혜성같이 등장한 인물이 해직 노동자 바웬사였다. 소규모 노조활동에

시위 군중을 향해 연설하는 바웬사(1980)

참여한 것을 빌미로 그는 1976년 해고된 상태였다. 해직 노동자의 조선소 출입은 금지되어 있었지만, 그는 몰래 철제 울타리를 넘어 들어가 시위대를 이끌었다. 이때부터 그는 폴란드 자유연대노조의 상징이자 구심점이 되었다.

　바웬사의 최대 장점은 무엇보다도 뛰어난 현실감각이었다. 그는 아무리 복잡하게 얽힌 문제라도 단순한 말로 풀어내는 말솜씨가 뛰어났다. 그런 만큼 대중들은 바웬사를 전적으로 신뢰할 수 있었다. 바웬사는 문법에 맞지 않는 노동자의 거친 말투를 썼지만, 그럼에도 전달력과 대중친화력은 뛰어났다. 그는 대중들의 마음을 읽고 그들의 원하는 바를 명료하게 표현해 줄 수 있다는 점에서 좋은 지도자였다. 실제로 바웬사의 뛰어난 언사는 공산당 지도부와 92차례에 걸친 지난한 원탁회의를 진행할 때 빛을 발하였다. 바웬사는 공산당 대표 측 제안을 시위대가 받아들일지 거부할지, 귀신같이 예측해냈고, 그 예측은 좀처럼 빗나가지 않았다. 한 마디로 그는 현장 장악능력이 있는 힘 있는 지도자였다.

폴란드 노동운동, 더 나아가 동유럽 민주화에 대한 바웬사의 가장 큰 기여는 무엇보다도 새로운 희망을 불어넣었다는 것이다. 사람들이 좌절하여 절망에 빠져들고 있을 때, 그는 희망의 언어를 부활시켜 이를 대규모 운동으로 조직해냈다. 그는 1983년 노벨평화상 수상자 연설에서도 강조했듯이, 절망과 무기력이 지배하는 곳에서는 무언가 새로운 것을 건설하기가 불가능함을 잘 인식하고 있었다. 그렇기 때문에 아무리 어려운 상황에서도 때로는 유머로, 때로는 미래에 대한 비전으로 희망을 불어넣고자 노력했다.

바웬사는 공산당과의 싸움을 겁내지도 않았지만, 그렇다고 자유연대노조 강경파처럼 상황이 여의치 않아도 무조건 밀어붙여 일을 그르치지도 않았다. 그는 항상 희망의 불꽃을 꺼트리지 않는 법을 알고 있었고, 현실 속에서 가능한 변화의 실마리를 찾아낼 수 있는 현실적 정치 감각을 갖추었다. 이에 바웬사는 결국 강경파의 대립과 반발에도 불구하고 공산당과의 지루한 협상을 이끌 수 있었다.

바웬사의 존재감은 그의 부상 이후 그단스크 조선소에서 감지되는 밝은 분위기에서도 드러났다. 이전의 침체됐던 분위기와는 달리, 바웬사가 등장한 이후 조선소 철책에는 꽃과 폴란드 국기, 그리고 폴란드 출신 교황 요한 바오로 2세의 초상화가 내걸렸다. 시위에 참가한 사람들이 희망과 낙관주의

파업 중인 바웬사(1980)

를 되찾았음을 보여주는 징후였다. 되찾은 희망 덕분에 노조원들은 쉽게 꺾이거나 좌절하지 않고, 1980년 9월 자유연대노조를 합법성 독립노조로 인정받는 것을 포함, 21개 요구조건을 공산당 정권으로부터 받아낼 수 있었던 것이다.

두 폴란드인의 조우: 요한 바오로 2세와 바웬사

바웬사가 희망을 조직한 데는 폴란드 출신 교황인 요한 바오로 2세가 기여한 바도 컸다. 1978년 교황으로 선출되기 전까지 폴란드 제2의 도시 크라코프 주교로 봉직했던 요한 바오로 2세는 대표적 반체제 인사였다. 교황의 1979년 폴란드 방문은 제2차 세계대전 이후 폴란드의 최대 정치적 사건 중 하나로 그 정치적 파급력이란 엄청났다. 바르샤바 도심에서 열린 교황의 야외 미사에 수백만 명의 폴란드인들이 참석해 교황에 대한 무한한 애정과 지지를 드러냈다. 이는 그간 분

교황 요한 바오로 2세를 알현하고 있는 바웬사(1981)

열되었던 폴란드 여론이 처음으로 하나의 구심점을 찾았음을 의미했다. 그 자체만으로도 독실한 가톨릭 신자인 폴란드 국민에게 새롭고 가슴 벅찬 경험이었다.

교황은 바웬사와 자유연대노조에 대해 무한한 지지를 보냈다. 1981년 바웬사가 바티칸으로 교황을 알현하러 갔을 때는 30분간 독대하기도 하였다. 교황이라는 종교적 지도자와 바웬사라는 세속의 노동운동 지도자의 만남은 엄청난 에너지를 만들어냈고, 이는 폴란드 국민들이 희망을 잃지 않고 투쟁을 지속할 수 있도록 하는 강력한 원동력이 되었다.

계엄령, 구금, 노벨평화상 수상

그러나 1981년 12월, 폴란드 공산당이 계엄령을 선포하자, 자유연대 노조운동은 위기에 직면하였다. 폴란드 공산당이 바웬사가 이끄는 자유연대노조의 수립을 허용했던 것은 그만큼 수세에 몰렸기 때문이었다. 1980년 공산당은 90만 명이 탈당하며 대중적 지지가 급감한 반면 자유연대노조에는 100만 명이 새롭게 가입하며 무섭게 세를 키우고 있었다. 공산당 지도자들 사이에서는 이대로 가다가는 당이 와해돼 버릴 수도 있다는 위기의식이 팽배하였다. 이런 배경 하에서 1981년 10월 폴란드 공산당은 국방장관 야루젤스키(Wojciech Witold Jaruzelski)를 서기장으로 선출하였다. 야루젤스키는 국민화합을 부르짖으며 공산당과 교회, 그리고 자유연대노조가 힘을 합쳐 경제위기를 극복해 나가자고 요청하였다.

한편 소련은 폴란드의 정치 상황을 계속 예의 주시하고 있었다. 1945

년 이후 폴란드 정치에는 한 가지 금기 사항이 있었다. 그것은 공산당 정권 자체에 도전을 하거나, 소련과의 관계를 악화시키는 어떤 요구도 하지 않는다는 것이었다. 그러나 노조를 승인받은 도취감에 자유연대노조 내 강경파는 바웬사의 반대에도 불구하고, 이 금기사항을 어기고 말았다. 철저하게 노동운동의 기본에 충실하고자 했던 바웬사의 생각과 달리, 이들 강경파는 부패 간부 숙청과 소련군 철수 등의 민감한 정치적 사안을 요구하였다. 이러한 요구는 처음부터 개입의 빌미를 찾고 있던 야루젤스키에게 완벽한 진압의 비밀을 제공하는 셈이었다. 1981년 12월 야루젤스키가 계엄령을 선포하면서 바웬사는 구금되었다.

자유연대노조 운동에 다시 활기를 불어넣은 주요 계기는 바로 바웬사의 노벨상 수상이었다. 1983년 7월 계엄령이 해제되었고 그해 10월 노벨위원회는 바웬사를 수상자로 발표하였다. 노벨위원회는 1970년부터 13년간 끊임없이 노동운동을 전개함으로써 폴란드뿐만 아니라 동유럽의 체제 전반에 변화의 가능성을 열어준 폴란드 노동자들에게 경의를 표하는 차원에서 그 대표인 바웬사를 선정하였던 것이다.

1982년 구금에서 풀려난 바웬사는 그단스크 조선소에 다시 복직한 상태였다. 계속적으로 비밀경찰의 감시를 받으면서도 그는 비밀리에 자유연대노조 운동을 다시 재개하고 있던 중이었다. 이런 상황에서 바웬사의 노벨상 수상자 선정은 자유연대노조 운동의 사기를 진작시키는 데 역할을 하였다. 노벨평화상 역사상 노동자 출신으로서는 처음으로 상을 받은 바웬사는, 그 당시까지의 다른 수상자들과 달리 고등교육을 받거나, 뛰어난 학식, 지식을 소유한 것은 아니었다.

그럼에도 그 어려운 상황에서 절망의 늪에 빠지지 않고 희망의 실마리를 찾아낸 바웬사에 대해 국제사회는 주목하였고, 그 공로를 노벨평화상이라는 영광으로 돌려준 것이다. 상은 부인이 대신 받았다. 바웬사가 출국할 경우 공산당이 강제로 귀국을 금지시킬 수도 있다는 우려 때문이었다.

1980년대 중반을 거치면서 폴란드의 경제상황은 더욱 악화일로를 걷게 되었다. 이 와중에 1986년 소련의 지도자가 된 고르바초프는 더 이상 무력으로 동유럽 공산정권을 유지하지 않겠다는 '시나트라 독트린'을 선언하였다. 위기의식을 느낀 폴란드 공산당은 다시 한 번 바웬사와 협상 테이블에 앉아 2개월간 원탁회의를 진행했다. 그 협상안에 따라 1989년 의회선거가 실시되었고, 자유연대노조가 이끄는 신정부가 들어서게 되었다. 45년 만에 역사적인 정권교체가 이뤄지는 순간이었다. 바웬사가 노동운동에 뛰어든 지 19년 만의 쾌거였다.

성공한 사회주의 운동가, 실패한 자본주의 정치인

바웬사의 노조 지도자 성적표와는 달리 정치인 성적표는 초라하다. 1990년 대통령에 선출되었으나 1995년 재임에는 실패하였다. 그 이후에는 〈바웬사 재단〉을 수립하여 국제 평화운동에 참여하고 있다. 국제적으로는 여전히 명성을 누리고 있지만 폴란드 국내에서 바웬사에 대한 평가는 그리 우호적이지만은 않다. 우선 대통령 당선 이후 바웬사가 보여준 일련의 독선적 정치 행태는 많은 국민들에게 큰 실망감을 안겨주었

**폴란드 대통령 재직
시절의 바웬사**

다. 자유연대노조 반대파를 정치적으로 혹독하게 다루면서 1980년대 전성기 때와 같은 인기와 지지는 다시 누리지 못하고 있다.

　무엇보다도 가장 치명적인 비판은 바웬사가 공산당과 맞서 싸우며 그렇게 열심히 지키고자 했던 노동자의 권리를 정작 사회주의 해체 이후에는 지키지 못했다는 것이다. 자본주의 체제로의 이행 과정에서 그가 온 젊음을 바쳐 투쟁하고 지켜내려 했던 노동자의 권리를 외려 무너뜨리는 일련의 정책을 실행했기 때문이다. 노동자들의 일자리를 빼앗고 이들에게 주어지던 복지혜택을 대폭 축소시켜, 그나마 사회주의 근대화를 통해 보장받던 기본 생계권을 박탈하는 일련의 경제정책을 자유연대노조 정부가 앞장서서 추진했다는 것이다.

　2000년대에 실시된 폴란드의 한 여론조사에서 응답자의 3분의 2가 민주주의 하면 '실업, 가난, 경제적 계층화'를 연상하게 된다고 응답한 것은 대중의 인식을 잘 드러낸다. 바웬사는 사회주의 노동운동에서는 승리하였지만, 자본주의 정치에서는 실패한 지도자라는 비판을 면하기 힘들 것이다.

참고문헌

Lech Walesa, *The Struggle and the Triumph*: *An Autobiography*, Arcade Publishing, 1992.

http://www.rferl.org/content/walesa-70-legacy/25120886.html

http://solidarityfund.pl/en/fundacja1/o-fundacji

Desmond Mpilo Tutu 1931.10.07~

"

우리가 사는 곳은 도덕적인 세상입니다. 비록 우리가 악이나 불의, 억압이 종식되게 할 수 없을지는 몰라도 궁극적으로 정의와 선이 우세하게 될 것입니다.

우리의 이런 믿음이 옳았다는 건 아파르트헤이트가 무너지고 자유와 민주주의가 제자리로 돌아오게 된 현실이 명백하게 입증해 주고 있습니다.

"

-《마하트마 간디 글로벌 비폭력상 수상 연설》(2007.09.21) 중

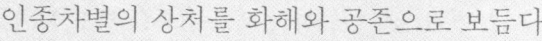
인종차별의 상처를 화해와 공존으로 보듬다

데스몬드 투투

Desmond Mpilo Tutu

이름 / 데스몬드 음필로 투투(남아프리카공화국)

수상 연도 / 1984년

수상 근거 / 반아파르트헤이트 운동 및 인종 간 평화공존 주창

수상 분야 / 인권

—

• 글 김광수

한국외국어대학교 아프리카연구소 HK교수

어머니에게 인사하는 백인 신부를 보고 충격을 받다

데스몬드 투투는 1931년 10월 7일 현재의 노스웨스트 주인 트란스발의 클레룩스도르프에서 젝커라이어 질릴로 투투(Zacheriah Zililo Tutu)와 알레타 투투(Aletta Tutu)의 네 자녀 중 둘째로 태어났다. 세 명의 형제는 모두 여자였으며 그가 유일한 아들이었다. 아버지는 클레룩스도르프 선교학교에서 교육을 받은 교사였고 어머니는 가정부로 일을 했다.

그가 8세 때 그의 아버지는 펜터스도르프에 있는 학교에서 근무를 했다. 그 학교는 아프리카인, 인도인, 이주 백인과 남아공 원주민 사이의 혼혈인종인 컬러드(Coloured) 등 여러 인종집단이 모여 있었는데 데스몬드 투투는 이때 다양한 환경에서 살아가는 여러 친구들과 폭넓은 교류를 했다. 투투는 이 때 감리교 세례를 받았으나 1943년에 모든 가족이 성공회 신자가 되었다.

투투의 가족은 그가 12살 되던 해 트란스발에서 요하네스버그로 이사했다. 이 당시 그는 결핵을 앓아 거의 1년 넘게 병원에 입원해 있었는데 영국 교구에서 파견 나온 백인 신부 트레버 허들스톤(Trevor Huddleston)을 이곳에서 만나게 된다.

하루는 그가 어머니와 함께 있을 때 신부 옷을 입은 백인이 지나가다 자신의 어머니에게 모자를 벗어 인사하는 것을 보고 믿을 수 없었노라고 훗날 고백했다. 그 당시에는 백인이 흑인 여성 노동자에게 인사를 하는 것은 상상도 할 수 없는 일이었기 때문이었다.

신부는 투투에게 책을 읽어주었으며 둘은 더욱 친한 사이로 발전하게 된다. 후에 투투는 멘스빌에 있는 신부의 교구 교회에서 시중을 드는 일을 하게 된다. 비록 병으로 인해 학교 성적이 좋지는 않았지만

요하네스버그 근처의 흑인 거주지역

교장은 그의 재능을 아깝게 여겨 대학입학자격시험을 볼 수 있는 학급에 넣어 주었다. 이후 그는 공부에만 전념했고 1950년대 말 시험에 합격했다.

투투는 의과대학에서 공부할 수 있게 되었지만 장학금을 받을 수 없었다. 자신의 가정 형편으로는 자비로 의사 교육을 받을 수 없었기에 결국 그는 아버지와 같은 교사의 길을 가게 되었다. 그는 1951년 프리토리아 외곽에 있는 반투노말 대학에서 교사가 되기 위한 공부를 시작했다. 1954년에 교사 자격증을 획득하고 요하네스버그의 반투 고등학교와 모개을 시에 있는 문시빌 고등학교에서 교사로 재직했다.

최초의 흑인 주교가 되다

1955년 데스몬드 투투는 남아프리카 대학교에서 학사 학위를 취득했는데, 이때 그를 도왔던 사람 중 한 명이 후에 〈범아프리카주의 자회의(Pan Africanist Congress)〉 의장을 지낸 로버트 소부퀘(Robert Mangaliso Sobukwe)였다. 그러나 투투는 인종차별적인 '반투 교육법(Bantu Education Act)'을 실시하려는 남아공 백인 정부의 새로운 교육정책에 반대하여 사직을 하게 된다.

문시빌에 있는 동안 고심 끝에 성직자의 길을 가기로 결심한 그는 1955년 크루거스도르프에서 부제의 보조가 된다. 1958년에는 세인트 피터스 신학대학에 입학하고 이곳에서 매우 훌륭한 학생이란 평판을 얻게 된다. 1960년 12월 그는 이 대학에서 부제로 임명되었고 이듬해 베노니 지역의 세인트 올번스 교회에서 사제로 첫발을 내디뎠다.

투투는 1962년 9월에 신학 공부를 더 하기 위해 런던으로 갔다. 그는 〈세계교회협의회(World Council of Churches)〉의 장학금을 받아 영국에서 공부할 수 있었다. 런던의 유학생활은 억압적인 아파르트헤이트에서 해방된 투투와 그의 가족에게 더할 나위 없이 즐거운 시간이었다. 그는 영국 런던의 킹스칼리지에서 1966년까지 신학 학사와 석사 학위를 받는다.

데스몬드 투투는 남아공의 신학교육 발전을 위해 노력했다. 영국에서 학위를 마치고 남아공에 돌아온 그는 이스턴 케이프 주의 앨리스에 있는 연방신학교에서 신학을 가르치기 시작했다. 1967년에는 포트하레 대학교의 신부로 임명되었다. 앨리스에 있는 동안 박사학위 공부를 시작했으나 마치지는 못했다. 또한 1970년에서 1972년까지 보츠와나, 레소토, 스와질란드 대학교에서 초빙을 받아 강의를 했다.

1972년 투투는 세계교회협의회 신학교육기금의 부이사장이 되어 다시 영국으로 갔다. 신학교육기금은 개발도상국의 신학교육 발전을 위해 1960년 런던에서 만들어진 조직이다. 그는 3년 뒤인 1975년 남

아공으로 돌아와 요하네스버그 최초의 흑인 성공회 참사회 의장이자
세인트메리 대성당의 주교가 되었다.

동료 교사와 결혼하여 네 아이의 아버지가 되다

1955년 7월 2일 투투는 대학 때 알게 된 교사 노말리조 레아 선사
네(Nomalizo Leah Shenxane)와 결혼했다. 레아는 데스몬드 투투의 아버
지가 가르쳤던 제자들 중에 가장 총명한 학생이었다. 원래 그녀의 꿈
은 간호사였지만 모교인 문시빌 고등학교의 교장이자 장차 시아버지
가 될 젝커라이어 투투의 권유로 교사의 길을 걷게 된다. 레아는 요하
네스버그의 세인트토마스 대학을 졸업한 뒤 자신이 다녔던 고등학교
로 돌아와 교사가 되었다.

투투 부부는 슬하에 모두 4명의 자녀, 트레버 탐상카, 테레사 탄데
카, 나오미 논톰비, 그리고 음포 안드레아를 두었다. 넷째 아이는 그
가 영국에서 유학하던 1963년에 태어났다.

1975년 이후 데스몬드 투투가 살았던 투투 하우스

1975년에 그는 소웨토의 투투 하우스(Tutu House)로 이사했다. 그가 이사한 빌라카지 가는 넬슨 만델라의 집이 있는 곳으로 잘 알려진 지역이었다. 이 거리는 두 명의 남아공 노벨평화상 수상자를 배출한 기념비적인 거리로도 유명하다.

투투의 아들인 트레버는 1989년 남아프리카 항공 비행기에 폭발물이 실렸다는 허위 신고를 한 혐의로 이스트 런던 공항에서 체포되었다. 그는 1991년 항공법 위반 혐의로 유죄 선고를 받았다. 폭발물 위협으로 요하네스버그에 있던 비행기는 3시간 넘게 묶여 있었고 남아프리카 항공은 약 2만 8,000랜드의 손실을 입었다.

보석금으로 1만 5,000랜드를 선고받은 트레버 투투는 항고했지만 받아들여지지 않았다. 1993년에 죄의 대가를 치르는 대신 경찰의 추적을 피해 달아난 그는 결국 1997년 8월 요하네스버그에서 체포되었다. 그는 〈진실과화해위원회〉에 사면을 요청해 1997년 결국 사면을 받았는데 진실과화해위원회 의장인 아버지의 배경 때문이라는 비난을 받았다.

나오미 투투는 미국 코네티컷 주의 하트포드에 본부를 둔 〈남부 아프리카의 발전과 구호를 위한 투투 재단(Tutu Foundation for Development and Relief in Southern Africa)〉을 설립했다. 그녀는 미국 켄터키 대학교의 패터슨 외교·국제통상대학에서 공부했다. 이후 아버지를 따라 인권문제에 관심을 갖고 활동했다.

또 다른 딸인 음포 투투는 2004년 미국에서 성공회 신부가 되었다. 그녀는 〈기도와 순례를 위한 투투 연구소(Tutu Institute for Prayer and Pilgrimage)〉의 창립자이자 소장이다. 또한 세계에이즈동맹의 의장을 맡고 있다.

1997년 투투는 전립선암 선고를 받았고 미국에서 성공적으로 치

투투 주교와 그의 딸 음포 안드레아

료를 마쳤다. 그 뒤로 2007년 설립된 남아프리카공화국 전립선암 재단의 후원자가 되었다.

아파르트헤이트의 종식을 위하여

투투는 '소웨토 민주화운동'이 일어날 당시 주교 총대리로 일하고 있었다. 이 민주화운동은 1976년 6월 16일 소웨토의 학생들이 백인 정부가 아프리칸스어를 교육어로 정한 정책에 반대해 시위를 벌이며 시작되었다. 소웨토의 올란도에서 약 2만 명이 넘는 학생들이 시위에 참가했는데 경찰은 해산을 위해 무력을 사용했다. 최초의 희생자는 13세의 헥터 피터슨(Hector Pieterson)으로 올란도 서부고등학교에서 경찰이 쏜 총에 맞아 사망했다. 이후 시위는 점점 심각한 폭동으로 발전했다. 소웨토와 인접한 비트바터르스란트와 프리토리아는 물론이고,

경찰의 무력 진압으로 사망자가
생기면서 대규모 시위로 확대된
소웨토 항쟁

나탈과 케이프까지 시위가 퍼져나갔다. 폭력이 확산됨에 따라 흑인뿐 아니라 컬러드와 인도인들까지 가세하게 되었다. 봉기는 인종폭력으로 발전해 1960년 샤프빌 사건의 규모를 넘어서게 되었다. 1995년 아프리카민족회의 정부는 이 날을 '청년의 날(Hector Pieterson)'로 정하고 국가 공휴일로 선포했다. 헥터 피터슨이 사망한 지 29년이 지난 2005년, 그가 쓰러졌던 장소에 '헥터 피터슨 박물관'이 지어졌다.

데스몬드 투투는 경찰의 발포로 학생들이 사망했다는 소식에 현장으로 달려가 그들을 대변했다. 그는 민주화운동 이후 〈소웨토에서 조직된 부모들의 단체(Soweto Parents Crisis Committee)〉에서 중요한 역할을 했다.

1976년 소웨토 민주화운동 이후 그는 남아공에 대한 경제적 보이콧을 국제사회에 촉구했다. 미국 레이건 정부는 제재조치에 반대하며 적극적 개입정책을 추진했는데 이에 대해 그는 강력히 비판했다. 투투는 외국의 투자 철회로 경제상황이 악화되고 흑인들이 일자리를 잃게 되더라도 '목적이 있는 고통'을 감수해야만 한다고 주장했다. 그는 케이프타운에서 약 3만 명이 참여한 평화행진을 조직했다.

소웨토 민주화운동 이후 그는 레소토 주교직을 제안받았다. 많은 고민을 했지만 가족과 동료의 적극적인 지지로 1976년 7월 11일 주교가 되었으며 1978년까지 봉직했다. 1978년에는 최초로 〈남아프리카교회협의회(South African Council of Churches)〉의 흑인 사무총장이 되었다.

이때부터 투투는 남아공을 벗어나 전 세계로 활동범위를 넓히게 되었다. 정의와 화해, 아파르트헤이트의 종식은 남아프리카교회협의회의 주요 목표가 되었다. 그는 자신의 지위를 발판 삼아 반아파르트헤이트 운동을 활발히 전개할 수 있었다. 이후 투투의 지도력을 바탕으로 남아프리카교회협의회는 남아공에서 영적, 정치적으로 중요한 조직으로 떠올랐다. 투투와 남아프리카교회협의회는 백인 사회와 정부에 도전했고 아파르트헤이트의 희생자를 지원하는 일에 힘을 기울였다.

아파르트헤이트 체제의 부당함을 주장하는 그의 행동은 논란에 휩싸일 수밖에 없었고 백인 정부에겐 눈엣가시 같은 존재가 되었다. 남아공 백인 정부는 수년 동안 그가 해외로 여행할 수 없도록 여권을 발급하지 않았다.

1982년 9월에야 그는 여행증명 서류를 발급받아 아내와 함께 미

미국 백악관에서 레이건 대통령의 영접을 받는 데스몬드 투투

국을 방문할 수 있었다. 방문 당시 그는 미국인들에게 알려지지 않은 인물이었던 넬슨 만델라와 올리버 탐보(Oliver Tambo)를 소개했다.

1983년에는 비인종적, 반아파르트헤이트 조직인 〈통일민주전선 (United Democratic Front)〉이 결성되는 데 주도적 역할을 했으며 후에 강력한 후원자가 되었다. 통일민주전선은 남아공 내 600여 개 종교, 노동, 청년단체를 규합하여 회원이 150여 만 명에 달했다. 특히 컬러드인들이 적극적으로 참여했다. 통일민주전선은 아프리카민족회의와 깊은 유대를 갖고 반아파르트헤이트 운동의 중심 역할을 했다. 그의 활동 뒤에는 아내 레아의 전폭적인 지지가 있었다. 그녀는 남아공 국내 노동자의 지위 향상을 위해 노력했으며, 〈남아프리카공화국노동자연합 (South African Domestic Workers Association)〉을 결성하는 데 많은 도움을 아끼지 않았다.

투투는 국내는 물론 외국에서도 저술활동과 강연을 통해 아파르트헤이트 정책의 부당함을 알리려고 노력했다. 아파르트헤이트에 대한 투투의 반대는 너무나 단호해서 아파르트헤이트 정책을 곧잘 나치즘에 비교해 설명하곤 했다.

이러한 활동을 막기 위해 백인 정부는 그의 여권을 두 차례나 말소했다. 그리고 항의 행진을 주도한 이후 1980년에 잠시 수감을 하기도 했다. 그러나 투투의 비폭력 노선과 고조되는 국제사회의 여론으로 남아공 백인 정부는 그를 강력하게 제지할 수는 없었다. 투투는 아프리카민족회의의 폭력적인 반아파르트헤이트 전술에 매우 부정적인 입장이었으며, 공산주의와 테러리즘을 거침없이 비판하기도 했다.

인종 간 화합을 위한 '무지개 국가'

1990년 투투는 웨스턴케이프 대학교의 부총장이었던 자커스 게르웨(Jakes Gerwel) 교수와 함께 〈데스몬드 투투 교육재단(Desmond Tutu Educational Trust)〉을 설립했다. 이 재단은 교육발전 프로그램을 지원하고 교육에 필요한 건물을 지원하려는 의도로 만들어졌다.

1994년 투투는 국가와 국민을 통합하려는 뜻에서 '무지개 국가(Rainbow Nation)'를 제안했다. 무지개 국가는 다양성 속의 통일을 뜻하며, 인종적 차이와 문화적 폐쇄성에 기초한 남아공의 과거를 떨쳐낼 필요성을 상징적으로 드러내고 있다.

투투는 인종 간 분쟁을 막으려는 의도에서 중재자로 활동했다. 그는 1993년 4월 19일 남아프리카공산당의 지도자인 크리스 하니(Chris Hani)가 암살당한 후 그의 장례식에 참석해, 평화롭게 아파르트헤이트를 종식시켜야 한다고 역설했다. 투투는 이날 모여든 12만 명의 군중 앞에서 "우리 모두 자유로워질 것이다!", "흑인과 백인이 함께!" 등의 구호를 외치며 인종 간의 화합을 호소했다.

〈진실과화해위원회〉의 의장이 되다

남아공은 국민당이 집권한 1948년부터 시행된 아파르트헤이트 정책을 1991년에 결국 폐지했다. 특히 1990년 넬슨 만델라가 석방되면서 백인 정부와 협상이 이루어져 보복이 아닌 화해에 의한 공존이 목표가 되었다. 그리고 1993년에 임시 헌법인 '국가통합과 화해증진법'이 제정되었다.

1994년에는 남아공 최초의 '다인종 선거'가 실시되었고, 선거 결과 만델라가 대통령에 선출됨으로써 평화적인 정권교체가 이뤄졌다. 만델라 정부수립 이후 국가통합을 위한 가장 우선적인 해결 과제가 '인종간 화합'이었다. 이를 위해 1995년 '국가통합과 화해 증진법' 34조에 의거해 진실과화해위원회가 설치되었고 투투가 의장으로 임명되었다.

진실과화해위원회의 임무는 샤프빌(Sharpeville) 대학살이 일어난 1960년 3월 1일부터 1994년 5월 10일까지의 중대한 인권 침해를 조사하고 사실을 확인하는 것이었다. 1960년 3월 21일 발생한 샤프빌 대학살은 앨버트 루툴리가 이끈 아프리카민족회의와 범아프리카주의자회의가 주도한 통행법 반대 시위의 진압과정에서 일어났다. 당시 반아파르트헤이트를 외친 시위대 69명이 총에 맞아 숨지고, 약 180명이 부상을 입었다. 진실과화해위원회의 조사는 가해자의 책임을 면제하고 피해자에 대한 보상을 제안하는 것을 목적으로 하고 있었다.

진실과화해위원회는 과거사를 규명함으로써 이 나라가 진실을 인정하고, 다민족 공존의 민주적인 미래를 열어 나가기를 기대했다. 진실과화해위원회의 우선적 목적은 그동안 자행된 살인과 총체적 인권유린의 사실을 공개함으로써 화해를 촉진시키는 것이었다. 진실과화해위원회의 궁극적인 목표는 남아공에서 1960년대 이후에 자행된 총체적 인권유린의 본질과 이유, 상황에 대한 가급적 완벽한 진실의 규명이었다.

그리고 이러한 과정을 통해 진실과화해위원회는 국가적 화해와 협력을 달성하고자 했다. 다른 국가들과 달리 남아공의 진실과화해위원회는 단지 가해자들에 대한 사면을 허가하는 것에만 중점을 두지 않고 피해자들의 진술에 귀를 기울이고, 피해자들에 대한 배상과 사회 복귀를 도모하고, 나아가 가해자와 피해자의 관계를 회복시키고자 노력했다.

또한 진실과화해위원회는 아파르트헤이트 시대에 발생한 숨겨진 역사적 사실을 밝힘으로써 깊이 양분된 국가가 과거를 향해 발언할 수 있는 새롭고 더 나은 방법을 실증하기 위해 노력했다. 이러한 과정은 복수와 용서, 승자의 정의와 역사의 망각 사이의 행로를 나아가는 것이었다.

진실과화해위원회는 인종차별과 억압으로 인해 심각한 분열을 겪고 있는 남아공 국민들에게 용서와 화해의 분위기를 조성했다. 그럼으로써 인권유린이 다시는 발생하지 않도록 인권문화를 개척하는 데 기여했다. 진실과화해위원회의 치유는 인권유린 피해자들의 개인적, 정신적 충격에 대한 치유, 가해자의 죄과에 대한 치유, 나아가 국가의 도덕적, 역사적인 차원의 치유였다.

진실과화해위원회가 본래의 목적인 개인적, 국가적 화해를 효과적으로 성취하기 위해서는 관련자들뿐 아니라 대다수 국민이 신뢰할 수

전 세계의 진실과화해위원회를 보여주는 세계지도

있는 편견없는 사람들로 구성되는 것이 무엇보다 중요했다. 일반적으로 진실과화해위원회의 위원들은 남아공을 대표할 수 있는 사람들이라고 인식되었고, 각종 사안을 공명정대하게 다루려고 노력했다. 그런 의미에서 남아공의 양심과 도덕이란 상징적 의미를 갖는 데스몬드 투투가 위원장이 된 것은 당연한 일이었다.

투투는 진실과화해위원회에 대해 다음과 같이 설명했다. "이것은 가해자들에게 그들이 치러야 할 대가를 삭감해 준 것이 아니다. 대중 앞에 나와야 하는 것은 그 자체로 매우 큰 대가이다. 피해자들은 공식 토론회에 나와서 자신들의 이야기를 발언할 기회를 얻었다. 그것은 우리가 절대로 계산할 수 없는 가치를 지닌 어떤 것이다. 가장 어려운 일은 과거를 기억하고 또 잊는 방법이다. 집단적인 기억상실을 통해 힘들었던 과거를 무조건 잊는 것이 아니라 과거를 청산하고 새로운 역사를 만들기 위해 잊는 것이 중요하다".

거의 3년에 달하는 조사 끝에, 진실과화해위원회는 1998년 10월 29일 만델라 대통령에게 최종 보고서를 전달했다. 진실과화해위원회는 집단 사이의 적대감보다 화해가 국가 건설에 필요하다는 공감대를 형성하고, 국가에 대해 모든 국민이 공통의 정체성을 갖도록 하는 데 기여했다. 또한 분쟁 이후의 과정을 밟은 많은 나라에서 남아공의 진실과화해위원회는 중요한 모델이 되었다.

투투가 수백만 남아공인에게 자행된 잔학행위에 대한 사과를 너무 쉽게 받아들였다고 비난하는 이들도 있다. 그러나 투투의 노력이 남아공의 상처를 치유하고 일치된 국민의식을 심어 주었다는 데 대다수가 동의하고 있다.

남아공의 도덕과 양심

투투는 진정한 '남아공의 도덕과 양심'이라고 할 수 있다. 전 대통령 만델라는 그를 두고 "날카로울 때도 있지만 대체로 부드럽고, 결코 두려워하지 않으며 유머가 거의 없는 사람이다. 데스몬드 투투의 목소리는 언제나 조용하면서도 또렷하게 다가온다"고 평했다.

만델라가 은퇴한 이후 투투는 새로운 남아공 정부에 대해 비판적인 입장을 견지했다. 그는 아프리카민족회의가 주도하는 정부의 부정부패와 비효율성에 대해서도 날선 비판을 했다. 가난에 대한 정부의 대처가 미흡함을 지적했으며 남아공에서 발생한 흑인주거지역의 제노포비아 관련 폭력에 대해서도 우려를 표명했다.

남아공이 흑인정부로 바뀐 지 10년이 지나면서 투투는 매년 열리는 〈넬슨 만델라 재단〉 강연에 초대되었다. 2004년 11월 23일 그는 "너희를 떼어낸 바위를 우러러보고 너희를 파낸 동굴을 쳐다보아라 (이사야서 51장)"라는 주제로 강연을 했다. 이 강연에서 투투는 아프리카민족회의와 정부를 맹렬히 비난했으며, 남아공 2대 대통령 타보 음베키(Thabo Mbeki) 사이에 논쟁이 벌어지게 되었다. 투투는 소위 '비판할 권리'를 주장했다. 논쟁 이후 〈남아프리카공화국학생회의(Congress of South African Students)〉 의장은 투투가 '헐거운 대포'이며 '중상모략을 하는 사람'이라고 비난하기도 했다.

2013년 5월 10일에 투투는 더 이상 아프리카민족회의에 투표하지 않을 것이라고 말하며 아프리카민족회의가 불평등, 폭력, 부정부패에 빠져 있다고 비판했다. 그는 "아프리카민족회의는 억압으로부터 자유를 얻기 위한 투쟁에 대해 아주 좋은 교훈을 우리에게 주었다. 그러나 자유를 위해 싸운 아프리카민족회의가 정치정당으로 쉽사리 변화할 수 없다는 것을 현재 보여주고 있다"며 쓴소리를 했다.

투투는 남아공의 정치 엘리트들에 대해서도 신랄한 비판을 가했다. 아파르트헤이트가 종식된 이후 10년이 지났지만 가난을 경감시키지 못했다며, 흑인들의 경제력을 향상시키려는 흑인우대 정책은 흑인 다수가 아닌 오직 소수의 엘리트 흑인에게만 이익을 주는 것이라고 말했다.

투투는 가난한 사람들에게 한 달에 16달러의 보조금을 주는 정부의 정책을 비난하며 신중하게 고려할 필요가 있다고 주장했다. 그는 의회에서 통과되지 못한 '기본소득 프로젝트'를 지지했다. 16달러의 보조금으로는 기본소득을 보장할 수 없다면서 최소한 2,000랜드는 되어야 한다고 말했다.

투투는 1994년 출범한 남아공 정부가 재선 이후 부정부패로 만연해 있다고 지적하면서 아프리카민족회의와 정부가 부정부패 척결에 나설 것을 촉구했다. 2006년 8월에 그는 공식적으로 성범죄와 부정부패로 고발된 제이콥 주마(Jacob Zuma, 남아공의 현 대통령)에게 아프리카민족회의의 의장선거에 나가지 말 것을 종용했다. 만약 주마가 범죄

뉴욕의 세인트 제임스 성당에서 아이들에게 강론을 하는 투투 주교(2010)

로 기소된 이후에 지도자가 된다면 정상적인 지도력을 발휘할 수 없을 것이라고 공식적인 강연에서 주장했다.

투투는 남아공뿐 아니라 외국의 정치적 문제에 대해서도 비판적인 언급을 했다. 특히 그는 남아공 정부가 중국의 눈치를 보느라 달라이 라마에게 비자 발급을 연기한 사실을 들며, 많은 사람들이 투쟁하여 획득한 민주주의 정신이 약화되었음을 지적했다. 그는 또한 짐바브웨의 평화를 호소했고 로버트 무가베(Robert Mugabe) 짐바브웨 대통령과 그의 정부를 남아공의 아파르트헤이트 정권에 비유하기도 했다.

그는 또한 팔레스타인과 동티모르, 관타나모 수용소와 미얀마의 인권남용에 대해서도 깊은 관심을 보였다. 특히 노벨평화상 수상자인 아웅 산 수치 여사의 석방을 촉구했다. 데스몬드 투투는 세계적인 지도자이자 원로로 화해를 위해 중요한 역할을 하였으며 도전적인 목소리를 낸 인물로 평가받고 있다.

남아공을 넘어 세계의 원로로

데스몬드 투투는 1996년 케이프타운의 대주교 자리를 사임하고 진실과화해위원회 업무에 집중했다. 그는 이후 명예 대주교에 위촉되었는데, 이는 성공회 역사상 매우 이례적인 일로 큰 영예라 할 수 있다. 넬슨 만델라는 1996년 투투의 은퇴를 기념하여 "우리나라에 헤아릴 수 없는 기여를 한 분"이란 말로 그를 칭송했다.

퇴임 이후에 투투는 민주주의와 자유, 인권 분야의 세계적인 활동가로 일했다. 그는 진실과화해위원회의 후신인 〈정의와화해연구소(Institute for Justice and Reconciliation)〉의 후원자가 되었으며 매년 '남아프

투투와 만델라가 주도한 세계원로회의

하단 왼쪽에서 두 번째가 투투 주교

리카공화국화해상(South African Reconciliation Award)'을 발표하고 있다.

2006년 투투는 〈플랜 인터내셔널(Plan International)〉이 조직한 전
세계 어린이 인권운동에도 참여해, 모든 어린이를 출생과 함께 등록
시킬 것을 촉구했다. 등록되지 않은 어린이는 공식적으로 존재하지
않으며 재난과 밀거래에 취약하기 때문이다.

투투는 교육발전에도 많은 관심을 기울여, 아프리카의 교육발전을
위해 노력하는 NGO 단체인 〈링크커뮤니티개발(Link Community Devel-
opment)〉을 후원하고 있다. 또한 노벨평화상 수상자와 함께하는 평화
학교 〈피스잼(PeaceJam)〉의 회원으로도 활동했다.

2007년 7월 18일 넬슨 만델라는 요하네스버그에서 지미 카터, 코
피 아난, 메리 로빈슨 등과 함께 세계원로회의를 출범시켰다. 데스몬
드 투투는 이 원로회의 의장으로 선출되었다. 그는 높은 도덕성과 용

기를 갖춘 전 세계의 원로들이 세계적인 이슈에 대해 비판적 의견을 개진해야 한다고 주장했다.

이에 따라 원로회의는 분쟁지역에서 평화적인 해결책을 제시하며 인간의 고통을 대변하고 있다. 투투는 아파르트헤이트의 폐지 이후 억압받는 사람들의 인권 보호에 앞장섰다. 그는 에이즈, 결핵, 성차별, 동성애 등에도 관심을 쏟았다.

1993년 투투는 케이프타운 올림픽 유치위원회의 후원자가 되었으며 1994년에는 〈군사 및 핵협력에 대항한 세계운동(World Campaign Against Military and Nuclear Collaboration)〉, 〈비콘 밀레니엄(Beacon Millennium)〉, 그리고 〈아일랜드 행동(Action from Ireland)〉을 후원했다. 또한 〈아메리칸 하모니 어린이재단(American Harmony Child Foundation)〉과 남아공의 〈호스피스 완화치료연합(Hospice Palliative Care Association)〉의 후원자가 되었다.

투투는 79세가 되던 2010년 10월에 모든 공식 활동에서 은퇴하겠다고 선언했다. 그는 많은 시간을 공항과 호텔에서 보냈다며 앞으로는 가족과 함께 집에서 독서와 저술활동, 기도와 묵상으로 시간을 보내겠다고 말했다. 이때를 기점으로 투투는 모든 공식 활동을 중지했다. 2011년 2월부터는 1주일에 한 번만 사무실에 출근했다. 2011년 5월 23일 미국 메사추세츠 주의 슈르즈버리에서 그는 남아공 외부에서 행하는 마지막 공식 연설을 했다.

수많은 수상기록

투투 주교는 1984년에 노벨평화상을 수상했고 달라이 라마는 1989

년에 수상했는데, 종교계의 노벨상이라 불리는 템플턴상은 2012년에 달라이 라마가 먼저 수상하고 투투 주교는 이듬해인 2013년에 수상했다. 2015년 영국의 권위 있는 명상 전문 잡지 《왓킨스(Watkins)》가 발표한 '가장 영향력 있는 영적 인물 100인'에 달라이 라마가 1위로 선정되었고 투투 주교도 5위에 올랐다.

그 외에도 너무 많은 상을 받아 일일이 거론하기 어렵지만 주목할 만한 상으로 다음과 같은 것들이 있다. 1986년 '슈바이처 상(Albert Schweitzer Prize for Humanitarianism)', 1987년 '지상의 평화상(Pacem in Terris Award)', 1999년 '시드니 평화상', 2007년 '간디 평화상', 2009년 '미국의 대통령 자유메달(Presidential Medal of Freedom)' 등이다.

참고문헌

Desmond Tutu, *No Future Without Forgiveness*, 2000.

John Allen(ed.), *Archbishop Desmond Tutu: The Rainbow People of God*, 1994.

https://en.wikipedia.org/wiki/Desmond_Tutu

http://www.tutu.org/home

"

유엔 평화유지군은 국제법에 일치하는 방식과 관대한 자세로 행동할 책임이 있습니다. 지금까지 활동한 바로는 평화유지군이 분쟁문제에 올바른 해결책이 되어왔습니다. 노르웨이 노벨위원회는 평화유지활동이 유엔을 설립한 목적을 실현하는데 기여하는 방향으로 전개될 것이라고 믿습니다. 특별히 평화유지군에 참여한 청년들에게 경의를 표합니다. 그들은 유엔의 목적을 실현 가능하도록 해주었습니다.

"

- 노르웨이 노벨위원회 위원장 에길 아르빅(Egil Aarvik)(1988)

군대가 노벨평화상을 받다

유엔 평화유지군

UN Peacekeeping Forces

이름 / 유엔 평화유지군

수상 연도 / 1988년

수상 근거 / 평화 중재 및 평화 유지

수상 분야 / 국제 분쟁 조정

•글 서보혁

서울대학교 통일평화연구원 HK연구교수

1988년, 군대가 노벨평화상을 받다

1988년 민주화 직후인 한국에서 제24회 하계 올림픽이 열렸다. 서울 올림픽은 냉전 해체와 세계평화의 도래를 상징하는 듯 했다. 1980년 모스크바 올림픽과 1984년 LA 올림픽은 각각 냉전 대결 분위기로 인해 미국, 소련과 일부 동맹국들이 번갈아가며 불참했다. 그런데 서울 올림픽에는 세계 거의 모든 나라들이 참가했던 것이다.

냉전의 여파는 미소 강대국들에게는 외교적 대결 정도를 의미했지만, 제3세계 분쟁지역에서는 생존의 문제였다. 노벨평화상 선정을 주관하는 노르웨이 노벨위원회가 1988년 수상자로 〈유엔 평화유지군〉을 선정한 것도 위와 같은 배경이 있었다.

그러나 냉전 해체가 곧 평화를 의미할지는 미지수였다. 유엔 평화유지군은 분쟁지역에 처음 배치된 1948년부터 1988년까지 53개국

아이티에 파견된 브라질 평화유지군(2007)

에서 50만 명 이상이 작전을 수행했고 그 중 733명이 목숨을 잃었다. 1988년만 해도 중동, 카슈미르, 키프로스, 콩고, 서뉴기니 등 전 세계 15개국에 평화유지군이 파견되어 활동을 하고 있었다.

노벨평화상은 개인이나 단체가 받지만 군대가 이 상을 받은 것은 유엔 평화유지군이 유일무이하다. 1988년 12월 10일, 하비에르 페레스 데 케야르(Javier Pérez de Cuéllar) 유엔 사무총장은 오슬로에서 유엔 평화유지군을 대표해 노벨평화상 수상연설을 하면서 평화유지군을 한껏 치켜세웠다. 인류 역사상 군대가 전쟁과 지배의 도구가 아닌 분쟁예방과 평화유지의 도구로 쓰인 적은 없었다고. 케야르 총장은 냉전 해체의 기운과 과학기술의 발전이 평화유지활동을 더욱 활성화시킬 것이라고 전망했다. 그러나 빈곤과 고통의 해결 없이는 평화가 불가능하다는 경고 또한 잊지 않았다.

진화하는 평화유지활동

평화유지활동(Peacekeeping Operation)은 물리적 충돌이 중단된 상태를 지속시키면서 항구적인 평화를 만들어가는 노력을 말한다. 평화유지활동은 분쟁 중단 이후부터 항구적인 평화정착 이전까지 지속되는데, 평화학계에서는 평화유지활동을 3대 평화증진 방안 중의 하나로 본다.

3대 평화증진 방안은 평화조성, 평화유지, 평화구축을 말한다. 평화조성(peacemaking)은 전쟁을 치른 당사자들 스스로, 혹은 제3자가 화해, 중재, 타협시켜 더 이상의 전쟁을 막는 노력을 말한다.

평화유지(Peacekeeping)는 말 그대로 전쟁이 다시 일어나지 않는 상태를 지속시키면서 시민 보호, 법치 확립, 민주적 선거, 국가권위 확립 등과 같은 정치적 과정을 촉진하는 조치를 포함한다. 평화구축 (peacebuilding)은 폭력의 원인을 규명하고 평화적 갈등해결에 대한 사회적 기대를 조성하고 사회를 안정화시키는 일련의 조치들을 포함한다.

평화유지활동은 합법성, 비용 분담, 군대와 경찰 동원 등과 같은 특징을 갖고 있으며, 안보를 제공하고 평화구축을 지원해 해당국의 평화증진 노력을 돕는다. 이런 활동은 △당사국의 동의, △비당파성, △자위와 방어 임무를 제외한 군사력 사용 금지 등 세 가지 원칙을 갖고 이루어진다.

이 세 원칙이 모두 충족될 때 평화유지활동이 이루어진다. 특히 분쟁 당사자들의 동의 없이는 평화유지활동이 불가능하다. 가령, 수백만 명의 난민과 수십만 명의 사망자를 내고 있는 시리아 내전은 분쟁 당사자들의 요청이 없기 때문에 강력한 국제여론에도 불구하고 평화유지활동이 이루어지지 않고 있다.

2016년 세계 4개 대륙의 16개 지역에서 수행되고 있는 평화유지활동은 냉전체제 형성 이후부터 전개되어 왔다. 그렇지만 분쟁의 유형과 강도가 다양하여, 그에 따라 평화유지활동의 내용과 방식도 진화해 왔다. 그 결과 오늘날에는 평화유지활동이 다차원성을 띠고 있는데, 평화와 안보를 유지하는 역할뿐만 아니라 합법적 정치과정 촉진, 시민보호, 무장해제 지원, 선거지원, 인권보호, 법치회복 지원 등 상황과 요구에 따라 다양한 일을 요청 받는다.

이처럼 확대일로에 있는 유엔 평화유지군의 활동을 치하하고 더 많은 역할을 장려하고자 노벨평화상을 수여한 것이다. 그러나 평화유지활동이 다변화되어 가는 기대를 충족시킬 만큼의 역량을 갖추고 있는지는 의문이다.

평화유지군: 임무, 구성, 규모, 인원

유엔 평화유지군의 결성은 보통 유엔 안전보장이사회의 결정으로 이루어지나, 간혹 유엔 총회에서 결의되기도 한다. 배치가 이루어지면 통제는 유엔 사무총장 하에 있지만, 현지 상황은 평화유지군 사령관이 책임진다. 평화유지군은 크게 비무장 민정조직과 경무장 군대로 구분할 수 있다. 경무장 군대는 자위를 위해 총기를 소지한다.

유엔 평화유지군은 중동 분쟁지역에 처음으로 배치되었다. 1948년 이스라엘과 아랍국가들 간에 이루어진 정전을 감시하기 위해 참관단을 파견한 것이다. 그 이후 정전이 파기되고 분쟁이 재발했다가 다시 정전하는 현상이 반복되면서 평화유지군도 1957, 1967, 1973년 계속 파견된다.

1956년 중동 분쟁 이후에는 처음으로 무장 평화유지군이 이스라엘과 이집트 간 마찰의 완충 역할을 하기 위해 시나이 반도에 파병되었다. 당시 평화유지군은 10개국으로 구성되어 있었다. 오늘도 계속

동티모르에서 활동 중인 유엔 평화유지군(2002)

되고 있는 중동 분쟁은 대단히 민감하고 위험하다.

1978년 이스라엘이 레바논을 침략하자 유엔은 〈국제연합 레바논 잠정군(UNIFIL)〉의 이름을 단 평화유지군을 골란 고원에 배치해 이스라엘군 철수, 평화상태 유지, 레바논 정부기능 회복지원 등의 임무를 전개했다. 물론 목표를 100% 달성한 것은 아니었고 사상자도 20명 이상 나왔지만, 긴장을 완화하는 데 기여를 했다.

유엔은 과거 벨기에의 식민통치국이었던 콩고의 독립 과정에도 큰 역할을 수행했다. 2만 명의 군대를 보내 콩고 정부의 안보 유지 노력을 지원하고 내전에 휩싸인 카탕가 지역의 분리를 막았다. 그러나 당시 유엔군의 활동을 이끌던 다그 함마르셸드 유엔 사무총장이 항공기 사고로 사망하는 일이 발생했다.

또 다민족 거주 지역에서 영토분쟁을 중재하고 평화를 유지하는 활동도 전개했는데, 인도-파키스탄 국경지대, 터키와 그리스가 알력을 빚는 키프로스 지역 등에 유엔 평화유지군이 배치되어 지금까지 분쟁지역 감시와 완충지대 형성 등의 임무를 수행하고 있다.

유엔 평화유지활동은 1948년부터 2016년 2월까지 총 71개 지역에서 전개되었다. 현재는 키프로스, 레바논, 수단 아비에이, 남수단, 코트디부아르, 코소보, 라이베리아, 인도-파키스탄, 중동 등 16개 지역에서 12만 2,778명이 참여하고 있다. 이 인원은 군대 8만 9,406명, 경찰 1만 3,261명, 민간인 1만 6,471명 등으로 구성되어 있다.

현재 총 124개국이 평화유지활동에 관여하고 있는데 파견 규모는 1명에서 5,000명 이상까지 다양하다. 5,000명 이상을 파견하고 있는 나라는 에티오피아, 인도, 방글라데시, 파키스탄, 르완다, 네팔이다. 한국은 군인 446명, 경찰 3명, 군사고문 15명 등 도합 464명을 파견하고 있다.

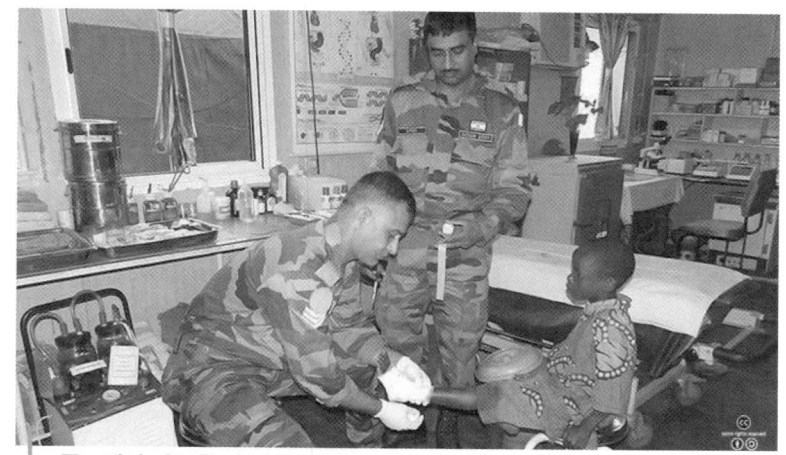

콩고에서 아동을 치료하는 유엔 평화유지군의 군의관(2014)

지금까지 평화유지활동을 하며 목숨을 잃은 사람은 3,454명이
고 그 중 1,679명은 지금까지 수행되는 활동 중에 사망했다. 해결된
분쟁도 있지만 그렇지 않고 분쟁이 장기적으로 지속되는 경우도 있
다. 사용된 재정은 완전히 공개되지 않고 있으나 2015년 7월 1일부터
2016년 6월 30일까지 책정된 예산은 82억 7천만 달러다.

이렇게 세계 각국의 많은 젊은이들이 목숨을 내놓고 활동에 참여
하는 이유가 순수하게 '평화유지'일까? 평화유지군은 임무를 수행할
능력과 의지로 충만해 있는가? 국가 간 입장 차이를 조율해 어렵게
파견되었지만 과연 소기의 목적을 얼마나 달성할 수 있을까? 평화유
지활동에 대한 개혁론이 매우 높은 이유가 여기에 있다.

개혁의 요구와 성적 착취 문제

1990년대, 냉전이 해체되고 인류는 평화를 기대했지만 냉전체제

에 묻혀 왔던 다양한 분쟁 요소들이 분출하면서 '인종청소' 등 대량살상이 일어났다. 특히 르완다, 구 유고슬라비아, 동티모르 등지에서 일어난 대규모 양민학살에 국제사회는 경악했지만 제대로 대처하지는 못했다. 예방도 못했고 대응도 늦었다.

그런 비판 한가운데에 유엔 평화유지활동이 있다. 유엔 개혁의 목소리는 항상 있어 왔지만 분쟁예방과 평화유지에 관한 여론은 위와 같은 큰 아픔을 거친 뒤에야 고조되었다. 2000년대 들어 유엔 평화유지활동의 개혁에 관한 요구 사항은 크게 몇 가지로 정리해볼 수 있다.

첫째, 상황에 적합한 활동목표 수립에 관한 것이다. 가령 물리적 충돌이 중단된 직후의 평화유지군의 활동목표는, 안정이 이루어진 뒤의 활동목표와 달라야 한다.

둘째, 평화유지군의 복합적인 역할과 관련된 문제다. 앞서 언급한 바와 같이 평화유지군에게 요구하는 현지의 기대는 겨우 찾아온 평화의 유지 외에도 또 다른 정치·경제·사회적 측면들도 있다.

셋째, 분쟁지역이었던 곳에서 장기적인 평화와 안정을 유지할 지역공동체의 능력을 배양하는 과제다. 이를 평화유지군의 임무로만 돌리기에는 어려운 면이 있지만 그 토대를 놓는다는 점에서 무관하지 않다. 반기문 총장이 "세계는 변하고 있고 유엔 평화활동도 변해야 한다"고 말한 것도 이런 요구와 맥이 닿아 있다. 이때 '평화활동'은 평화유지활동 이상의 의미다.

평화전문가들로 구성된 유엔 평화활동 패널이 유엔 사무총장에게 제출한 브라히미 보고서(Brahimi Report)는 평화유지활동의 개선방안으로 △회원국의 정치적 참여 제고, △제도적 개혁, △재정지원 확대를 꼽았다. 이 패널은 평화유지활동이 "명료하고 신뢰할 만하고 달성 가능한 임무 아래 자원, 수단, 활동을 적절히 전개할 것"을 권고하고 있다.

매우 추상적으로 들리지만 그동안 그렇게 되지 않았다는 뜻이기도 하다. 다만, 그런 아름다운 개혁안의 달성 여부는 유엔과 회원국들의 협력 정도에 달려 있을 것이다. 이후 유엔 평화(유지)활동을 평가하고 발전 방안을 담은 문서나 결의가 잇달아 나왔다.

조직개혁에 관한 제안도 나왔다. 기존의 '평화유지활동국'을 둘로 분리해 '현장지원국'을 신설하고 자원을 증대하는 것이 골자인데, 이는 그동안 유엔의 평화유지활동 관련 조직이 현장과의 협력관계 형성에 문제가 있었음을 시사한다.

그러나 언론에 가장 부각되는 유엔 평화유지활동의 개혁과제는 현지 평화유지군의 성적 착취 문제다. 유엔도 이 문제의 심각성을 인식하고 있다. 2000년대 들어서만도 유엔총회에서 최소 다섯 차례 이상 관련 결의가 채택되었다. 특히 2007년 12월 21일, 제67차 총회 기간 중 회원국들은 결의 A/RES/62/214를 채택해 유엔 직원들의 성적 착취 피해자들에 대한 포괄적인 지원 대책을 제시했다.

여기서는 피해자들에 대한 의료, 법, 심리, 사회적 지원을 언급하며 부칙에 9가지 구체적인 지원 방안을 제시하고 있다. 그러나 2016년 들어서도 유엔 평화유지군에 의한 성폭력 문제는 끊이지 않고 있다. 질 낮은 병사들, 주둔 국가의 취약한 현실, 근본적으로는 여성 등 사회적 약자가 희생될 수밖에 없는 국제분쟁이 중단되지 않는 한 복잡한 형태의 가해와 피해 관계는 지속될 것이다.

이외에도 유엔 평화유지군은 파병이 절실한 곳에 파병이 이루어지지 않거나, 유엔평화활동(PKO)이 더이상 불필요한데 주둔을 지속하는 경우도 있어 PKO 운영의 효율성에 대한 비판도 있다. 이런 지적은 PKO 인력과 예산이 그 수요에 비해 턱없이 부족한 현실과 관련이 있고 신설된 지 얼마 되지 않은 UN PKO국의 업무조정능력의 문제로도 볼 수 있다. 그러나 PKO의 문제점은 유엔의 모든 활동이 미국을 비롯한 안보리 상임이사국의 정치적 판단에 따라 좌우된다는 근본적 비판과 맞닿아 있다.

한국의 평화유지군 파병

한국의 유엔 평화유지활동 참여는 1999년 10월, 독립 후 보통선거로 민주화 여정을 시작한 동티모르에 상록수부대를 파병한 것이 시초였다. 그 후 필리핀, 아프가니스탄, 서부 사하라, 소말리아 등 10개 지역에 파병을 했다. 지금도 한국군의 평화유지활동은 남수단, 아랍에미리트, 소말리아, 레바논 등지에서 계속되고 있다.

그동안 한국의 평화유지활동은 평화유지는 물론 지역사회 안정, 민주화 지원 등의 임무를 잘 수행했다는 긍정적인 평가가 많다. 그럼에도 파병이 유엔 결의에 의하지 않고 이루어지거나, 헌법상의 파병

유엔 평화유지군의 다국적 부대

요건에 부합되지 않는 경우가 있었다는 지적도 나왔다.

정부는 현행 국군파병법이 현지 요구에 효율적으로 대응하지 못한다는 판단 하에, 유엔 안보리 결의가 이루어진 분쟁의 경우에는 선파병, 후 국회동의를 골자로 하는 파병법 제정을 추진하고 있다. 이에 반대하는 측은 그런 발상이 위헌이자 미국의 세계안보전략에 한국군이 연루될 수 있어 '평화유지'에 반한다고 주장한다. 앞으로 이 문제는 새로운 파병을 논의할 계기가 있을 때 정치적 쟁점으로 부상할 전망이다.

참고문헌

https://www.nobelprize.org/nobel_organizations/nobelfoundation

https://www.nobelprize.org/nobel_prizes/themes/peace/committee/institute

http://www.mnd.go.kr

http://www.un.org/en/index.html

고성윤,『국제 평화유지활동의 미래구상』, 한국국방연구원, 2009.

서보혁,『유엔의 평화정책과 안전보장이사회』, 아카넷, 2013.

송승종,『유엔 평화유지활동의 이해』, 연경문화사, 2006.

유엔크로니클코리아,『평화유지 활동과 다그 함마르셸드』, 에딧더월드, 2014.

Dalai Lama XIV 1935.07.06~

"

마오 주석은 정치적인 힘은 총구에서 나온다고 말한 적이 있다. 그는 부분적으로만 옳았다. 총구에서 나온 권력은 일시적일 뿐이다. 결국에는 진리와 정의, 자유와 민주를 향한 사람들의 열망이 승리한다. 정부가 무슨 일을 하든 인간의 정신은 승리하고야 만다.

"

– 『달라이 라마 자서전』(1990) 중

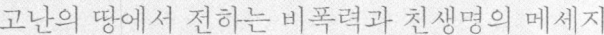
고난의 땅에서 전하는 비폭력과 친생명의 메세지

14대 달라이 라마

Dalai Lama XIV

이름 / 14대 달라이 라마, 법명: 땐진 갸초(티베트)

수상 연도 / 1989년

수상 근거 / 티베트의 주권 보호 및 비폭력 자치운동

수상 분야 / 인권

• **글** 이찬수

서울대학교 통일평화연구원 HK연구교수

환생을 통해 이어져온 티베트의 영적 지도자

평화는 저절로 주어지지 않는다. 평화는 폭력에 대한 저항의 과정이자 그 산물이다. 그러나 저항은 자칫 또 다른 폭력으로 이어지기 십상이다. 그렇다면 누군가를 해치지 않는 비폭력적 저항은 가능할까. 많은 이들에게 평화적 감성을 일깨울 수 있는 그런 저항이 가능한 것일까. 이러한 물음에 대한 희망적인 답변을 티베트의 정치 및 종교 지도자 14대 달라이 라마의 삶과 사상을 통해 확인해볼 수 있다.

14대 달라이 라마의 본명은 하모 된둡(lHa mo don 'grub)이고, 법명은 땐진 갸초(bsTan 'dzin rgya mtsho, 정확히는 제쭌 잠뻴 악왕 예세 땐진 갸초)이다. 하지만 세계인에게는 달라이 라마로 통하고, 개인적으로 지칭할 때는 땐진 갸초라는 법명이 자주 사용된다.

달라이 라마는 큰 바다를 의미하는 몽골어 '달라이'와 스승을 의미하는 티베트어 '라마'가 합쳐진 말이다. 달라이 라마는 오랫동안 티베트의 영적 지도자를 지칭하는 일반명사였다. 초대 달라이 라마로 일컬어지는 겐뒨둡이 죽자 티베트인들은 그를 오랜 불교적 신앙의 대상인 관세음보살의 화신으로 여겼다. 그 뒤 겐뒨둡의 환생, 즉 관세음보살의 화신을 찾아내 새로운 지도자로 모시는 관례가 생겼다.

티베트에서 14대 달라이 라마로 인정받는 땐진 갸초는 1935년 7월 6일 티베트의 작은 마을 딱체르에서 태어났다. 1937년에 관세음보살의 화신인 14대 달라이 라마로 인정받았고, 1940년에 포탈라 궁에서 공식 즉위했다. 1950년 11월 17일에는 티베트 최고 정치권력자의 자리에도 올랐다. 중국군의 진주로 인해 티베트가 중국의 영향권 속으로 급격히 빨려 들어가던 해였다.

티베트의 슬픈 역사: 중국의 지배

티베트는 본래 중국과 문화적으로나 인종적으로 완전히 다른 나라였다. 7세기 초에는 당나라와 화친관계를 맺었다가, 원나라 시기에는 티베트가 중국에 종교적-정신적 지지를 하고, 원은 티베트에 군사적-물질적 원조를 하는, 이른바 단월관계에 놓였다. 그러다가 청나라 때는 티베트 라싸를 전격 점령한 뒤(1720년) 군대를 주둔시키고 사실상 종주권을 행사했다. 하지만 청나라가 19세기에 영국과의 아편전쟁에 패하면서 쇠락의 길을 걷자, 티베트에는 독립을 추구하는 흐름이 거세졌다.

티베트는 13대 달라이 라마 시절, 영국의 침략을 받아 두 번의 전쟁을 치른 경험이 있다. 전쟁에 패하자 1904년 영국의 무력사절단장인 영허즈번드(Francis Younghusband)와 수도 라싸에서 조약을 맺어, 티베트 영토를 부분적으로 개방하고 배상금으로 영국에 750만 루피를 지불했다.

그러자 그동안 티베트를 정치적 속국처럼 여겨온 청나라는 이 사건을 제국주의의 침략으로 간주하고 티베트에 대한 지배권을 다시 강화하기 시작했다. 하지만 1911년에 발발한 신해혁명으로 청나라는 결국 멸망하고, 쑨원이 이끄는 중화민국이 등장했다. 그 과정에 13대 달라이 라마는 독립을 선언했고, 티베트는 1951년까지 사실상 독립국의 지위를 누렸다.

그러나 중화민국군과의 내전에서 승리

13대 달라이 라마 톱땐 갸초
(1876~1933)

한 공산군이 1949년에 중화인민공화국(이하 중국)을 세우고, 1950년에 미국과 영국으로부터 티베트에 대한 종주권을 확인받으면서, 티베트의 독립적 지위를 부정하고 내정에 본격 개입했다. 1951년에는 라싸에 군대를 파견하는 등 군사적인 장악을 시도하기도 했다.

같은 해 5월, 중국은 베이징으로 파견된 티베트 관리를 회유해 티베트와의 '17조 조약', 즉 '중앙인민정부와 티베트 지방정부가 맺은 평화적인 티베트 해방에 관한 협의'를 이른바 국새 없이 체결하면서, 중국의 지배를 문서로 공식화했다. 17조 조약은 "티베트 인민은 단결하여 티베트에서 제국주의 침략세력을 몰아낸다. 티베트 인민은 조국인 중화인민공화국의 가족으로 돌아온다(협의문 1조)", "티베트 현지 정부는 인민해방군이 티베트에 들어가 국방을 강화하는 데 적극 협력

중국 베이징을 방문한 달라이 라마(가운데)와 판첸 라마(오른쪽)를 덩샤오핑 (왼쪽)이 영접하고 있다(1954)

한다(협의문 2조)"는 조항을 담아 티베트 정부의 국방과 외교권을 사실 상 박탈했다.

망명정부 구성과 비폭력 저항

당시 14대 달라이 라마는 '17조 조약'의 3조 "중앙인민정부의 통합적 주도 아래 민족적, 지역적 자치를 행사할 권리가 있다"와, 4조 "중앙정부 당국은 티베트의 현재 정치체제를 바꾸지 않을 것이고, 달라이 라마의 현재 지위와 역할, 그리고 권한을 변경하지 않을 것이다"라는 조항을 근거로 향후 중국과 교류하면서 문화적이고 사상적인 자치를 누릴 수는 있을 것이라고 생각했다.

하지만 중국이 티베트 동부 지역에서 종교와 경제의 개혁에 들어가자 티베트인들의 시위가 잇따랐고, 1959년에는 중국이 달라이 라

티베트 라싸의 포탈라 궁
17세기 중반에 건설되었으며 티베트의 정부청사이자 달라이 라마의 거처였으며, 현재는 박물관으로 쓰이고 있다.

마를 납치하거나 해코지할지도 모른다고 우려한 티베트 국민이 거국적인 반중국 봉기를 일으켰다. 그러자 중국은 대포를 쏘며 시위대를 진압했다. 달라이 라마를 보호한다는 명분에서였다.

티베트 국민의 피해가 심각해지자 달라이 라마는 "조국을 떠나 국민에 봉사하는 것이 더 낫겠다는 서글픈 결론을 내리고서" 같은 해 인도로 망명했다. 이때의 봉기로 몇 주 사이에 8만 7,000여 명이 살해되었고, 2만 5,000여 명이 투옥되었다. 10만여 명이 달라이 라마를 따라 인도로 피신하거나 망명했다.

인도 정부는 당시 개선되어 가던 중국과의 정치적 관계 때문에 당혹스러워했지만 결국 달라이 라마의 망명을 허가했고, 인도 북부 달람살라에 2,500여 평의 주거 지역을 내주었다. 달라이 라마는 이곳에 망명정부를 설치했다.

그는 '17조 조약'을 지키지 않는 중국을 비판하고, 티베트의 자치 및 자결권의 보장을 요구했지만 중국은 티베트에 인민정부를 세우는 방식으로 화답했다. 그 뒤 티베트의 정치적 지위를 둘러싼 중국과의 갈등이 지속되었다. 달라이 라마는 이런 상황을 전 세계에 알리며 티베트의 독립과 자존을 위한 비폭력적 저항을 일관되게 벌이기 시작했다.

이 과정에서 세계의 많은 이들이 티베트의 아픔에 공감했고, 그의 평화 메시지에 감동했으며, 정치적 억압에 의한 반인권적 상황의 개선에 힘을 보탰다. 그 공로로 달라이 라마는 1989년에 노벨평화상을 받았고, 이 수상으로 티베트의 참담한 상황이 전 세계에 더욱 널리 알려졌다.

독립 대신 평화적 자치를

달라이 라마는 망명 초기에 티베트의 정치적 독립을 주장하기도
했다. 하지만 중국의 압도적인 힘과 주변국들의 현실 타협적인 자세
를 목도한 뒤로는 티베트의 정치적 독립 대신 전통 문화의 보호와 존
중을 보장받는 내면적 자치 쪽으로 방향을 선회했다. 그리고 이 문제
를 중국에 지속적으로 요구하고 주변국에 알렸다.

그가 처음에 중국과의 '17조 조약'을 수용한 것도 티베트가 설령
독립을 얻어내지 못하더라도 자치를 확보할 수만 있다면 그것이 더
현실적이라 판단했기 때문이다. 그는 그 뒤에도 여러 차례 이렇게 말
했다

"나는 티베트의 독립을 추구하지 않는다. 나는 … 티베트의 진정한 자
치가 보장되기를 바란다.".

－《성명서》(1999.03.10)

이러한 생각을 진작부터 잘 담고 있었던 것이 그가 제시한 '5개조
평화안'이었다. 그는 1987년 9월 21일 미국의회 연설에서 티베트 문
제의 본질적인 해결을 위해서는 다섯 가지 대안이 필요하다고 역설한
바 있다.

그 요지는 다음과 같다. 첫째, 티베트 전체를 평화 구역으로 지정한
다. 둘째, 티베트 인민의 생존을 위협하는 중국인 이주 정책을 중지한
다. 셋째, 티베트 인민의 기본 인권 및 민주적 자유를 존중한다. 넷째,
티베트의 자연 환경을 되살리고 보호하며 중국정부는 티베트를 핵무
기 생산지와 핵폐기물 처리장으로 이용하는 것을 중단한다. 다섯째, 티

베트와 중국 간의 관계를 새롭게 정립하는 진지한 협상을 시작한다.

이러한 제안에 대해 중국은 달라이 라마가 이미 하나인 중국의 분리를 선동한다고 비난하면서, 그의 평화안을 일축했다. 그럼에도 달라이 라마는 중국이 티베트의 외교와 국방을 맡고, 티베트가 내치와 문화, 종교, 경제를 책임지는 것을 골자로 하는 정책을 지속적으로 요청했다.

이런 정책이 티베트 내 정치적 독립파들과의 갈등을 빚기도 했지만, 달라이 라마는 독립이라는 정치적 가치보다 자비에 기초한 평화라는 종교적 가치를 더 중시했다. 강자에 의한 약자의 지배구조가 강고한데다, 주변국들마저 현실적으로 강자의 편에 설 수밖에 없는 냉혹한 국제질서 속에서 티베트가 무력 저항을 한다는 것은 더 큰 희생만을 낳을 뿐이라 보았기 때문이다.

그 대신 티베트와 중국 간의 갈등 상황을 널리 알림으로써, 국제사회의 양해와 협조를 얻어 모순적인 갈등 구조를 비폭력적으로 해결하는 방안을 지속적으로 추구했다. 비폭력적 평화주의를 시도하면서도 현실 정치를 완전히 무시하지는 않는 실용주의적 자세를 취했다고 할 수 있다.

노벨평화상, 비폭력 저항에 대한 세상의 화답

달라이 라마는 비폭력주의에 기반해 중국과의 대화를 지속적으로 요청했다. 이러한 비폭력 정신은 인도의 성자 마하트마 간디에게서 배운 것이기도 하지만, 근본적으로 달라이 라마에게 친숙한 불교적 세계관의 반영이기도 하다.

대화의 요구도 티베트의 진정한 자치로 가기 위한 비폭력적 방법의 일환이었다. 자치 행위 자체도 비폭력적으로 이루어져야 하지만, 자치로 가는 과정도 비폭력적이어야 한다는 것이 그의 한결같은 소신이었다. 그의 정치 철학과 정책의 근간에는 사랑과 자비에 기초한 불교적 세계관이 있었던 것이다. 그는 노벨평화상 수상 기념 연설에서도 이렇게 말했다.

"나는 이 상이 부처님과 인도 및 티베트 성인들의 가르침대로 내가 실천하고자 했던 진정한 이타주의와 사랑, 자비, 비폭력을 인정한 것이라고 믿습니다."

그는 이러한 정신으로 세계 여러 나라를 다니며 티베트 문제를 공론화했다. 그 결과 티베트가 중국이라는 테두리 안에서 문화적이고 사상적인 자치를 누릴 수 있도록 하자는 그의 제안은 티베트 문제를 푸는 합리적인 방안으로 인정받아 왔다. 중국은 이러한 대안에 대해 침묵으로 일관하면서, 가난한 한족이 티베트로 이주할 수 있도록 각종 인센티브를 주는 정책을 확대했다. 이런 식으로 티베트 인민정부를 지속적으로 강화했다.

달라이 라마는 티베트의 민주화에도 공을 들였다. 그는 기존의 달라이 라마들에게 부여되었던 전적인 통치권에 기대는 대신, 일인일표제에 기반한 민주적 헌법을 제정했고, 망명정부에 민주의회를 구성했다. 언젠가 티베트가 해방되면 자신은 모든 권력을 새로운 정부에 이양한 뒤 은퇴하여 평범한 승려로 살겠다는 선언을 하기도 했다.

이런 정신에 따라 티베트 망명정부에서는 헌법도 '세계인권선언'을 근간으로 하면서 티베트의 오랜 불교적 정신을 반영해서 만들었다. 헌법 전문은 붓다가 설파한 정의와 평등, 민주의 원리를 표방하고 있다.

　달라이 라마가 티베트의 자치에만 관심을 둔 것은 아니다. 티베트의 파괴와 그로 인한 수많은 희생자들이 그의 연민과 관심의 대상이긴 하지만, 세계의 고통과 지구적 생명을 생각하는 폭넓은 정신도 그의 언행 곳곳에서 드러난다. 맑은 계곡물의 오염, 원시림의 무분별한 벌목으로 인한 삼림의 황폐화, 세계 곳곳에서 자행되는 인권 탄압과 성차별 등은 그의 근본적인 연민의 대상이었다.

　그는 거의 모든 분야에서 여성의 참여를 지원하고, 여성의 지위를 향상시키기 위해 노력했다. 그 직간접적인 영향으로 티베트 독립 운동에서 여성들이 지도력을 발휘했고, 그중 상당수가 독립 투쟁을 하다가 투옥되었다. 달라이 라마로 인해 여성 억압적이던 과거의 티베트 문화가 확연히 달라진 것이다.

　달라이 라마의 정치 철학은 "사랑과 자비, 용서만이 평화로운 변화를 이끌어낼 수 있으며, 비폭력 운동은 비현실적으로 보이지만 진정으로 가능하다"는 신념에 기초해 있다. 노벨위원회도 상을 수여하면서 이러한 그의 신념과 실천을 높이 평가했다.

　1989년 노벨위원회는 평화상 선정 사유를 이렇게 밝힌 바 있다.

　"노벨위원회는 티베트의 독립을 위한 달라이 라마의 비폭력 투쟁을 강조하고 싶다. 그는 티베트인들의 역사적·문화적 전통을 보존하기 위해 인내와 상호 존중에 기반한 평화적인 방법들을 추구해 왔다. 달라이 라마는 살아 있는 모든 것들에 대한 무한한 경외로부터, 또한 인류를 하나로 포용하는 우주적인 사명으로부터 평화의 철학을 발전시켜 왔다. 달라이 라마는 국제적인 분쟁들, 인권 문제들, 전 지구적인 환경 문제들을 해결하는 데 있어서 건설적이고 진보적인 해법을 제시해 왔다."

요약하자면 달라이 라마는 첫째, 비폭력 사상 및 저항, 둘째, 사회와 개인 간의 연계성 확보, 셋째, 지구적 환경 문제의 해결에 공헌한 바가 크다는 것이다. 종교 지도자에게 노벨평화상을 수여하면서 환경 문제를 주요 시상 근거로 삼은 것도 특기할 만한 일이다.

"가끔씩 잘 웃는 인간으로 기억해 주면 좋겠습니다"

달라이 라마는 일차적으로 티베트를 위해 투쟁해 왔지만, 근본적으로 그의 투쟁은 티베트의 자치를 통해 드러나게 될 보편적 진리의 승리를 위한 것이라 할 수 있다.

"제가 이끌고 있는 티베트 투쟁은 승자와 패자로 극명하게 갈리는, 아니 사실 양쪽 다 패자가 되고야 마는 투쟁이 아닙니다. 제가 모든 힘을 다하여 이루어내고자 하는 목표는 '진리의 승리'입니다."

달라이 라마가 믿는 진리는 단순하다. 그는 세계 곳곳을 강연차 여행하던 중 사람들은 다 비슷하다는 사실을 새삼 깨달았고 결국 다음과 같은 희망을 품게 되었다.

"나는 표면적인 차이에도 불구하고 어디를 가든 사람은 근본적으로 똑같다는 나의 믿음을 확인할 수 있었다. 그들 모두 나와 마찬가지로 행복을 추구한다. 누구도 고통을 원하지 않는다. 누구나 사랑을 보여 줄 수 있는 잠재력을 지니고 있다. 그렇기 때문에 나는 인류가 서로 간의 우정과 상호 이해를 좀 더 증진시킬 수 있으리라는 희망을 가질 수 있다."

그는 그저 전쟁을 멈추는 정도의 소극적 평화 상태를 넘어 "인권이 존중되고 굶주리는 사람들이 없으며, 어떠한 개인이나 국가도 완전한 자유를 누리는" '적극적 평화'를 지향했다. 이런 그의 입장은 기존 평화학자들의 연구 주제이자 목표이기도 하지만, 불교적 사랑과 자비를 문명과 세계적 차원으로 확대할 때 도달할 수 있는 자연스러운 입장이기도 하다.

이런 입장에서 그는 중국에 대해서도 특별히 증오의 감정을 품거나 드러내지 않았다. 중국의 태도를 이해 못해 당혹스러워하거나 비판하는 경우는 많았지만, 그가 썼던 어떤 글이나 인터뷰에서도 중국을 감정적으로 증오하는 경우는 찾아보기 힘들다. 마하트마 간디의 손녀인 엘라 간디는 달라이 라마를 이렇게 평가한다.

"그는 웃기를 좋아하는 소박한 승려이자, 중국의 비인간적인 공격에도 평정심을 잃지 않는 차분한 사람이다."

그는 자기 자신을 일러 '평범한 불교 승려'라고 표현할 때가 많다. 미래 세대가 자신을 어떻게 기억해 주기를 바라느냐는 질문에는 "그냥 인간요, 가끔씩 잘 웃는 인간으로 기억해 주면 좋겠습니다"라고 답하기도 했다. '평범한 불교 승려', '그냥 인간'과 같은 표현들은 상황에 따른 외교적 수사나 지나친 겸손의 표현이라기보다는, 그의 진심에 가깝다고 할 수 있다.

그의 자서전들(『달라이 라마 자서전』, 『오른손이 하는 일을 오른손도 모르게 하라』)에서도 자신의 인생에 대한 영웅적 미화는 찾아볼 수 없다. 그에 대한 세간의 평가와 영향력은 크지만, 자서전의 기록이나 각종 강연의 내용은 전체적으로 솔직하고 소박하다. 그가 종교적 수행자 본연의 자세, 보편적 진리의 구현에 충실하다는 증거라고 할 수 있다.

〈보편적 책임을 위한 재단〉

달라이 라마는 노벨평화상 상금으로 〈보편적 책임을 위한 재단(Foundation for Universal Responsibility)〉을 만들었다. 그는 보편적 책임에 대해 이렇게 말한다.

"첫째, 한 인간으로서 나는 보편적 책임에 대해 이야기한다. 이 보편적 책임은 우리 인간 모두가 서로에 대해서, 그리고 모든 중생에 대해서, 더 나아가 자연에 대해서도 책임이 있음을 뜻한다. 둘째, 한 승려로서 나는 서로 다른 종교들이 화합하고, 상호이해를 증진해야 한

노벨평화상 수상자들을 통해 청년 지도자 양성을 도모하는 비정부조직 피스잼(PeaceJam) 재단 10주년 기념회에서

다는 것을 이야기한다... 마지막으로, 한 사람의 티베트인으로서, 그리고 더 나아가 달라이 라마로서 나는 사람들이 관심을 갖고 있는 한, 나의 조국 티베트에 대해, 티베트 민족과 문화에 대해 이야기한다."

이 재단의 강령도 그의 정신에 따라 "국적과 인종, 종교에 관계없이 모든 사람을 이롭게 하고, 종교 간 교류로 상호 일치점을 찾아보며 비폭력 운동을 지원하고, 과학과 종교의 교류를 장려하며 인권과 민주적 자유를 보장하는 데 앞장선다"는 내용으로 되어 있다.

이러한 강령의 실천을 위해 달라이 라마와 재단은 종교 간의 대화도 중시한다. 이를 통해 종교의 유무나 특정 종단에의 소속 여부보다는 사랑과 자비가 어느 누구든 고양시켜나갈 수 있는 훨씬 보편적인 가치라고 믿기 때문이다.

달라이 라마에게 세계의 주요 종교 전통들은 비슷한 진리의 길을 가는 동반자다. 이처럼 달라이 라마는 인간이 지닌 보편적 진리의 길에 대한 신념을 놓지 않는다. 그는 1990년도에 출판된 자서전에서 이렇게 말한 바 있다.

"마오 주석은 정치적인 힘은 총구에서 나온다고 말한 적이 있다. 그는 부분적으로만 옳았다. 총구에서 나온 권력은 일시적일 뿐이다. 결국에는 진리와 정의, 자유와 민주를 향한 사람들의 열망이 승리한다. 정부가 무슨 일을 하든 인간의 정신은 승리하고야 만다."

달라이 라마가 방문하지 못한 나라, 한국

달라이 라마에 대한 비판이 없는 것은 아니다. 그는 수상 이후 해외 강연 등을 더욱 빈번히 다니며 티베트의 억압적 상황을 세계인에게 호소하는 과정에 미국에 의존하곤 했다. 그런데 여기에는 양면성이 있다. 미국은 일시적으로 그의 편을 들면서 티베트의 정치적 상황을 담론화하는 데 기여했지만, 그럴수록 티베트는 독립은커녕 그가 말하는 자치도 사실상 더 요원해져 가고 있는 형국이다.

그리고 그가 요구하는 자치는 도리어 티베트 독립운동의 의미를 반감시키면서 자치를 향한 동력마저 떨어뜨린다는 지적도 있다. 실제로 2008년을 정점으로 티베트의 독립 운동은 동력을 잃어가고 있다. 그에 대한 명성이 티베트 밖에서 높아져가고 있는 동안, 정작 티베트 안에서는 중국의 지속적인 한족 이주정책으로 달라이 라마가 보전하고 싶어 하는 티베트 문화와 특징이 약해지는 역설이 벌어지고 있는 중인 것이다. 그가 생각하는 수준의 티베트의 자치는 티베트가 거의 중국화한 이후에나 가능할 것으로 보인다.

게다가 2007년 10월, 달라이 라마는 미국 의회가 인도적 활동을 해온 '민간에게 주는 금메달(US Congressional Gold Medal)'을 부시 대통령으로부터 전달받은 적이 있는데, 이런 식의 처신은 그가 중국의 폭력을 폭로하는 과정에 미국의 폭력에는 면죄부를 주는 역할을 할 가능성도 있다는 문제도 제기되고 있다.

그렇지만 이러한 한계에도 그의 평화운동의 가치와 의미 자체가 탈색되거나 노벨평화상 수상의 의미가 반감된다고 할 수는 없다. 그가 인류에 끼치는 긍정적 자취는 막대하다. 피해자 혹은 약자에 관심을 기울이면서 평화가 구현되어가는 것이라면, 달라이 라마의 운동은 많은 이들에게 티베트라는 약소국의 형편에 대한 공감과 그로 인해 인류의 평화에 대한 상상을 더 불러일으킨다.

종교적으로 보면, 달라이 라마는 세계적으로, 특히 구미 지역에서 동양 사상, 그 중에서도 불교에 대한 관심을 촉발시키는 대표자이기도 하다. 서구인에게 그는 불교를 상징하는 지도자이자, 비폭력적 저항의 아이콘처럼 여겨지기도 한다. 이것은 그가 조국의 고난과 동족의 아픔에 대한 회한과 연민을 가지고, 자신을 부르는 곳이라면 어디든 가서 생명과 평화의 메시지를 전하고 사랑과 자비에 근거한 저항의 모범을 보여 온 결과다. 그는 노구를 이끌고 기회가 되는대로 지구촌을 누비며 생명과 평화의 메시지를 전하고 있다.

하지만 그가 아직도 방문하지 못한 나라가 있다. 한국이다. 달라이 라마를 '하나의 중국'이라는 원칙에 대한 도전자이자 분리주의자로 규정하면서, 그의 방문을 허락하는 행위를 중국에 대한 내정간섭으로 간주하겠다는 중국 정부의 단호한 입장 때문이다.

그럼에도 달라이 라마는 식민 지배를 겪고서도 결국은 독립해 민주화와 경제적 발전까지 이룬 나라, 게다가 티베트처럼 불교도가 많은 정신적 형제자매의 나라 한국에 가고 싶어 한다. 하지만 아직까지 실현되지 못하고 있다.

참고문헌

땐진 갸초, 도솔 옮김, 『오른손이 하는 일을 오른손도 모르게 하라』, 나무심는사람, 2002.

땐진 갸초, 심재룡 옮김, 『달라이 라마 자서전』, 정신세계사, 2012.

달라이 라마, 김석희 옮김, 『자비의 힘: 달라이 라마 강연록』, 열린책들, 2008.

도널드 S. 로페즈 주니어, 정희은 옮김, 『샹그릴라의 포로들』, 창비, 2013.

라지브 메흐로트라, 손민규 옮김, 『비폭력 평화의 참 스승 달라이 라마』, 문이당, 2006.

Jeffrey Hopkins, *The Dalai Lama at Harvard - Lectures on the Buddhist Path to Peace*, New York: Snow Lion Publications, 1988.

http://www.dalailama.com

http://www.tibethouse.jp

"

과테말라에서 식민시대뿐 아니라 독립 이후 공화정 시대에도 지속적으로 무시되고 멸시되어 온 원주민들의 정체성과 권리를 인정하는 것이 매우 중요한 문제입니다. 국민 생활의 모든 측면에 제대로 모습을 갖추도록 기여하는 원주민들의 독특한 정체성이 없다면, 자유롭고 독립적이며 민주적인 과테말라를 상상하는 일은 가능하지 않습니다.

"

- 《노벨평화상 수상 연설》(1992) 중

Rigoberta Menchú Tum   1959.01.09~

5세기 동안의 억압과 배제를 넘어
세계시민의 본보기로

리고베르타 멘추 툼

Rigoberta Menchú Tum

이름 / 리고베르타 멘추 툼(과테말라)

수상 연도 / 1992년

수상 근거 / 원주민 권리 회복과 존중에 토대를 둔 종족적 · 문화적 화해 실천

수상 분야 / 인권

—

• 글   박구병

아주대학교 사학과 교수

내전과 맞닿은 삶

1959년 과테말라 엘 키체 주의 라흐 치멜에서 태어난 원주민 여성 리고베르타 멘추 툼의 인생 역정은 과테말라 내전의 비극과 맞닿아 있다. 1980년대 내내 코스타리카를 제외하고 무력충돌이나 정치사회적 혼란이 끊이질 않았던 중앙아메리카에서 원주민 비율이 가장 높은 과테말라는 1980년대 초 군부정권의 '반란진압 작전'이 대대적으로 전개되기 전부터 외세의 개입과 장기 내전에 시달렸었다.

1950년에 집권한 중도좌파 성향의 아르벤스 구스만(Jacobo Arbenz Guzmán) 대통령이 농업개혁 정책을 추진함으로써 미국계 기업 유나이티드 프루트(United Fruit Company)와 갈등을 빚게 되었을 때, 이 기업은 미국 중앙정보국(CIA)과 함께 1954년 군부의 쿠데타를 후원하면서 과테말라 정국에 깊이 개입했다. 이는 미국 정부가 1930년대부터 표

중앙아메리카의 과테말라는 북쪽과 서쪽이 멕시코, 동쪽은 벨리즈와 카리브 해, 남쪽은 태평양과 접해있다

과테말라의 민족주의자 하코보 아르벤스 구스만

대통령이 되어 토지개혁을 추진했으며 쿠데타 세력에 축출된 뒤 라틴아메리카 여러 나라들을 전전하다 사망했다.

방해온 '선린정책'의 폐기를 공식화하는 것이었다.

쿠데타로 집권한 과테말라 군부가 헌법의 효력을 정지시키고 반대파를 탄압하자 이에 맞선 일부 세력이 쿠바 혁명의 성공에 고무되어 1960년 산악지대에 거점을 마련하면서 본격적인 내전이 펼쳐졌다. 이 공방은 1996년 12월 말 과테말라 정부와 게릴라 세력 간에 평화협정이 체결될 때까지 지속되었다.

36년간 지속된 내전은 라틴아메리카를 반공 동맹의 틀 속에 묶어두려는 미국의 냉전 전략과 긴밀하게 맞물려 있었다. 1970년대 말까지 미국 정부의 후원을 받은 과테말라 군과 경찰, 그리고 '죽음의 분대(death squads)'라는 준(準)군사단체가 야당, 노조, 학생운동의 지도자들에게 선별적인 테러를 가했지만, 1978년 5월 말 알타 베라파스 주의 판소스(Panzós) 학살을 계기로 이런 작전은 더 조직적이고 광범위한 양상을 띠게 되었다.

대다수 연구자들에 따르면, 판소스 학살에 대한 관심과 항의의 결여가 과테말라 군부를 더욱 대담하게 만들어 1980년대 초 원주민 촌락을 초토화하고 피신하는 이들을 연령과 성별에 관계없이 살해하는 작전이 전개되었다.

대량학살, 인권침해, 부정선거 등에 항의하면서 미국의 카터 행정부가 과테말라에 대한 무기 판매를 금지했지만, 로널드 레이건 대통령은 1983년에 이를 철회하고 과테말라의 독재자 리오스 몬트(José Efrain Rios Montt) 장군에게 경제·군사 원조를 제공했다.

1980년대 초 절정에 이른 군의 '반란진압 작전'은 게릴라 세력에 대한 타격을 넘어 원주민 촌락 수백 곳의 파괴, 수만 명의 사망과 망명을 초래했다. 1980년대 초 미국의 강화된 지원에 힘입어 로메오 루카스 가르시아(Romeo Lucas García) 장군과 그 측근들이 게릴라 세력을 농촌의

ⓒⓒ

법정에서 혐의를 부인하는 리오스 몬트의 모습(2013.03)

그는 내전이 절정에 달했던 1982년 3월 군부쿠데타 세력의 추대로 대통령이 되었다.

잠재적인 지지 기반으로부터 떼어놓기 위해 전면적인 소탕작전을 벌이면서 비무장 원주민까지 표적으로 삼기 시작했다. 군부는 대내외적으로 공산주의 세력, 특히 쿠바정부와 니카라과 산디니스타 정부의 간섭에 맞서 전쟁을 수행하고 있다고 공표하면서, 원주민들을 게릴라의 실제 또는 잠재적인 지지 세력, 달리 말해 '내부의 적'으로 간주한 셈이었다.

반면 〈가난한 자들의 게릴라 군(Ejército Guerrillero de los Pobres)〉, 〈무장민중조직〉, 〈무장반란군〉 등 대표적인 게릴라 단체들은 1970년대 말부터 과테말라 시뿐 아니라 엘 키체, 남부 해안과 북부 내륙으로 활동 범위를 넓혀 경찰서 습격, 태업과 파업 유도, 도로 봉쇄, 군 장교나 대지주들의 납치와 살해 등을 주도했다. 4개의 게릴라 단체들은 1982년에 〈과테말라혁명연합(Unidad Revolucionaria Nacional Guatemalteca)〉으로 통합되었지만, 리오스 몬트의 진압 작전으로 크게 약화되었다.

『과테말라, 침묵의 기억』

수년간의 비공식 접촉을 통해 1990년부터 협상에 돌입한 과테말라 정부와 〈과테말라혁명연합〉은 우여곡절 끝에 1996년 12월 노르웨이의 오슬로에서 평화협정을 체결했다.

길고 긴 내전이 막을 내린 뒤 국제연합의 후원으로 발족한 〈역사진실규명위원회〉의 조사보고서 『과테말라, 침묵의 기억(Guatemala, Memoria del Silencio)』은 정부군이 산악지대의 원주민들을 대상으로 전개한 대대적인 학살과 강제 이주, 특히 1982년 2월부터 9월까지 루카스 가르시아 장군과 그 측근들이 주도한 '승리 작전 82(Campaña Victoriana 82)', 즉 원주민 촌락에 대한 초토화 작전을 제노사이드로 규정했다.

『과테말라, 침묵의 기억』에 따르면, 약 40년 동안 과테말라 군의 조직적인 폭력행위로 626곳의 촌락이 파괴되고 20만 명이 넘는 원주민들이 피살되거나 실종되었으며 150만 명이 삶의 터전을 잃고 빈곤에 시달려야 했다. 촌락 파괴의 65%(415건)와 3만 7,000여 건에 이르는 대다수 살인과 실종 사건은 1981년 6월부터 1982년 12월까지 18개월, 즉 루카스 가르시아의 집권 말기 9개월과 리오스 몬트의 집권 초기 9개월 동안 집중적으로 발생했다. 특히 군의 즉결 처형과 강제 납치의 피해자 4만 2,000여 명 가운데 83%가 원주민이었고, 라디노(ladino, 혼혈인)가 나머지 17%를 차지했다. 또 조사 대상 위법 행위의 93%가 정부군과 '죽음의 분대'에 의해 자행되었다.

『과테말라, 침묵의 기억』은 상호 연관된 구조적이고 역사적인 국가 폭력의 세 가지 원인으로 경제적 배제, 인종차별, 정치적 권위주의 등을 지목했다. 또한 원주민 종족 사이의 해묵은 갈등을 활용하는 이이제이(以夷制夷) 전술과 군부의 명령 체계에 종속된 〈민간자경단(Patrulla de Autodefensa Civil)〉의 활동이 사태를 악화시켰다는 점, 그리고 제노사이드를 자행한 과테말라 군의 정책을 뒷받침하는 데 냉전 시대의 국가안보론과 미국 정부의 역할이 두드러졌다는 점 등이 적시되었다.

원주민의 참상을 고발하다

멘추의 고향인 엘 키체는 아래의 〈표〉가 보여주듯 인근 알타 베라파스, 바하 베라파스, 우에우에테낭고와 더불어 인권침해 행위의 발생 비율이 가장 높고 원주민에 대한 사회적 배제가 극심한 지역이었다.

정부군의 초토화 작전으로 부모와 형제들을 잃은 멘추는 고향을

지역별 학살 건수(총 669건, 1978~1983)

지역	학살 건수 (1978-1983)	인권침해 행위의 발생 비율 (1962-1996)
엘 키체(서북부)	344	45.52%
우에우에테낭고(서북부)	88	15.60%
치말테낭고(중서부)	70	6.72%
알타 베라파스(중부)	61	9.45%
바하 베라파스(중부)	28	4.54%
솔롤라(중서부)	16	2.22%
산 마르코스(서부)	15	2.89%
페텐(북부)	13	3.09%
과테말라(중부)	3	2.74%

CEH, 1998: 83~84

떠나 이웃한 우에우에테낭고를 거쳐 과테말라 시의 수도원에서 수녀들과 잠시 동안 생활했다. 멘추는 이때 처음으로 에스파냐어를 익혔다. 12년이 넘는 멘추의 망명 생활은 산디니스타가 집권하고 있던 중앙 아메리카의 니카라과에서 시작되었다.

온두라스를 거쳐 육로로 니카라과에 입국한 뒤 망명을 선언한 멘추는 1981년 멕시코로 가서 과테말라의 현실에 대해 여러 차례 연설하면서 이름을 알렸다. 멘추는 멕시코의 치아파스와 멕시코 시에서 10년 넘게 망명 생활을 지속하는 동안 산크리스토발 데 라스 카사스 교구의 주교인 사무엘 루이스 가르시아(Samuel Ruiz García)로부터 격려와 영감을 받았다.

적극적인 난민의 보호자이자 원주민 권리의 옹호자로서 1960년 1월 이래 줄곧 치아파스에서 사목활동을 전개해온 루이스 가르시아 주교는 멘추의 정신적 스승이 되었다. 치아파스는 멘추에게 피신처를 제공하고 "변화의 필요성을 깨닫게 해주었으며 생명을 돌려준 곳"이었다. 멘추는 가난과 굶주림, 불의 속에 사는 치아파스 원주민들의 모습을 통해 비슷한 환경에 거주하는 과테말라인들을 떠올렸다.

멘추의 정신적 스승이었던 사무엘 루이스 가르시아 주교

또 스위스 제네바의 유엔난민기구 본부는 멘추의 주요 활동무대로서 이곳에서 멘추는 각종 국제회의를 방청하고 각국 외교관들에게 과테말라 군의 '초토화 작전'의 참상을 고발하는 선전 활동을 펼쳤다. 아울러 멘추는 원주민 문제를 다루는 특별 조사위원회의 모임에 참여해 원주민의 권리 회복을 주장했다.

1982년 5월 처음으로 미국을 방문한 멘추는 노벨평화상을 수상하기 전까지 몇 차례에 걸쳐 여성 조직의 대표, 나바호와 호피를 비롯한 북아메리카 원주민 대표들을 만났으며 몇몇 대학교에서 연설했다.

학살의 증언: 『내 이름은 리고베르타 멘추』

1982년 1월 프랑스 파리에서 베네수엘라 출신의 인류학자 엘리자베스 부르고스-드브레(Elisabeth Burgos-Debray)가 멘추와 여드레 동안 구술 인터뷰를 진행한 끝에 증언록이 작성되었다. 부르고스-드브레는 멘추와 같은 형편의 정치적 망명자로서 24시간 30분 분량의 테이프 16개에 멘추의 구술을 채록했다.

멘추는 고향에서 어떻게 원주민 공동체를 조직했는지를 중심으로 개인과 공동체의 경험, 예컨대 대농장에서 면화와 커피콩을 따던 가난한 유소년 시절의 고된 노동, 파업 투쟁, 아버지 비센테 멘추(Vicente Menchú Pérez)의 토지수호 투쟁, 원주민의 전통, 라디노와의 관계 등을 폭넓게 구술했다.

더욱이 정부군에게 고문당한 뒤 가족 앞에서 산 채로 불에 타 죽은 어린 남동생 페트로시니오, 살충제 중독과 영양실조로 사망한 오빠 펠리페와 또 다른 남동생, 1980년 1월 1일 에스파냐 대사관 점거농성과 화재 사건으로 다른 38명과 함께 희생된 아버지, 그 뒤 얼마 지나지

않아 군인들에게 끌려가 며칠 동안
고문을 받고 숨진 어머니 후아나 툼
(Juana Tum K'otoja') 등 가족이 겪은
끔찍한 비극을 증언했다.

멘추는 과테말라 내의 지역적
격차와 1980년대 초의 학살, 나아
가 1954년 미국의 개입 이후 내전
에 휩싸인 과테말라 현대사의 치열
한 단면을 증언록에 고스란히 담았
고, 증언록의 출판을 계기로 무명의
망명 이주민에서 세상의 이목을 끄

엘 키체 주의 위치

는 인물로 탈바꿈했다. 멘추의 증언록은 5세기에 걸쳐 키체족이 겪은
억압과 배제의 역사를 원주민의 목소리를 통해 고발한 최초의 보고서
로 평가받았다.

이 증언은 판소스 학살 5년 뒤인 1983년에 에스파냐어판『내 이름
은 리고베르타 멘추, 내 의식은 이렇게 탄생되었다(Me llamo Rigoberta
Menchú y así me nació la conciencia)』, 그 이듬해에는 영역판『나, 리고
베르타 멘추: 과테말라의 원주민 여인(I, Rigoberta Menchú: An Indian
Woman in Guatemala)』으로 출판되어 국제적인 관심을 불러일으켰다.
증언록 덕분에 멘추는 일약 군부독재에 항거하는 반정부 망명세력뿐
아니라, 과테말라 인구의 55%가 넘는 원주민들의 대변자이자 "5세기
동안 지속되어온 정복과 억압에서 살아남은" 마야인의 상징으로 부상
했다.

부르고스-드브리와의 인터뷰는 아버지가 지도급 인사로 활동했
고 멘추 자신도 1979년에 가입한 〈농민연합위원회〉의 권유에 따른 것

이었다. 그리하여 일부 국제 연대 조직들의 초청을 받아 파리를 방문했을 때, 멘추는 과테말라 원주민들을 정치적으로 동원하고자 창설된 혁명 운동 네트워크 〈1월 31일 인민전선(FP-31)〉의 대표 자격으로 부르고스-드브리와 만났다.

멘추의 인터뷰에는 파리에서 박사학위 논문을 작성하고 있던 과테말라 망명자 연대 조직의 지도자 아르투로 타라세나(Arturo Taracena)와 쿠바 출신으로 필사와 편집을 맡은 파키타 리바스(Paquita Rivas)가 함께 참여했다. 이런 점을 근거로 『내 이름은 리고베르타 멘추』가 반정부 혁명세력, 연대 조직, 농민연합위원회 등이 공동으로 편집한 작품이며 멘추는 전면에 내세워진 연기자일 뿐이라고 주장하는 이들도 나타났다. 말하자면 『내 이름은 리고베르타 멘추』는 반정부 세력의 복화술과 멘추의 연기가 빚어낸 정치적 선전물이라는 것이다.

하지만 앞서 언급했듯이 멘추는 부르고스-드브리와의 인터뷰 전에 원주민 권리의 회복과 정치적 활동에 깊이 관여한 바 있었다. 또한 『내 이름은 리고베르타 멘추』에서 멘추는 자신이 겪은 비극에 대한 기억을 독자들과 공유하고 그들이 공감하도록 영향을 미치려는 정치적 의도를 숨기지 않았다.

증언록 출판 이후 멘추는 여러 분야의 연구자들로부터 믿기 힘든 폭력에 희생된 이들의 대변인 역할뿐 아니라 시적 감각을 지닌 이야기꾼, 앞선 세대가 전해준 지식의 전승자 등 다양한 면모의 소유자로 찬사를 받았다.

증언록은 원주민, 여성, 인권 옹호자로서 멘추가 지니는 다양한 정체를 드러내면서 멘추를 각 집단의 상징이자 대변자로 만드는 데 기여했다. 멘추의 증언은 1984년 11월 콜롬비아 카르타헤나의 국제회의에서 중앙아메리카의 난민과 망명자들에 관한 '카르타헤나 선언'을 기초하는 데 영향을 미쳤다.

또 증언록의 정치적 고발과 〈리고베르타 멘추 툼 재단〉을 비롯한 여러 비정부기구의 적극적 활동에 힘입어 내전 종식 후 대량학살의 피해자인 원주민들은 점차 주변적 위치에서 벗어나 집단정체성을 회복할 수 있는 발판을 마련했다. 이어 마야인들의 문화적 상징에 대한 사회적 승인을 요구하는 '원주민의 정체성과 권리에 관한 협정'이 체결되었다.

노벨평화상 수상과 '경계를 넘는 삶'

망명 7년 만인 1988년 4월에 국제대표단과 함께 과테말라로 귀환했을 때, 멘추는 자신을 게릴라 지도자로 여기고 있었던 경찰에게 체포당했다. 곧 풀려난 멘추는 멕시코로 돌아가 1989년부터 1992년을 '아메리카의 발견' 500주년으로 기념하려는 에스파냐의 시도에 반대하는 운동에 참여했다. 그리하여 1989년 콜롬비아에서 '500주년 기념'에 반대하는 첫 번째 대륙 원주민 회의가 개최되었을 때, 여기에 참여해 '저항의 500년' 캠페인에 착수했다.

1991년에는 유엔 '원주민권리선언'의 준비 작업에 참여하고 과테말라에서 두 번째 국제원주민포럼을 개최하는 데 협력했으며 캠페인의 이름을 '원주민, 아프리카계 주민, 민중 저항의 500년'으로 바꾸기도 했다. 멘추는 1993년을 '세계 원주민의 해'로 선포하도록 국제연합에 요구하는 활동에 동참했다. 1992년 12월 제47차 유엔 총회가 1993년의 '세계 원주민의 해' 지정을 결의했고 멘추는 친선 대사로 활동했다. 유엔은 이를 계기로 1994년부터 2004년까지 10년을 '세계 원

멕시코 시 템플로 마요르 박물관에 보관 중인 리고베르타 멘추 툼의 노벨평화상 메달과 증서

주민을 위한 10년'으로 명명했다.

이렇듯 멘추는 군부 정권의 원주민 학살을 고발하고 과테말라 내전 종식과 원주민 권리 회복을 위해 노력했을 뿐 아니라, 사회 정의, 종족·문화적 화해를 위해 애쓴 공로를 인정받아 1992년에 노벨평화상 수상자로 결정되었다. 노르웨이의 노벨위원회는 멘추를 수상자로 발표하면서 종족적·인종적 차별에 대한 저항, 원주민 권리의 옹호, 환경보존과 자원 나누기, 빈부격차의 해소 노력, 여성의 역할 강화 등을 높이 평가했다.

노벨평화상의 상금 120만 달러로 멘추는 1993년 5월 멕시코 시에서 아버지의 이름을 딴 〈비센테 멘추 재단〉(나중에 〈리고베르타 멘추 툼 재단〉으로 개칭)을 설립했다. 이 재단은 평화와 인권 증진, 민주주의 실현를 목표로 설정하고 원주민 여성과 아동의 삶의 질적 향상에 힘썼다. 또 재단은 약 200명의 지도자를 초청해 '원주민종족정상회의'를 개최했다.

멘추는 1993년부터 28개국을 순방하면서 원주민들의 형편을 널리 알리는 고된 일정을 계획했다. 1993년 말에 〈비센테 멘추 재단〉의 본부 이전을 결정한 멘추는 1994년에 12년이 넘는 망명 생활을 정리하고 과테말라로 귀환했다. 1995년 총선을 앞두고 멘추 재단은 전국 유권자 등록 캠페인을 펼쳐 선거와 투표를 '백인과 라디노의 관습'으로 인식해온 원주민들을 설득하고자 했다. 이는 멘추가 귀국한 뒤 처

음으로 추진한 대규모 프로젝트로서 '시민 참여를 위한 전국 캠페인'
으로 확대되었다.

그 뒤 멘추는 1998년 에스파냐 정부로부터 '아스투리아스 왕세자
(Prince of Asturias) 국제협력상'을 받았고, 빈곤층에게 저렴한 약품을
제공하고자 설립된 제약회사 〈모두에게 건강을(Salud para Todos)〉의 대
표로 활동했다. 2007년에 원주민 정당을 조직한 멘추는 과테말라 대
통령 선거에 출마한 최초의 여성 후보자가 되었지만, 3.1%의 저조한
득표율로 7위에 머물렀다.

멘추의 인생 역정은 두 번째 저술의 영문판 제목대로 '경계를 넘는
(Crossing Borders)' 삶 또는 지역과 국가의 틀을 넘어 전 세계를 무대로
활동하는 초국적 생애로 요약할 만하다. 멘추는 무엇보다 다양한 이
주와 이동, 즉 국내 난민생활과 멕시코로의 망명, 세계 여러 곳의 방
문과 국제기구를 적극 활용한 활동 등을 통해 세계의 주요 문제들을
인식하고 원주민 공동체와 지역, 국가, 세계를 연결하는 세계시민의
본보기가 되었다.

예컨대 멘추는 멕시코에 거주하기 전까지 다른 국가에도 마야 원
주민들이 살고 있다는 사실을 인지하지 못했으나, 여러 지역의 원주
민들과 접촉하면서 이들이 문화적 토대의 유사성에도 불구하고 서로
를 잘 알지 못한다는 점을 확인했다. 게다가 유엔의 일부 기구에서 로
비 활동을 전개하는 동안 다른 국가들에 망명 중인 과테말라인들과
경험을 공유할 수 있었다.

멘추는 조용하고 정치와 무관한 원주민 여성의 정형(定型)과는 대
조적으로 고립과 침묵 속에 머물지 않고 대중 조직에 참여하거나 새
로운 조직을 구성하고, 때로는 게릴라 세력과 접촉하거나 산악지대의
피신처나 멕시코로 탈출했다. 멘추는 스무 살이 되기 전까지 에스파냐

어를 거의 구사할 줄 몰랐지만, 새로운 세계와 접촉하면서 앞선 세대에 비해 에스파냐어 학습과 가톨릭교에 더 수용적인 태도를 보였다.

원주민을 기억하라: 『리고베르타, 마야의 자손』

멘추의 노벨평화상 수상 소식이 알려진 1992년 10월에는 과테말라 정부와 게릴라 세력 간의 평화 협상이 18개월째 진행되고 있었지만, 정부군의 폭력 행위가 여전했기 때문에 인권운동가들은 살해 위협에 시달렸다. 그해 첫 6개월 동안 무려 253건의 정치적 암살이 자행되었기에 멘추에게 노벨평화상은 기쁨인 동시에 고통이었다. 1992년 12월에 수여받은 노벨평화상 메달은 과테말라 내전의 종식과 평화의 정착을 기다리면서 임시 거처인 멕시코 시에 머무를 수밖에 없었다.

멘추는 노벨평화상 수상식 연설을 통해 멕시코 정부가 중앙아메리카에서 평화 협상의 전개에 관심을 기울이고 수많은 과테말라의 난민과 망명자들을 받아들인 결정, 그리고 과테말라에서 평화와 안전이 확립될 때까지 고대 아스테카 문명의 요람인 멕시코 시 템플로 마요르 박물관에 노벨평화상 메달의 자리를 마련해 주기로 한 조치에 감사를 표했다.

멘추는 "이제까지 (역사와 현실 속에서) 목소리를 들을 수 없었거나 의견을 무시당해온 모든 이, 차별당하고 가난 속에 빠져 있는 자, 억압과 인권유린의 피해자, 그럼에도 수 세기 동안 의식과 결의와 희망을 잃지 않고 견뎌온 이들을 대표해" 수상식에서 연설했다.

멘추에게 노벨평화상은 우애와 상호이해를 바탕으로 한 위엄 있는 삶을 지향했지만 큰 희생을 치른 아메리카 원주민들에 대한 경의의 표시였다. 멘추가 역설한 대로 노벨평화상 수상은 세계에서 가장 착취당하고 차별받았으며 가장 주변적인 삶을 유지해왔지만 여전히 긍지를 갖고 살아가는 원주민들을 기억하고 찬사를 보내는 것이었다.

아울러 마야 원주민 특유의 가치관과 세계 인식에 대한 존중의 표현이기도 했다. 멘추는 수상식 연설을 통해 원주민들의 세계관이 여러 다른 지역 주민과의 의사소통, 인간이 단지 상품이 아니라는 점을 일깨워주는 생명의 원천(땅과 어머니)과 맺는 관계, 인간은 신성한 자연의 일부일 뿐이라는 인식 아래 자연과 맺는 관계 속에서 잘 드러난다고 역설했다. 원주민들의 땅과 촌락에 대한 권리가 회복되지 않는 한, 그리고 각 종족의 문화정체성과 위엄에 대한 존중 없이는 민주주의와 발전, 현대화의 조화가 불가능하다는 점도 강조했다.

한편 부모와 형제들이 국가폭력에 희생당한 피해자로서 멘추는 노벨평화상 수여를 과테말라에서 인권 회복, 사회적 평등, 정의를 위해 싸우다 숨진 모든 이들에 대한 예우로 받아들였다. 멘추가 밝혔듯이 1944년 10월부터 라틴아메리카에서는 예외적으로 민주주의적 개혁의 시대를 경험한 과테말라인들은 1954년부터 외세의 개입에 따른 치열한 내전에 휩싸이게 되었다.

냉전 대립은 고스란히 과테말라에 투영되어 무장 충돌과 정치적·경제적·사회적 종속을 낳았고 군부독재체제의 폭력은 원주민 농민들에게 집중적인 피해를 입혔다. 멘추는 당시 지속되고 있던 원주민에 대한 억압, 특히 원주민 청년들을 〈민간자경단〉으로 강제 동원하고 다른 부족 원주민들을 탄압하는 데 이용하는 악의적 행위의 즉각적인 중단을 요청했다.

멘추는 노벨평화상 수상을 계기로 반정부 혁명 투쟁으로부터 세계 원주민 정상 회의의 개최나 유권자 등록 운동의 전개 등 새로운 방식의 사회운동으로 활동의 폭을 넓혔다.

또한 멘추는 1999년에 출간된 두 번째 저술 『리고베르타, 마야의 자손(Rigoberta, La nieta de los Mayas)』에서 출판을 위해 긴밀히 협력한 편집 팀, 즉 과테말라 작가 단테 리아노(Dante Liano)와 이탈리아 작가 지아니 미나(Gianni Minà)를 소개하고 『내 이름은 리고베르타 멘추』에서 미흡했거나 의도적으로 드러내지 않은 몇 가지 문제에 대해 해명하면서 중요한 수정사항을 덧붙였다.

원주민의 일상생활, 자연과의 조화로운 관계, 생명과 죽음에 대한 관념 등 마야 고유의 문화에 대해서도 자세히 언급하면서 마야 문명의 뿌리로의 상징적인 귀환을 시도했다. 첫 번째 저술과 달리 회고록의 성격이 강한 『리고베르타, 마야의 자손』에서 멘추는 500년간 파괴된 마야 문명을 더 이상 방치할 수 없다는 점을 분명히 밝히면서 인간이 역사 속의 존재임을 강조했다. 가톨릭교회의 교리문답 교사인 아버지의 영향력과 교회의 가르침을 중요시한 첫 번째 저술에 비해 두 번째 저술은 마야의 전통 신앙을 따르던 어머니의 가르침이나 마야의 문화 전통에서 유래한 지식을 강조하기도 했다.

노벨평화상 수상과 출판을 둘러싼 논란들

멘추는 원주민의 권리 회복을 설파한 활동가이자 종족·문화 간 화해의 상징으로 찬사를 받았지만, 그의 증언록 출판과 노벨평화상 수상은 다른 한 편에서 논란을 불러일으키는 소재가 되기도 했다.

미국의 인류학자 데이비드 스톨(David Stoll)이 1991년 라틴아메리카학회의 연례 발표회에서 『나, 리고베르타 멘추』에 수록된 몇 가지 주요 진술의 신빙성에 대해 의문을 제기했을 때만 해도 그의 문제 제기는 학계 일부에 국한되었다. 하지만 이 문제 제기에 근거한 스톨의 저서 출간과 이를 소개하는 1998년 12월 15일《뉴욕타임스》의 기사를 계기로 멘추의 증언록은 정치적·사회문화적 논쟁의 대상으로 부각되었다.

스톨의 『리고베르타 멘추와 가난한 과테말라인 모두의 이야기 (Rigoberta Menchú and the Story of All Poor Guatemalans)』는 멘추의 일인칭 시점 서사의 진실성에 대해 강한 의혹을 제기했다. 스톨은 멘추의 증언 가운데 아버지와 남동생의 피살을 비롯해 충격적인 사건들의 실제 목격 여부, 멘추의 최종 학력과 노조 조직책 경력, 아버지 비센테 멘추의 정치적 의식 수준, 원주민 촌락의 토지분쟁의 원인에 대한 설명 등이 사실과 다르거나, 실상을 은폐 또는 과장한 것이라고 주장하면서 파문을 일으켰다.

곧이어 멘추를 유명 인사로 만든 증언록의 위증 여부와 경력 조작 의혹, 장르상의 특성을 비롯한 증언록의 이해 방식, 멘추의 원주민 대표성, 그리고 학술연구와 정치적 논쟁의 관련성 등 여러 가지 쟁점을 둘러싸고 미국과 과테말라의 학계에서 열띤 논쟁이 전개되었고, 일부 보수 또는 극우 성향의 인사들은 노벨평화상 수상자 멘추를 '거짓말쟁이 인디오'로 격하시켰다.

스톨의 연구가 『나, 리고베르타 멘추』의 진실성 여부 검토를 넘어 1980년대 말 이래 미국의 교육계에서 비판적 문화연구와 다문화주의를 정착시키고 대학생을 위한 교양 필독서의 범위를 원주민을 비롯한 대안적 담론과 비서구 저작까지 확대하려는 '정치적으로 올바른 (politically correct)' 운동을 겨냥하게 되면서 논쟁의 범위는 더욱 확대되었다.

참고문헌

Arturo Arias, ed., *The Rigoberta Menchú Controversy*, Minneapolis: University of Minnesota Press, 2001.

Comisión para el Esclarecimiento Histórico(CEH), "Guatemala, Memory of Silence Tz'inil Na'tab'al", *Report of the Commission for Historical Clarification, Conclusions and Recommendations*, Guatemala: CEH, 1998.

George W. Lovell, "Surviving Conquest: The Maya of Guatemala in Historical Perspective", *Latin American Research Review*, Vol. 23, No. 2, 1988.

Rigoberta Menchu Tum, trans. by Ann Wright, *Crossing Borders*, London and New York: Verso, 1998.

Rigoberta Menchu Tum, with Elisabeth Burgos-Debray, trans. by Ann Wright, *I, Rigoberta Menchú: An Indian Woman in Guatemala*, London and New York: Verso, 1984.

The Nobel Foundation, *Rigoberta Menchú Tum, Nobel Lecture*(Web, Nobelprize.org), 1992.

권헌익, 이한중 옮김, 『또 하나의 냉전: 인류학으로 본 냉전의 역사』, 민음사, 2013.

박구병, 「리고베르타 멘추 논쟁에 나타난 '문화 투쟁'」, 『중남미연구』 제28권 1호, 2009.

Yasser Arafat   1929.08.04 ~ 2004.11.11
Shimon Peres   1923.08.02 ~ 2016.09.28
Yitzhak Rabin   1922.03.01 ~ 1995.11.04

"

성서가 가르치듯, 칼은 살을 먹지만 생존을 지탱할 수는 없습니다. 총이 아니라 사람이 승리합니다. 모든 전쟁에서 우리가 얻는 결론은 전쟁을 이기기 위해서, 전쟁을 피하기 위해서 필요한 것이 더 나은 총이 아니라 더 나은 사람이라는 것입니다. 선택의 여지가 없어서 전쟁을 했던 때가 있습니다. 오늘날 '선택의 여지가 없는 것은' 평화입니다.

"

- 시몬 페레스의 《노벨평화상 수상 연설》(1994) 중

역사적인 오슬로협정을 기리며

야세르 아라파트

Yasser Arafat

시몬 페레스

Shimon Peres

이츠하크 라빈

Yitzhak Rabin

이름 / 야세르 아라파트(팔레스타인)

시몬 페레스(이스라엘)

이츠하크 라빈(이스라엘)

수상 연도 / 1994년

수상 근거 / 이스라엘과 팔레스타인 공존을 위한 오슬로 협정 체결

중동 평화 구축에 기여

수상 분야 / 국제 분쟁 조정

—

•글 박현도

명지대학교 중동문제연구소 HK연구교수

불가능해 보였던 평화협정

1994년 노르웨이 노벨위원회는 중동에 평화를 구축하려는 노력을 높게 평가하여 야세르 아라파트, 시몬 페레스, 이츠하크 라빈(영문 알파벳 순)에게 노벨평화상을 수여하기로 결정했다. 공동 수상자인 아라파트와 페레스, 라빈은 불구대천의 원수인 두 정치공동체 팔레스타인과 이스라엘을 대표하는 인물들이었다. 당시 아라파트는 이스라엘에 빼앗긴 땅을 되찾으려는 〈팔레스타인 해방기구(Palestine Liberation Organization, 이하 PLO)〉의 의장이었고, 라빈과 페레스는 이스라엘의 총리와 외교부 장관이었다.

1964년에 창립된 PLO는 이스라엘을 인정하지 않고 무력으로 붕괴시켜 팔레스타인 독립 국가를 세우는 것을 목표로 하는 조직이었고, 이스라엘은 그러한 PLO를 테러 단체로 간주하여 '눈에는 눈, 이에는 이'의 방식으로 강력하게 응전하고 있었다. 서로 얼굴을 맞대기도 불가능해 보였던 이들이 평화상을 함께 받은 이유는 일 년 전에 서로의 존재를 인정하는 것을 골자로 한 '오슬로협정(Oslo Accords)'을 맺었기 때문이다.

PLO와 이스라엘은 한때 상대편의 생존근거를 인정하지 않고 끝이 보이지 않는 무력대치를 이어갔다. 그러던 중 중동 지역의 정세 변화에 따라 1980년 말부터 PLO가 조금씩 대이스라엘 투쟁방식에 변화의 기미를 보였고, 이스라엘도 1992년 라빈이 총리가 되면서 PLO에 대한 새로운 대응책을 모색하기 시작했다.

그리하여 양측은 1992년 노르웨이 정부의 중재로 오슬로에서 상호 공존을 위한 비밀 협상을 벌였다. 그 결과 이스라엘은 PLO가 공식적으로 팔레스타인을 대표하는 조직임을 인정하고, PLO는 이스라엘의 존재를 받아들여 무력투쟁을 포기하는 데 합의했다.

또 양측은 2000년에 팔레스타인이 가자 지구와 요르단 강 서안의 예리고 지역을 스스로 다스리고, 아울러 협정 체결 후 5년 동안 요르단 강 서안의 다른 지역에서 이스라엘군이 철수하기로 의견의 일치를 보았다.

이러한 내용을 담은 조문 서명식이 1993년 9월 13일 미국 백악관에서 전 세계가 지켜보는 가운데 열렸다. 이것이 이스라엘-팔레스타인 분쟁에 새로운 평화의 희망을 던져준 역사적인 오슬로협정이다. 클린턴 미국 대통령이 중재하는 가운데 이루어진 이 서명식에서 PLO 의장 아라파트와 이스라엘 총리 라빈은 서로의 손을 잡았다. 절대 불가능하리라 여겼던 일이 벌어진 것이다.

오슬로협정 서명식에서 악수하는 이스라엘 총리 라빈과 PLO 의장 아라파트(1993.09.13, 미국 백악관)

선정 과정부터 진통을 겪다

노벨위원회는 "오슬로협정을 체결하고 준수하면서 아라파트, 페레스, 라빈은 평화와 협력이 전쟁과 증오를 대체하는 역사적 과정에 크게 공헌했다"면서 세 사람에게 평화상을 안겼다. 노벨평화상이 두 명이상에게 주어진 것은 93년 역사상 처음 있는 일이었다. 그러나 선정 과정은 순조롭지 않았다.

선정위원이었던 크리스티안센(Kare Kristiansen)은 폭력과 테러, 유혈로 가득한 과거를 지닌 PLO 의장 아라파트가 어떻게 평화상을 받을 자격이 되냐고 공개적으로 항의하며 위원직을 사퇴했다. 1973년 노벨평화상 수상자로 미국 국무장관 키신저와 베트남 정치가 레 득토가 결정되었을 때에도 선정위원 2명이 항의하며 위원직에서 물러났다가 이후 사퇴 의사를 번복한 적이 있었다. 크리스티안센의 사임 또한 큰 파장을 불러일으켰다.

이에 대해 세예르스테드(Francis Sejersted) 위원장은 노벨평화상은 수상자의 과거가 아닌, 이스라엘과 팔레스타인의 평화협정이라는 구체적 행위를 평가하는 것이라고 아라파트의 평화상 수상의 정당성을 강조했다.

선정위원의 사퇴만이 문제였던 것은 아니다. 양측이 용기를 내 어렵게 이룬 오슬로협정을 환영하고 높이 평가하고자 노벨평화상 최초로 3인 공동 수상을 결정했지만, 안타깝게도 발표 당일 팔레스타인 무장세력에 납치된 이스라엘 병사 구출 작전 중 잡혀있던 군인과 그를 구출하려던 군인들 중 한 명이 목숨을 잃는 사건이 발생했다.

비보를 접한 라빈 총리는 "죽은 병사들을 다시 살릴 수만 있다면 노벨평화상을 기쁘게 반납하련만"이라 말하며 애통해했다. 이스라엘과 팔

레스타인의 평화가 얼마나 어렵고 힘든지 그대로 보여주기라도 하듯
아라파트, 페레스, 라빈의 평화상 수상의 앞날은 혼란스럽고 어두웠다.

더욱이 오슬로협정을 받아들일 수 없다며 반대의 기치를 높이 치
켜든 라빈과 페레스의 정적들에게 아라파트는 평화상을 받을 자격이
없는 최악의 수상자로 각인되었다. 이스라엘인들의 목숨을 호시탐탐
노리던 '거악(巨惡)의 괴수' 아라파트와 자국의 정치지도자들이 협정
을 맺고 또 노벨평화상까지 공동 수상했다는 현실에 정치적 반대자들
의 속은 부글부글 끓어올랐다. 결국 불길한 예감대로 평화상을 수상
한 지 일 년도 못되어 라빈은 평화집회 현장에서 극우주의자의 총에
맞아 세상을 떠났다.

수상자들의 잇단 비극

1994년의 노벨평화상이 중동 평화에 기여한 사람에게 준 첫 번째
상은 아니었다. 중동 평화와 관련한 최초의 노벨평화상은 1978년 이
집트의 사다트 대통령과 이스라엘의 베긴 총리가 공동 수상했다.

팔레스타인 문제로 1948년 첫 전쟁을 치른 이래 1973년 제4차 중
동전쟁까지 이집트와 이스라엘은 철천지원수였다. 그러나 1977년 11
월 19일 사다트 대통령이 예루살렘을 방문함에 따라 급격한 변화의
물꼬가 터졌고, 이듬해 미국 카터 대통령의 중재로 사다트와 베긴이
'캠프 데이비드'에서 만나 협정을 체결함으로써 다음 해인 1979년에
양국 간 평화협정이 체결되었다.

그러나 아라파트와 평화를 추구한 라빈이 자국민의 총에 목숨을
잃었듯이, 팔레스타인 땅을 불법점거한 불구대천의 원수 이스라엘을

청중의 환호에 화답하는 사다트 이집트 대통령(왼쪽)과 베긴 이스라엘 총리
(1978.09.18, 미국 캠프 데이비드 협정 선언식)

인정하고 평화를 추구한 사다트는 1981년 국경일 행사 도중 사열 대
오에서 빠져나온 자국 군인들의 총에 맞아 세상을 떠났다.

중동 평화를 위해 힘쓴 이들에게 1978년과 1994년 두 차례에 걸
쳐 노벨평화상이 주어졌는데, 1978년 수상자 두 명 중 한 명이, 1994
년 수상자 세 명 중 한 명이 평화 행보에 불만을 품은 자국민의 총에
맞아 유명을 달리했다. 중동 평화의 희생자는 모두 팔레스타인을 둘
러싼 분쟁으로 인해 목숨을 잃었다. 그렇다면 도대체 팔레스타인에
어떤 문제가 있는 것일까?

팔레스타인의 슬픈 역사...

'팔레스타인'이란 명칭은 그리스도교의 구약성서인 유다인들의 히

브리 성서에 나오는 '블레셋'에서 유래된 것으로, 이주, 이민이라는 어원을 갖고 있다. 기원전 12세기에 에게 해 지역에서 오늘날의 팔레스타인 지역으로 건너온 사람들을 가리켜 블레셋이라고 하였다.

기원전 5세기에 헤로도토스는 이 지역을 그리스어로 팔라이스티네(Παλαιστίνη)라고 불렀고, 라틴어 팔라이스티나(Palaestina)를 거쳐 영어로 팔레스타인(Palestine)이 되었다. 에게 해 지역에서 온 사람들이 정착했으니 팔레스타인 사람들은 원래 아랍과 관련이 없었다고 보는 것이 합당하다.

기원전 63년 로마제국의 폼페이우스 장군이 예루살렘을 정복하면서 오늘날 이스라엘이라 불리는 팔레스타인은 로마의 식민지로 전락했다. 로마는 이를 유다주(Provincia Judaea)라고 불렀다. 그로부터 100년 후인 서기 66년 유다인들이 로마에 반기를 들고 독립전쟁을 시작했다. 서기 70년에 강력한 로마군단이 반란을 진압하고 오늘날 통곡의 벽이라 부르는 서쪽 장벽만 남긴 채 유다교의 심장부인 예루살렘 성전을 철저히 파괴했다.

마사다(Masada) 요새를 비롯해 여러 곳에서 이어진 저항마저 모두 물거품이 되면서 유다인의 독립전쟁은 서기 73년에 철저한 실패로 끝난다. 그러나 132년에 스스로를 유다인들의 메시아로 자처한 바르 코크바(Bar Kokhba)가 로마에 다시 항거하고 나섰다. 이에 로마는 출병하여 결국 135년에 유다인들의 독립의지를 잠재웠다.

이때 로마 황제 하드리아누스는 예루살렘을 자신의 이름 아일리우스(Aelius)와 주피터(Jupiter Capitolinus) 신에게 바친다는 의미의 카피톨리나(Capitolina)를 합쳐 아일리아 카피톨리나(Aelia Capitolina)로 개명하고, 유다 지방을 시리아 주와 합쳐 시리아 팔라이스티나 주(Provincia Syria Palaestina)로 고쳐 불렀다. 아울러 1, 2차 독립전쟁 이후 로마가 유다인들을 이곳에서 살지 못하도록 쫓아내면서 유다인들이 고향을 잃고 전 세계로 떠도는 이른바 디아스포라(Diaspora)가 시작되었다.

서기 638년 아랍 무슬림군이 예루살렘을 정복하면서 십자군 시대를 제외하고는 1917년 영국의 식민지가 될 때까지 약 1,200년 동안 아랍 무슬림들이 팔레스타인을 장악했다. 이슬람 경전 꾸르안(코란)은 팔레스타인을 아랍어로 알아르드 알무깟다사(al-Ard al-Muqaddasa)라고 부르고 있다. '성스러운 땅'이라는 뜻이다.

1917년 예루살렘을 비롯한 오늘날의 팔레스타인을 점령한 영국이 이 지역을 팔레스타인으로 부르기 시작했고, 아랍인 역시 팔레스타인의 아랍어 음사인 필라스띤(Filastin)으로 불렀다. 이처럼 역사를 돌이켜보면 팔레스타인의 주인은 계속 바뀌었다.

오늘날 이스라엘인들은 팔레스타인 지방이 로마인에게 쫓겨나기 전까지 선조들의 삶의 터전이었다고 굳게 믿는다. 아랍인들은 이 지역을 무슬림들이 정복한 638년부터 지금까지 14세기에 걸쳐 삶을 가꾸어온 고향으로 여긴다.

엄밀히 따지면 과거에 아랍인들은 유다인들과 문제없이 잘 지내왔다. 많은 유다인들이 로마제국의 등쌀에 못 견뎌 예루살렘을 떠났지만, 모두가 떠난 것은 아니었다. 소수나마 유다인들은 늘 예루살렘과 그 주변 지역에서 삶을 꾸려왔다. 그런데 오스만 튀르크 제국에게서 팔레스타인을 빼앗은 영국의 이중적인 식민통치 정책으로 인해 비극적인 팔레스타인 분쟁이 촉발되었다.

신사의 나라 영국의 비신사적 외교

영국이 팔레스타인을 점령한 시기는 제1차 세계대전 중이었다. 영국은 오늘날 중동이라 부르는 지역을 압도적인 힘으로 지배하던 오스만 튀르크 제국을 무너뜨리기 위해 아랍의 도움이 필요했다.

이때 영국의 눈에 든 인물이 메카의 지도자인 샤리프 후세인 이븐 알리(Hussein ibn Ali, Sharif of Mecca)였다. 영국령 이집트의 고등판무관 맥마흔(Sir Henry McMahon)은 후세인과 1915년 7월 14일부터 이듬해 3월 10일까지 10통의 편지를 주고받는다.

이 두 사람이 교환한 편지를 '맥마흔-후세인 서한'이라 부르는데, 후세인이 영국을 도와 오스만 튀르크를 무너뜨리는 데 도움을 준다면 영국은 그에 대한 보상으로 아랍왕국을 세워주겠다는 내용이 골자였다. 맥마흔이 보낸 편지에서는 팔레스타인이 아랍왕국에 포함되어 있는데 그 경계는 논란거리가 되고 있다. 후세인은 영국을 믿고 아랍군을 결성해 1916년 6월 10일 오스만 튀르크 제국에 항쟁을 선언한다.

한편 영국은 후세인의 편지와는 별도로 프랑스와 1915년 11월부터 오스만 튀르크 제국 해체 이후의 중동질서를 논의하기 시작했다. 그 결과 1916년 5월 16일 공식적으로는 '소아시아협정(Asia Minor Agreement)'이라 부르지만 양국의 외교대표, 즉 영국의 사이크스(Mark Sykes)와 프랑스의 피코(François Georges-Picot)의 이름을 딴 '사이크스-피코 협약(Sykes-Picot Agreement)'으로 더 널리 알려진 중동 영토분할안에 합의한다.

이에 따르면 팔레스타인은 영국, 프랑스, 러시아의 공동관리 구역으로 설정되어 있다. 후세인은 이러한 협약의 존재를 전혀 알지 못했다. 설상가상으로 영국의 밸포어(Arthur Balfour) 외무장관은 1917년 11월 2일 시온주의자인 유다계 영국인 로스차일드(Walter Rothschild) 경에게 다음과 같은 내용을 담은 편지를 보내 팔레스타인에 유다인의 나라를 만들어주겠다는 약속을 한다.

Foreign Office,
November 2nd, 1917.

Dear Lord Rothschild,

I have much pleasure in conveying to you, on behalf of His Majesty's Government, the following declaration of sympathy with Jewish Zionist aspirations which has been submitted to, and approved by, the Cabinet

'His Majesty's Government view with favour the establishment in Palestine of a national home for the Jewish people, and will use their best endeavours to facilitate the achievement of this object, it being clearly understood that nothing shall be done which may prejudice the civil and religious rights of existing non-Jewish communities in Palestine, or the rights and political status enjoyed by Jews in any other country"

I should be grateful if you would bring this declaration to the knowledge of the Zionist Federation.

아서 밸포어가 로스차일드 경에 보낸 편지

"폐하의 정부는 팔레스타인에 '유다인을 위한 국가'를 설립하는 것을 찬성하고, 이러한 목적을 쉽게 달성하기 위하여 최선의 노력을 기울일 것이다."

훗날 당시 수상이던 로이드 조지(David Lloyd George)는 시온주의자들의 지지를 결집함으로써 전쟁을 더 수월하게 이끌기 위해 선동의 차원에서 '밸포어 선언(Balfour Declaration)'을 했고, 소기의 성과를 거두었다고 밝혔다.

영국은 회심의 미소를 지었는지 모르지만, 아랍인들과 유다인들은 영국의 이현령비현령(耳懸鈴鼻懸鈴)식 정책으로 인해 씁쓸한 표정을 지을 수 밖에 없는 입장이었다. 아랍인들에게는 팔레스타인이 포함된 아랍국가를, 유다인들에게는 팔레스타인의 유다국가를 약속했지만, 영국은 비밀리에 프랑스와 협의해 팔레스타인을 국제공동관리 구역으로 이미 정해놓았기 때문이다.

1918년 제1차 세계대전의 승전국이 된 영국은 프랑스와 함께 원했던 대로 중동을 나누어 가졌다. 오스만 튀르크 제국은 해체되었지만, 무스타파 케말 아타튀르크의 영도하에 터키인들이 아나톨리아 반도를 사수하면서 터키공화국이 새롭게 태어났다.

1920년 4월 19일부터 26일까지 이탈리아의 산레모에서 제1차 세계대전 승전국들이 전후 질서를 논의하면서 '사이크스-피코 협약'은 공식적으로 폐기되었으나 팔레스타인을 제외한 중동의 대다수 지역은 영국과 프랑스가 이전에 협의한 큰 틀 안에서 국제연맹으로부터 지배력을 인정받았다. 팔레스타인은 이제 국제공동관리 구역이 아니라 영국의 공식적인 보호령이 되었고, 밸포어 선언에 고무된 유럽의 유다인들이 팔레스타인으로 활발하게 이주하기 시작했다.

팔레스타인으로 이주하는 유다인들

사실 유다인들이 팔레스타인으로 이주하기 시작한 것은 1882년으로 거슬러 올라간다. 러시아와 폴란드에서 그리스도교인들의 박해를 받은 유다인들이 당시 오스만 튀르크 지배하의 팔레스타인으로 도망치듯 들어왔다. 유럽의 유다인들이 시온으로 돌아가자는 기치 아래 1897년 스위스 바젤에서 '제1차 시온주의자 회의'를 연 것도 유럽 내 유다인 박해 때문이었다.

시온주의의 아버지로 불리는 오스트리아 출신 유다계 언론인 헤르츨(Theodor Herzl)은 1893년 프랑스 체류 중에 군 장교 드레퓌스(Alfred Dreyfus)가 유다계라는 이유로 독일 스파이로 몰려 종신형을 선고받았음에도 불구하고, 프랑스 내 유다인 공동체가 보복이 두려워 제대로 항의도 못하는 모습을 보고 큰 충격을 받았다.

자유, 평등, 형제애를 최고의 가치로 삼고, 유럽의 모든 지성인으로부터 제2의 조국이라 불렸던 최고의 선진 문명국 프랑스에서도 이런 차별을 받는다면 유다인이 살 곳은 유럽 어디에도 없다고 믿은 그는 유다국가 건립을 표방하며 시온주의를 주창했다.

헤르츨은 팔레스타인을 고집하지는 않았다. 어디든 유다인이 평화롭게 살 수 있는 곳이면 된다고 생각했다. 그러나 1897년 제1차 세계 시온주의자 회의(World Zionist Congress)는 "팔레스타인에 공공법 아래 유다인을 위한 정착촌을 건설할 것"을 목표로 천명했다. 1903년 제6차 회의에서는 우간다가 임시 거처로 제안되었으나 1905년 제7차 회의에서 우간다 안을 폐기했다.

1900년부터 1914년까지 약 4만 명에 달하는 유다인이 팔레스타인으로 이주했는데, 유다인 수가 늘어나면서 아랍인들과 문제가 발생하기 시작했다. 그러나 시온주의 지도층은 아랍인들과의 충돌을 막는 것보다 열강의 협력을 받아내는 일에 더 열중했다.

1936년부터 3년 동안 아랍인들이 항거를 벌이자 1939년에 영국 정부는 유다인 이주 제한 조치를 취했다. 향후 5년 동안의 이민자 수를 7만 5천 명으로 제한하고, 그 이후에 아랍의 동의 없는 이주를 금했으며, 10년 내에 팔레스타인 아랍 국가 건설을 약속했다. 또 밸포어 선언과 '친유다인 정책'을 폐기했다.

그러나 1933년 독일에서 히틀러가 집권하면서, 독일 내 유다인을 무국적 난민으로 만드는 등 나치의 유다인 박해가 기승을 부리기 시작했다. 주지하다시피 제2차 세계대전 중에 수많은 유다인들이 나치의 조직적인 박해로 목숨을 잃으면서 유럽 내의 유다인 문제가 긴급 현안으로 부상했다.

그럼에도 영국의 처칠 총리는 유다인들의 팔레스타인 이주를 계속 제한했는데, 1945년 처칠이 실각하고 노동당이 집권하면서 유다인들에게 희망의 문이 열렸다. 결정적으로 1947년 7월 11일 4,515명의 유다인을 태운 배가 프랑스에서 팔레스타인으로 출발했지만 영국이 거부하는 바람에 독일로 송환되었고, 이에 국제여론이 악화되면서 영국은 유다인의 이주를 거부하지 못하게 되었다.

팔레스타인 분할안에 아랍인들이 반대하다

아랍인과 유다인이 싸우지 않고 팔레스타인에서 공존할 수 있는 방법을 찾는 대신, 유엔은 분할안을 놓고 표결에 부쳤다. 분할안에 따르면 아랍인의 영토는 가자 지구, 요르단 강 서안지구, 북부지역을 포함해서 팔레스타인 총 면적의 약 40퍼센트였고, 유다인은 약 60퍼센트를 차지했는데, 유다인 영토의 반은 네게브 사막이었다.

아랍인들은 팔레스타인 분할안을 반대했다. 땅 넓이가 문제가 아니었다. 당시 팔레스타인 문제를 주도하고 있던 아랍의 지도층은 팔레스타인 사람이 아니라 시리아인이었다. 이들은 팔레스타인 문제를 대(大)시리아 민족주의에 입각해서 보았다. 종교, 언어, 경제, 자연, 지리적으로 팔레스타인이 시리아에서 분리될 수 없는 일부라고 본 것이다.

그들은 '팔레스타인'이라는 말 자체가 시온주의자 유다인들이 만든 것으로, 역사 속에 팔레스타인이라는 나라는 존재하지 않는다고 주장했다. 팔레스타인에 아랍인을 위한 국가를 세울 수 있었음에도 불구하고 시리아의 남부지방으로 간주했던 것이다.

아랍인들이 팔레스타인은 역사적으로 시리아의 일부이기에 분할할 수 없다고 주장하는 사이, 시온주의자들은 유엔 표결에 효과적으로 대처했다. 그 결과 1947년 11월 29일 유엔 총회에서 분할안은 찬성 33표, 반대 13표, 기권 10표로 통과되었다. 아랍인들은 거부했고, 유다인들은 받아들였다. 영국의 팔레스타인 보호령 지배가 끝나기 전 날인 1948년 5월 14일 유다인 지도자들은 이스라엘 건국을 선언했다. 그리고 전쟁이 시작되었다.

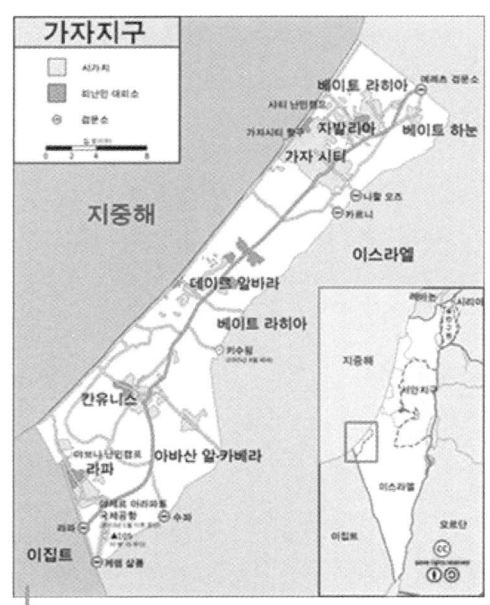

팔레스타인 남서단에 있는 가자 지구

연이은 전쟁과 PLO의 탄생

아랍인들은 조그마한 이스라엘 정도는 쉽게 이길 수 있으리라 믿었다. 팔레스타인을 둘러싸고 있는 주변의 시리아, 레바논, 이집트, 요르단, 이라크 연합군이 압승을 거둘 것이라 생각했다. 당시 이라크 수상 누리 알사이드(Nuri al-Said)는 팔레스타인 내 아랍인들에게 잠시 안전한 곳으로 처자식들을 피신시키면 이스라엘을 박살내겠다고 말했지만 곧 허언이 되어버렸다.

이 전쟁을 아랍어로 '나크바(Nakbah)'라고 하는데, '대재앙'이라는 뜻이다. 8천만 아랍인들과 4억 무슬림이 도와서 승리할 것이니 잠시 집을 떠나도 곧 돌아올 수 있다는 약속과 달리, 수많은 팔레스타인 아랍인들이 난민으로 전락했다. 이들을 돕기 위해 1949년 12월 유엔은 〈난민구제기구(The United Nations Relief and Works Agency)〉를 설립했다.

제1차 중동전쟁이 끝난 후 이스라엘은 유엔 분할안보다 더 넓은 영토를 차지했을 뿐 아니라, 1949년 5월 11일 정식 유엔 회원국이 되었다. 1956년 제2차 중동전쟁에서는 이집트가 수에즈 운하를 국유화하고 이스라엘의 홍해 진입을 봉쇄하자 이스라엘이 영국, 프랑스와 손잡고 이집트를 공격했는데, 미국과 소련의 개입 덕에 이집트가 수에즈 운하를 관장하는 것으로 마무리되었다.

이 전쟁의 실질적 승자로 아랍세계의 영웅이 된 이집트 대통령 나세르(Gamal Abdel Nasser)의 주도 아래 이집트와 시리아가 합쳐 '아랍연합공화국'을 세웠다. 비록 3년 만에 양국은 결별했지만, 아랍민족주의의 열기는 정점에 달했다. 그리고 1964년 1월 13일 나세르 주도하에 카이로에서 열린 아랍연맹의 첫 정상회담에서 무장투쟁으로 시온주의에 종지부를 찍고 팔레스타인을 해방시키고자 PLO 창설을 논의했다. 이에 5월 28일 예루살렘에서 팔레스타인 민족협의회가 소집되었고, 6월 2일 공식적으로 PLO가 출범했다.

그러나 1967년 6월 5일 발발한 제3차 중동전쟁은 팔레스타인과 아랍세계를 절망의 나락에 빠뜨렸다. 6월 10일 종전할 때까지 단 6일 동안 이스라엘이 이집트, 시리아, 요르단의 군사력을 무력화하며 압도적인 승리를 거두었다. 이 전쟁에서 이집트는 시나이 반도와 가자 지구를, 시리아는 골란 고원을, 요르단은 요르단 강 서안지역과 동예루살렘을 이스라엘에 빼앗겼다.

원래 PLO를 반대했던 아라파트는 PLO가 결성되기 훨씬 전인 1959년 팔레스타인 독립에 뜻을 함께하는 동지들과 〈파타흐(Fatah)〉라는 팔레스타인 해방운동단체를 만들었다. 파타흐는 팔레스타인 국가해방운동을 뜻하는 아랍어의 앞 글자만 따서 부른 약어다. 파타흐는 시리아의 지원을 받으며 이스라엘을 공격했는데, 1967년 6일 전쟁 참패를 목도하면서 아라파트는 아랍국가에만 의존해서는 팔레스타인 해방이 불가능하다는 사실을 깨닫는다.

1969년 PLO 의장이 된 그는 팔레스타인 난민이 몰려 있는 요르단 왕국과 불편한 관계를 유지하면서도 무장투쟁을 통한 해방운동에 박차를 가했다. PLO 하부 조직의 무력투쟁은 전 세계의 이목을 끌 수밖에 없었다. 비행기 납치, 1972년 뮌헨 올림픽의 이스라엘 선수 사살 등 해방이라는 대의 아래 자행한 굵직굵직한 테러가 언론 지상에 오르내렸다.

비난의 대상이 된 평화협정

1973년 제4차 중동전쟁에서 이스라엘 불패신화가 깨어지긴 했지만 팔레스타인 독립과는 무관했다. 다만 전쟁 이후인 1974년 모로코 라바트에서 열린 〈아랍연맹 정상회담〉에서 PLO는 팔레스타인을 대표하는 유일한 합법 기구로 인정받아 아랍연맹의 일원이 되었다. 유엔도 PLO를 팔레스타인 대표로 인정하고 옵서버 지위를 부여했다.

1979년 이집트가 제3차 중동전쟁에서 빼앗긴 시나이 반도를 이스라엘로부터 돌려받고 평화협정을 체결함에 따라 중동정세는 급변하기 시작했다. 요르단과 사이가 틀어져 레바논에 자리를 잡은 PLO는 이스라엘이 1982년 레바논을 침략하자 튀니지로 본부를 옮겨 독립투쟁을 지속했다. 1987년 이스라엘에 항거하는 팔레스타인인의 제1차 투쟁 '인티파다(Intifada)'가 시작되었지만, 아라파트는 보다 현실적인 대안을 고민했다. 인티파다는 '민중봉기'란 뜻의 아랍어로, 1987년 가자 지구와 요르단 강 서안의 이스라엘 점령지에서 팔레스타인인들이 이스라엘의 통치에 저항하며 궁극적으로 독립을 지향한 운동을 말한다.

원래 PLO의 목표는 1948년 이전의 팔레스타인 영토를 되찾는 것이었다. 이스라엘이 없는 아랍인들의 땅! 이를 목표로 아라파트는 PLO를 이끌면서 치열하게 투쟁하였다. 그러나 1988년 그는 예루살렘을 수도로 하지만 이스라엘과 땅을 나누는 팔레스타인 국가 건설을 구상하면서 그 해 12월 유엔 연설을 통해 새로운 입장을 밝혔다. 유엔 안전보장이사회 결의안 242호를 수용하여 이스라엘이 평화롭고 안전하게 존재할 권리를 인정하고 모든 형태의 테러활동을 거부한다는 내용이었다.

이러한 변화에 따라 1991년 10월 30일부터 11월 1일까지 마드리드에서 PLO와 이스라엘이 처음으로 대화를 나누었고, 결국 2년 후 양측은 오슬로에서 역사적인 협정을 이루었다. 그러나 아라파트, 페레스, 라빈에게 노벨평화상을 안긴 오슬로협정은 팔레스타인과 이스라엘 양쪽에서 모두 비난의 대상이 되었다.

행동하는 지식인으로 유명한 에드워드 사이드(Edward Said)를 위시한 팔레스타인 측 반대파들은 요르단 강 서안과 가자 지구에서 제한적인 자치권을 행사하는 것이 가당한 일이냐고 반문하면서, 오슬로협정을 따르면 팔레스타인은 미국의 원주민 보호구역과 다를 바 없는 곳이 될 것이라며 분노했다.

반면 이스라엘 측 반대파들은 너무 많은 것을 양보했다고 격노했다. 특히 팔레스타인 지역의 정착촌에 거주하고 있는 주민들은 절대 땅을 내어줄 수 없다며 완강하게 버텼고, 오슬로협정이 체결된 이후에도 이스라엘은 정착촌 건설을 지속했다.

PLO 의장 아라파트와 이스라엘 총리 라빈(1994.10, 모로코 카사블랑카)

평화는 여전히 요원하다

1993년 오슬로협정, 1994년 노벨평화상은 탐욕스러운 식민주의, 땅을 둘러싼 욕심과 전쟁에 종지부를 찍을 수 있으리라는 희망을 가져다주었다. 그러나 22년이 지난 지금도 이스라엘과 팔레스타인의 분쟁은 계속되고 있다. 이스라엘 사람들은 선조들이 2,000년 전에 쫓겨난 땅을 되찾았지만, 1,400년 동안 그곳에서 살아 온 사람들의 후손은 현재 500만 명에 달하는 난민이 되어 유엔의 구호물자로 연명하고 있다.

노벨평화상의 한계라고 해야 할까? 라빈은 암살당하고, 아라파트도 2004년 세상을 떠났는데, 아라파트 사망을 둘러싼 의혹은 여전히 가시지 않고 있다. 이스라엘 정보기관에서 독살했을 것이라는 음모론이 떠돈다. 페레스는 2014년 이스라엘 대통령직에서 퇴임한 후 정계를 떠나 조용히 노후를 보내다가 2016년 9월 28일 이스라엘 수도 텔아비브의 한 병원에서 심장마비로 세상을 떠났다.

이들이 꿈꾸었던 평화는 여전히 요원하기만 하다. 하나의 영토 안에 이스라엘과 팔레스타인이라는 두 개의 국가를 세운다는 목표를 이루는 것은 여전히 쉽지 않다. 그러기에는 팔레스타인 자치정부의 힘이 너무 약하다. 그럼에도 현재 전세계 13여 개국이 팔레스타인을 국가로 인정하고 있다. 어렵지만 꼭 꿈을 이뤄보라는 응원으로 보아도 무방하리라.

현재 우리나라는 팔레스타인을 국가로 인정하지 않고 있다. 그러나 팔레스타인 자치정부가 팔레스타인을 대표하는 유일한 합법적인 기구라고 받아들이며, 자치정부가 있는 라말라에 2005년 11월 주 '팔레스타인 대한민국 대표사무소'를 개설하였다.

역사에 가정이란 있을 수 없지만, 너무도 안타까워서 이런 생각을 해본다. 차라리 대시리아 민족주의의 물결에 휩쓸리지 않고 팔레스타인 주민들이 주체가 되어 1947년의 유엔 분할안을 수용해 국가를 세웠다면 오늘날처럼 이스라엘의 굴욕적인 통제 하에서 무력한 자치정부를 꾸리지 않아도 되었을 텐데.

노벨평화상을 비웃듯 팔레스타인 지역 내 정착촌을 고집하면서 영토를 늘리고 있는 이스라엘 매파의 완고한 발걸음이 한없이 당당해 보이는 현실이 안타깝고 또 안타깝다. 마치 평화는 힘으로만 실현할 수 있는 것이라고 역설하는 것 같아서 말이다.

참고문헌

Avi Shlaim, *The Iron Wall: Israel and the Arab World*, London: Penguin Books, 2000.

Avraham Sela and Moshe Maoz, eds., *The PLO and Israel: From Armed Conflict to Political Solution, 1964~1994*, New York: St. Martin's Press, 1997.

Benny Morris, *A History of the First Arab-Israeli War*, New Haven, CT: Yale University Press, 2008.

Benny Morris, *One State, Two States: Resolving the Israel-Palestine Conflict*, New Haven, CT: Yale University Press, 2009.

David Fromkin, *A Peace to End All Peace*, Reprint ed, New York: Henry Holt and Company, 2009.

David Lloyd George, *Memoirs of the Peace Conference*, Vol. II, New Haven: Yale University Press, 1939.

David Makovsky, *Making Peace With the PLO: The Rabin Government's Road to the Oslo Accord*, Boulder: Westview and the Washington Institute for Near East Policy, 1996.

Dawn Chatty, *Displacement and Dispossession in the Modern Middle East*, Cambridge: Cambridge University Press, 2010.

Edward Said, *The End of the Peace Process*, New York: Pantheon Books, 2000.

Efraim Karsh, "The Palestinians and the Right of Return", *Commentary* 111(5), 2001.

Eugene Rogan and Evi Shlaim, eds., *The War for Palestine: Rewriting the History of 1948*, Cambridge: Cambridge University Press, 2001.

Eugene Rogan, *The Arabs: A History,* Reprint ed., New York: Basic Books. 2011.

Neville J. Mandel, *The Arabs and Zionism before World War I*, Berkeley: University of California Press, 1976.

Philip Khuri Hitti, *History of the Arabs*, London: Macmillan & Co., 1937.

Rashid Khalidi, *The Iron Cage: The Story of the Palestinian Struggle for Statehood*, Boston: Beacon, 2007.

Walter Laqueur and Barry Rubin, eds., *The Israel-Arab Reader*, New York: Penguin Books, 2008.

"Nobel Peace Prize Panelist Quits", *Observer-Reporter*. A2(1994. 10.15).

http://www.nobelprize.org

Pugwash

Pugwash Conferences
on Science and World Affairs

Nobel Peace Prize 1995

Joseph Rotblat & Pugwash 1908.11.04~2005.08.31 | 1957.07.07~

"

Remember your humanity.

"

– 조지프 로트블랫의 《노벨평화상 수상 연설》(1995) 중

조지프 로트블랫과 퍼그워시 회의

Joseph Rotblat
&
Pugwash Conferences on Science and World Affairs

이름 / 조지프 로트블랫(영국)

과학과 세계문제에 관한 퍼그워시 회의

수상 연도 / 1995년

수상 근거 / 핵무기 역할 감소, 핵폐기를 위한 노력

수상 분야 / 반핵 군축

—

• **글** 김성철

서울대학교 통일평화연구원 HK교수

"Remember your humanity!"

조지프 로트블랫은 '인류를 기억하라'라는 노벨평화상 수상 연설에서 자신도 다른 과학자들처럼 과학이 인류에 이바지할 것으로 믿었지만 과학으로 인해 위험에 처한 인류를 위해 생애의 절반을 바치게될 줄은 몰랐었다고 회고한 바 있다.

히로시마와 나가사키에 대한 미국의 원자폭탄 투하는 분명 그의운명을 바꾸어 놓은 계기였다. 그는 "과학기술의 훌륭한 성취가 악한것으로 돌변했다"면서 자신이 원폭을 개발한 과학자에서 반핵운동가로 변신하게 된 동기를 밝혔다.

로트블랫의 발언은 모든 과정을 집행한 최고 책임자였던 미국 트루먼 대통령의 발언과 극명하게 대조된다. 트루먼 대통령은 1945년 8월 6일 히로시마에 원폭을 투하한 직후 이를 "과학 역사의 가장 위대

원자력법안에 서명하고 있는 미국의 트루먼 대통령(1946)

한 성취"라고 말한 바 있다. 도덕적 책임을 자각한 과학자와 정책결정
자인 대통령 사이의 입장 차라고만 보기에는 너무나 대조적인 인식의
차이였다.

원폭 개발자에서 반핵운동가로

로트블랫은 폴란드의 유태인 집안에서 태어난 핵물리학자로 히틀
러의 나치가 발흥하던 시기에 서방국가로 이주한 많은 과학자들 중
의 한 사람이다. 알버트 아인슈타인은 일찍이 1933년에 미국으로 망
명했고, 레오 질라드(Leo Szilad), 엔리코 페르미(Enrico Fermi), 에드워드
텔러(Edward Teller) 등 유수한 과학자들이 1930년대 말 도미했다.

이들 중 상당수가 유태계 출신으로 미국의 원폭 개발 계획인 맨해
튼 프로젝트에 참여했고, 그중 몇 사람은 나중에 반핵운동가로 변신
했다. 예를 들어 아인슈타인은 질라드와 함께 1939년 10월 루스벨트
대통령에게 원폭 개발의 가능성을 시사하는 서한을 보낸 바 있으나,
질라드는 1945년 7월 최초의 핵실험 직전에 원폭의 도덕적 문제를 제
기했다. 아인슈타인도 1955년 핵무기와 핵전쟁의 위험성을 경고하는
'러셀-아인슈타인 선언(Russell-Einstein Manifesto)'에 서명했다.

로트블랫은 이들처럼 유태계이면서 미국의 원폭 개발에 관여했으
나, 1944년 개발 막바지에 탈퇴하여 반핵운동의 선봉에 서게 되었다.
로트블랫은 1939년 초 폴란드 바르샤바의 실험실에서 우라늄 핵분열
과정 중에 중성자가 발생하고 이 중성자가 새로운 핵분열을 일으켜,
연쇄반응이 순식간에 엄청난 에너지를 낳게 된다는 사실을 알아냈다.

핵분열 이론을 확인하는 과정에 있었던 1930년대 유럽의 핵물리

학자들에게 히틀러의 등장과 나치의 독재는 특별한 의미를 지니고 있었다. 만일 독일에서 핵분열 연구가 진전되고 히틀러가 그에 근거해 새로운 무기를 개발한다면 어떻게 될 것인가 하는 질문이 제기되었던 것이다. 로트블랫 또한 1939년 9월 히틀러가 폴란드를 침공하면서 제2차 세계대전이 시작되자 원폭 개발에 참여하지 않으면 안 된다는 결론을 내렸다.

때마침 프랑스 파리를 거쳐 영국의 리버풀대학으로 옮긴 로트블랫은 중성자를 발견한 공로로 노벨상을 수상한 제임스 채드윅(James Chadwick) 교수와 함께 1939년 말부터 핵분열 반응 실험을 지속했다. 여기서 그는 핵분열 반응이 실험을 통해 검증은 되었으나 실용화되려면 엄청난 산업적 기반이 필요하다는 사실을 절감했다.

1941년 일본군의 진주만 기습과 말레이시아 공격으로 태평양 전쟁이 발발하자 이듬해부터 미국은 '맨해튼 프로젝트' 하에 본격적인 원자탄 개발에 들어갔다. 로트블랫은 폴란드 국적을 지닌 채 자신의 지도교수인 채드윅을 따라 영국 과학자 집단의 일원으로 1944년 초부터 프로젝트에 참여하기에 이른다.

맨해튼 프로젝트가 시행한 최초의 핵폭탄 실험 '트리니티'(1945.07)

로트블랫은 기밀 유지를 이유로 영국으로의 국적 변경을 요구받았지만 폴란드 국적을 고수하려 했고, 결국 그의 의사가 받아들여지면서 맨해튼 프로젝트에 참여하게 되었다. 그는 1946년에야 영국 국적을 갖게 된다. 로트블랫은 맨해튼 프로젝트가 진행된 여러 시설 중 로스 앨러모스에 배치되어 실험을 계속했다.

로트블랫이 맨해튼 프로젝트에서 탈퇴한 것은 1944년 말 독일의 원폭 프로젝트가 중단되었고 히틀러도 머지않아 패배할 것임을 인지한 뒤부터이다. 즉 원폭 개발을 계속할 필요가 없어졌다는 판단 때문이었다.

그는 맨해튼 프로젝트에 참여한 지 1년 만에 영국으로 돌아갔으며, 그 후 원폭 개발과 관련된 어떤 정보도 접할 수 없었다. 그러다가 1945년 8월 6일과 9일 두 차례에 걸친 미국의 원폭 사용을 보고 그는 경악했다. 종전을 위한 조치였다는 미국 정부의 주장에도 그는 원폭 투하가 불가피한 것이었는지를 물었다.

당시 로트블랫처럼 원폭 사용을 거부한 학자로 레오 질라드를 들수 있다. 질라드는 맨해튼 프로젝트의 시카고 실험실에 속한 학자로 일본에 대한 원폭 사용을 반대했으며 이후 반핵운동에 참여했다.

강대국의 핵 경쟁을 저지하라

로트블랫의 원래 의도와는 달리 핵분열 원리의 발견은 인류의 존속을 위협하는 원폭 제조에 활용되었고, 더욱이 전후 냉전기가 시작되자 미소 간의 핵경쟁이 격화되었다. 사실 냉전은 제2차 세계대전 종전 이전에 시작되었으며, 미국의 원폭 개발은 종전을 위한 것만이 아니라 소련에 대한 압박이기도 했다.

맨해튼 프로젝트의 책임자였던 레슬리 그로브스(Leslie Groves Jr.) 장군은 채드윅과 로트블랫이 참석한 1944년 3월의 한 만찬에서 "프로젝트의 모든 목적은 소련을 굴복시키는 것이다"란 발언을 했다고 한다. 또 그로브스 장군은 소련이 원폭을 제조하는 데 20년 이상 걸릴 것으로 보았는데, 이는 트루먼 대통령이 "아시아틱(소련을 지칭)은 결코 원폭을 만들 수 없다"고 말한 것과 같은 맥락이었다.

트루먼 행정부의 국무장관이었던 제임스 번스(James Byrnes)는 원폭 보유와 사용이 소련을 제압하려는 목적이었다고 말함으로써 이상과 같은 미국의 입장을 재확인해 주었다. 그러나 소련은 과학자들의 노력뿐 아니라 클라우스 푹스(Klaus Fuchs) 등 서방측 스파이가 제공해 준 정보에 의해 원폭 개발을 진척시켜 나갔다.

스탈린은 미국의 원폭 독점이 소련에게 약점이 된다고 인식했기 때문에 원폭 개발에 박차를 가했다. 결국 소련은 미국보다 4년 늦은 1949년에 첫 핵실험을 하기에 이른다. 미국과 소련은 원폭 개발에 그치지 않고 핵융합 원리에 의한 수소폭탄을 개발하며 군비 경쟁을 심화시키고 있었다.

로트블랫은 과학자의 딜레마와 책무를 동시에 지적했다. 우선 과학자들은 지적인 호기심으로 인해 과학적 원리와 이론적 계산이 실제로 적용되는지를 확인하고 싶어 한다. 문제는 이들이 '전쟁 심리'에 동요될 수 있다는 점이다. 안보와 국가이익이라는 관점에서, 그리고 전쟁이라는 극단의 상황을 고려한 심리적 요인에 의해, 또 과학자들의 지식이 정치적으로 이용되는 가운데 이들의 도덕적 판단이 흔들리게 된다고 지적한다.

실제로 냉전기 미소 간의 군비 경쟁은 양 진영의 유능한 과학자들을 일종의 게임에 몰아넣었으며 이들 또한 게임에서 벗어나지 못하는 오류를 범했다. 로트블랫은 이런 딜레마 속에서도 과학자들은 지식의 결과가 적용되는 방식에 책임을 져야 한다고 주장했다. 이것이 도덕적 책무라는 것이다.

로트블랫은 과학자로서의 도덕적 책무를 실천에 옮겼다. 맨해튼 프로젝트를 떠난 후 그는 자신의 지식이 의학적으로 유용할 수 있다고 보고 전공을 의료물리학으로 바꾸었다. 그는 방사선의학, 특히 방사선이 생체에 미치는 영향을 분석하고 이를 암 치료에 활용하고자 노력했다.

이런 배경으로 그는 1949년 런던에 있는 성 바르톨로뮤 병원의 물리학 교수가 되었다. 그의 의료물리학은 미소의 군비 경쟁이 격화되자 더욱 진가를 발휘했다. 1954년 3월 1일 미국이 남태평양 마셜 제도에서 행한 수소폭탄 실험(일명 브라보 테스트)으로 피폭 사고가 일어났을 때 그는 방사선의 폐해를 과학적으로 입증하고자 했다.

핵실험의 위험을 경고하다

당시 수폭 실험장 인근에서 어획 중이던 다이고 후쿠류마루(第五福龍丸, 또는 럭키 드래곤)라는 일본 어선이 방사선에 피폭되었고 결국 어부 한 명이 사망하는 사건이 발생했다. 일본 과학자들은 나름대로 방사선 피해를 규명하려 고군분투하고 있었는데, 로트블랫은 사건 발생 이듬해 일본의 생물물리학자 야스시 니시와키(西脇安)로부터 데이터를 받아 분석한 끝에 당시의 일반상식과는 다른 새로운 사실을 발견했다.

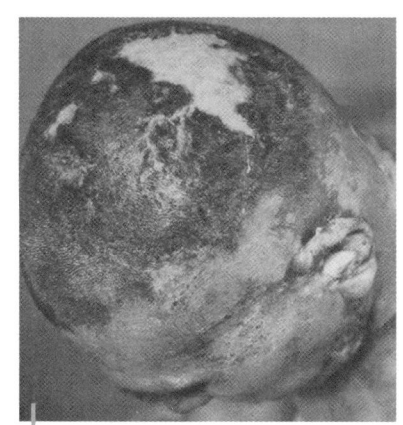

수소폭탄 실험에 피폭된 다이고 후 쿠류마루호 선원의 화상 부위

수소폭탄이 수천 배의 열을 발생시키지만 방사능은 핵분열탄인 원자폭탄과 다를 게 없다는 것이 당시의 지배적인 견해였으나, 실제로는 수천 배에 가까운 방사능이 발생했던 것이다. 여기서 로트블랫은 자기가 해야 할 일을 반드시 해내야만 한다는 결론에 이르게 되었다고 한다.

그는 분석 결과를 공표했고 다행히도 미디어는 이를 크게 보도해 주었다. 이로써 원폭 및 수폭 실험이 대기권에 미치는 악영향에 대한 인식이 세계적으로 확산되기에 이르렀다.

로트블랫은 반핵운동을 위해 '지식'과 '열정'의 두 가지가 모두 중요하다는 사실을 실증해 주었다. 그의 과학적 지식과 이를 의학적으로 활용하려는 열정이 중요한 결론을 낳았던 것이다.

로트블랫의 분석은 1955년 러셀-아인슈타인 선언의 직접적인 계기가 되었으며, 1950년대 후반에 핵실험 반대 운동을 더욱 자극해 미소 양국이 핵실험 모라토리엄(일시 중단)에 이르도록 했다. 물론 모라토리엄은 금방 깨졌지만, 대기권 핵실험의 위험성에 주목한 1963년의 부분적 핵실험금지조약으로 이어지게 된다.

'러셀-아인슈타인 선언'

1955년의 러셀-아인슈타인 선언은 세계적 석학들의 명성에 어긋나지 않게 반핵운동에 중요한 획을 그은 사건이었다. 로트블랫은 BBC 방송 출연 중 버트런드 러셀(Bertrand Russell)을 만났고 이후 두 사람은 평화와 반핵을 향한 열정으로 의기투합하게 되었다.

세기의 철학자는 반핵운동가로 변신한 젊은 과학자로부터 원폭 및 수폭, 방사능에 대한 지식을 얻었다. 로트블랫은 러셀을 따라 러셀-아인슈타인 선언의 서명자 중 한 사람으로 참여했다. 러셀은 핵전쟁의 위험과 방사능의 폐해를 세상에 알리고자 결심했을 때 과학자들의 동참이 중요하다고 판단했으며, 당대의 석학인 아인슈타인의 참여와 도움을 요청하게 되었다.

아인슈타인은 이를 곧바로 수락하면서 러셀에게 선언문 초안을 보내달라고 했다. 아인슈타인은 러셀이 보낸 선언문에 서명한 뒤 곧 서거했다. 러셀이 그의 서거 소식을 접한 것은 1955년 4월 17일 로마발 파리행 비행기 속에서 기장의 안내방송을 통해서였다. 러셀은 아인슈타인의 서거를 매우 슬퍼했으나 파리의 호텔에 도착했을 때 아인슈타인의 서명이 담긴 우편물이 도착했음을 보고 위대한 과학자의 마지막 열정에 위안을 받았다고 한다.

1955년 7월 6일 런던의 캑스턴 홀에서 열린 러셀-아인슈타인 선언에는 이들 외에도 9명의 과학자가 서명했는데 그중 로트블랫이 가

런던 반핵 행진을 이끈 버트런드 러셀(가운데 모자 쓴 사람)(1961.02.18)

장 젊은 소장 학자였다. 서명자는 버트런드 러셀과 알버트 아인슈타인 이외에 막스 보른(Max Born), 퍼시 브리지먼(Percy W. Bridgman), 레오폴드 인펠트(Leopold Infeld), 프레데릭 졸리오 퀴리, 허먼 뮬러(Hermann J. Muller), 라이너스 폴링(Linus Pauling), 세실 파월(Cecil F. Powell), 조지프 로트블랫, 히데키 유카와(Hideki Yukawa), 총 11명이었다.

러셀은 로트블랫에게 사회를 맡길 만큼 이 소장 학자의 지식과 열정에 대한 신뢰가 두터웠다. 선언 현장에는 아인슈타인이 없었지만, 캑스턴 홀의 가장 작은 회의실에서 가장 큰 회의실로 장소를 옮겨야 할 만큼 사회적 관심이 고조되어 있었다.

또한 미디어의 높은 관심에 힘입어 선언의 내용이 널리 알려지기에 이르렀다. 선언의 마지막에 결의문이 낭독되었는데, 그 내용은 핵 시대의 전쟁에서는 핵무기가 사용될 것이고, 이는 인류의 종말을 재촉할 것이므로 모든 정부들은 분쟁을 전쟁이 아닌 평화적 방법으로 해결해야 한다는 것이었다. 결의문은 핵무기 자체의 위협과 함께 전쟁의 위험에도 초점이 맞춰져 있었다.

로트블랫과 퍼그워시 회의, 반핵운동의 선봉

러셀-아인슈타인 선언이 있은 후, 캐나다계 미국 사업가인 사이러스 이튼(Cyrus Eaton)이 자신의 고향 노바 스코샤의 퍼그워시(pugwash)라는 조그만 마을에서 회의를 열도록 지원하겠다는 의사를 밝혔다. 이튼의 제안에 따라 1957년 7월 최초로 동서 진영의 과학자 22명이 퍼그워시에 함께 모여 〈과학과 세계문제에 관한 회의(이하, 퍼그워시 회의)〉를 개최했다. '퍼그워시 회의'라는 회의의 이름이 여기서 비롯되

캐나다 남동부 노바 스코샤 주의 작은 마을 퍼그워시

었으며, 이 첫 회의는 반핵 운동을 향한 매우 중요하고도 성공적인 출발이었다고 평가해야 할 것이다.

이후 퍼그워시 회의는 평균 1년에 1차례 이상 세계 각지를 순회하면서 개최되었는데, 1960년 6월에는 비서방 국가로는 처음으로 소련 모스크바에서 6차 회의가 열렸다. 회의 참석자들은 모두 개인 자격이었으며 어떤 국가를 대표하는 것이 아니었다. 참석자들은 정부의 입장보다 자신의 생각을 드러냈으므로 회의는 특정한 선입관을 배제한 만남과 교류의 장이 되었다.

소련과 같은 전체주의 사회 출신의 과학자들에게 정말 개인의 입장이 있을 수 있었을까. 물론 개인의 입장을 방해하는 요소들이 없었던 것은 아니다. 예를 들어 소련측 통역자들이 자기네 과학자들의 발언에 공산당의 입장을 첨가해 통역하는 경우가 있기도 했으나, 서방측 과학자들 중에 러시아어 능통자가 많아 곧바로 시정되곤 했다.

또 소련식 공산주의의 입장에서 평화라는 이름으로 선전적인 회의를 제안하는 경우가 있었으나, 이때마다 로트블랫이 제동을 걸었다. 퍼그워시 회의가 선전적 회의로 변질되면 신뢰성이 사라질 우려가 있었기 때문이다. 접촉 그 자체가 중요했다.

퍼그워시 회의는 과학자들의 모임이었기 때문에 과학적 의미에서 쉽게 동의가 이루어졌다. 이를 바탕으로 참석자들은 정치적 문제, 특히 군비 경쟁과 핵전쟁의 위험에 대해 합의점에 이를 수 있었다.

핵전쟁이 인류 문명을 송두리째 멸망시킬 수 있다는 공동의 위기의식과 과학적 사실에 근거한 동의를 통해 일종의 인식 공동체가 형성되기 시작했고 참석자들 사이에 '신뢰'가 형성되기에 이르렀다. 회의에는 미디어가 접근하지 못하게 했는데, 회의가 비밀이어서가 아니라 동서 진영의 학자들이 솔직하고 진지한 대화를 나누는 데 미디어가 방해가 될 수 있다는 판단 때문이었다.

퍼그워시 회의는 위기를 기회로 만든 조직이었다. 소련이 1961년 50 메가톤급의 대형 핵실험을 했는데 이는 1958년부터의 핵실험 모라토리엄을 깨는 실망스러운 사건이었다. 이에 대해 퍼그워시 회의는 다른 반핵단체들과 함께 핵실험금지운동을 전개해 나갔다.

이에 동서 진영을 아우르는 퍼그워시 회의의 정체성을 미심쩍어했던 서방 정부들의 시선도 서서히 우호적으로 바뀌어갔다. 1960년대 초반 미 국방부는 퍼그워시 회의가 매우 존중받는 조직이라는 평가를 내리기도 했다. 퍼그워시 회의를 포함한 반핵단체들의 운동에 영향을 받은 동서 진영은 1963년 부분적 핵실험금지조약에 합의하게 된다.

부분적 핵실험금지조약은 지하 실험을 제외한 모든 형태의 핵실험을 금지하는 조약으로서 오늘날까지도 지켜지고 있다. 이후에도 'SALT(Strategic Arms Limitation Talks)', 'START(Strategic Arms Reduction Tready)', 'New START' 등 군비통제에 관한 협정의 배경에는 퍼그워시

무려 12만 명이 모인 독일 본의 반핵집회(1979.10)

회의를 비롯한 반핵단체들의 줄기찬 노력이 있었음을 주목할 필요가
있다.

동서 과학자들이 만나다

로트블랫과 그가 이끄는 퍼그워시 회의는 분명한 반핵논리로 냉
전기 핵억제 전략의 허구성을 논박해 왔다. 핵억제란 핵무기를 보유
하여 상대방이 자신을 해치면 돌이킬 수 없는 엄청난 피해를 당할 것
이라는 위협을 시사함으로써 자신의 안보를 확보한다는 논리이자 전
략이다. 냉전기의 미소는 이런 논리와 전략에 의해 상호 핵전쟁을 피
한다는 주장을 전개했으며, 냉전 후기에도 같은 주장을 되풀이하면서
핵폐기를 위한 노력을 게을리했다.

로트블랫과 퍼그워시 회의는 핵억제가 아무런 경험적 증거를 갖

고 있지 않으며 단순히 핵전쟁이 없었다는 이유로 정당화될 수는 없다고 꼬집었다. 이들 반핵운동의 입장에서 아직까지 핵전쟁이 없었던 것은 요행일 뿐이며, 핵전쟁에 의해 인류의 존속이 위험에 처한 상황들이 있었다는 사실이 중요하다.

1962년의 쿠바 핵미사일 위기가 대표적인 사건이었다. 소련이 쿠바에 핵미사일을 배치하려는 계획에 대해 미국이 강력 대응함으로써 핵전쟁의 위기를 맞았으나 미국의 케네디 대통령과 소련의 흐루시초프 총서기 간의 막후 협상에 의해 핵전쟁의 위기를 모면했다.

퍼그워시 회의는 동서 진영의 과학자들이 교류하는 중요한 매개체로서, 이들이 핵 문제에 관한 공감대를 형성할 공간을 제공해 주었다. 회의장에서 핵미사일 등에 관한 군비통제 아이디어가 동서 진영

쿠바 미사일 위기 4일 전 만난 미국 케네디 대통령과 소련 그로미코 외무부 장관(1962.10.18)

의 과학자들 사이에서 오갔으며, 이를 통해 초국가적인 인식의 공유
가 이루어지게 되었다.

　정부 차원의 군비통제 협상은 기존 핵억제의 한계를 인식하고 핵
폐기를 목표로 하는 반핵운동에 일정 부분 양보한 것으로서, 그 가치
를 인정하지 않을 수 없다. 또한 군비통제는 결과 못지않게 과정도 중
요했다. 정부 간 군비통제 협상에서 협정이라는 규범과 규칙이 만들
어질 수 있었고, 이 협정을 이행하고 검증하는 과정에서 최소한의 신
뢰가 생겨났던 것이다. 여기서 연구자로서, 그리고 자문자와 협상가,
검증가로서의 과학자들의 역할을 빼놓을 수 없다.

반핵운동은 계속 전진하고 있다

　핵폐기가 아닌 군비통제 협정은 로트블랫과 퍼그워시 회의 등 반
핵운동의 관점에서 결코 만족스러운 것은 아니었다. 하지만 하나의
협상이 결실을 맺으면 반핵운동도 잠시 소강상태에 접어들었다가 또
다시 다음 이슈를 들고 나와 정치권을 압박했던 전례를 볼 때 군비통
제 협상이 반핵운동을 배신한 것만은 아니었다.

　반핵운동이 파도와 같이 밀려왔다면, 군비통제는 파도를 타는 해
초에 비유될 수 있을 것이다. 주목할 것은 핵미사일 통제 및 핵실험
금지를 향한 이들의 노력이 냉전 이후에도 퍼그워시 회의를 중심으로
꾸준히 전개되어 왔으며 또한 상당한 평가를 받았다는 점이다.

　로트블랫과 퍼그워시 회의가 노벨평화상을 공동 수상한 이듬해인
1996년 유엔총회가 '포괄적 핵실험금지조약'을 채택한 것은 결코 우
연이 아니다. 1963년에 부분적 핵실험금지조약이 이루어졌으나, 이

는 반핵운동가들이나 비판적 과학자들의 비전과 희망에는 미치지 못했었다. 그 뒤로 핵실험에 대한 운동가 및 과학자들의 경고와 전면적 핵실험 금지에 대한 끊임없는 요구가 마침내 1996년의 결과를 낳은 것이다.

포괄적 핵실험금지조약은 미국과 중국 등 주요 핵무기 보유국들이 승인을 거부함으로써 실효를 거두지 못하고 있다. 하지만 이들 강대국들 사이에 새로운 계기가 이루어져 조약이 효과를 발휘하게 된다면 최소한 새롭게 핵무장을 원하는 국가들의 야욕을 억제하는 데도 기여할 것으로 보인다.

로트블랫과 퍼그워시의 정신은 핵무기폐기국제운동(International Campaign to Abolish Nuclear Weapons, ICAN)으로 면면이 이어졌고, 이 운동은 2017년 유엔의 핵무기금지조약 채택에 결정적으로 기여한 공로로 같은해 노벨평화상을 수상하였다.

참고문헌

김성철, 「냉전기 핵통제 인식공동체의 형성」, 『평화학연구』, 2013.

죠셉 롯블랏 외, 전성훈 역, 『핵무기 없는 세계』, 지식공작소, 1998.

Joseph Rotblat, *Scientists in the Quest for Peace*: *A History of the Pugwash Conferences*, MIT Press, 1972.

Lawrence S. Wittner, *Confronting the Bomb*: *A Short History of the World Nuclear Disarmament Movement*, Stanford University Press, 2009.

"
'행동하는 양심'이 됩시다. 행동하지 않는 양심은 악의 편입니다... 우리 모두 행동하는 양심으로 자유와 서민경제를 지키고, 평화로운 남북관계를 지키는 일에 모두 들고 일어나서 안심하고 살 수 있는 나라, 희망이 있는 나라를 만듭시다.
"

-《6·15 남북공동선언 9주년 기념연설》
(2009.06.11) 중

김대중 1924.01.08~2009.08.18

한국의 민주주의와 평화를 위해 일생을 바치다

김대중

金大中, Kim Dae-jung

이름 / 김대중(대한민국)

수상 연도 / 2000년

수상 근거 / 한국과 동아시아에서의 민주화와 인권 신장을 위한 공헌

남북한 간의 긴장완화와 평화를 위한 역할

일본 등 인근 국가 와의 선린과 화해를 위한 노력

수상 분야 / 인권, 국제 분쟁 조정

—

• **글** 류상영

연세대학교 국제학대학원 교수

한국인 최초로 노벨평화상을 수상하다

2000년 10월 13일 노벨위원회는 노벨평화상 수상자로 대한민국의 김대중이 선정되었음을 발표했다. 당시 발표문은 선정 근거를 다음의 세 가지로 밝히고 있다. 한국과 동아시아에서의 민주화와 인권 신장을 위한 공헌, 남북한 간의 긴장완화와 평화를 위한 역할, 일본 등 인근 국가와의 선린과 화해를 위한 노력이 그것이다.

노벨위원회는 "오랜 권위주의 통치하에서 수차례 생명의 위협을 받고 장기간 망명생활을 강요당한 상황에서도 그가 보여준 민주주의와 인권에 대한 철학과 투쟁"을 높이 평가했다. 또 노벨위원회는 "김대중의 2000년 남북정상회담도 한반도에 냉전 종식의 희망을 안겨준 사건"으로 평가했다. 마지막으로 "김대중 정부에서 실시한 문화시장 개방 등을 통한 한일관계 발전이 동아시아의 역사 화해와 평화 증진

노르웨이 오슬로에서 노벨평화상을 받고 있는 김대중(2000.12.10)

에 도움"이 되리라는 것을 인정했다.

김대중은 수락연설에서 "나머지 인생을 바쳐 한국과 세계의 인권과 평화, 그리고 우리 민족의 화해 협력을 위해 노력할 것"을 다짐했다. 김대중은 그간 여러 차례 노벨평화상 후보에 올랐고, '아시아의 넬슨 만델라'라는 이름을 얻은 바 있다.

김대중에게 노벨평화상이 수여된 것은 냉전이 계속되고 있는 한반도에 평화를 정착시키는 것이 국제사회의 절박한 현안이고, 민주주의와 인권이라는 보편적 가치를 아시아에 확장시키는 데 한국의 민주화가 갖는 의미가 그만큼 크기 때문이었다고 볼 수 있다.

평화와 민주주의를 위한 김대중의 삶은 노벨평화상 수상 이후에도 계속되었다. 북한의 핵 포기와 한반도 평화를 위한 화해와 협력 정책을 추진하면서 국제사회의 협력을 촉구하기 위한 국내외 활동을 전개하였고, 노벨평화상 수상자들을 중심으로 미얀마의 민주주의를 촉구하는 역할을 자임한 바 있다. 이 수상은 그가 대통령으로서 국가적 난제를 해결하기 위해 국제사회의 협력을 얻는 것은 물론, 한국이 민주주의와 인권 국가로서의 국제적 위상을 다져나가는 데에도 적잖은 도움이 되었다.

외딴 섬의 소년에서 시대를 고민하는 청년으로

김대중은 1924년 1월 8일, 전라남도 신안군 하의면 후광리에서 아버지 김운식과 어머니 장수금의 둘째 아들로 태어났다. 그의 어머니는 공부를 잘하는 아들의 교육을 위해 일찌감치 목포로 이사를 했다. 김대중은 초등학교 5학년 때 목포로 전학해 북교초등학교를 마치고,

목포상업학교 시절

1943년에 5년제인 목포상업학교(현 전남제일고등학교)를 졸업했다.

김대중은 독서와 글쓰기를 좋아해 학업성적이 우수했다. 목포상업학교 시절에는 우쭐대는 일본인 학생과 싸우고 학교에 불만이 쌓여 성적이 크게 나빠진 적도 있었다. 그러나 학생들을 헌신적으로 가르치며 교육자의 귀감을 보여준 몇몇 일본인 교사들에게서 감명을 받기도 했다. 김대중은 대통령이 된 후 일본을 방문했을 때 옛날 담임교사를 만나 감사의 마음을 전한 바 있다.

그는 해방이 되자 몽양 여운형이 이끄는 〈건국준비위원회〉에 참여했고, 이듬해에는 신민당 목포지부에 가입했다. 얼마 후 두 곳 모두 좌경화 움직임을 보이자 그는 바로 탈퇴했다. 하지만 이때의 건준 참여 등은 이후 그가 정적과 보수우익 세력으로부터 좌익, 혹은 용공분자의 혐의를 받는 근거가 되기도 했다.

김대중은 청년 시절인 1950년 10월부터 1952년 3월까지 《목포일보》 사장을 지냈으며, 해운회사도 운영했다. 그는 '국민 방위군 설치법'에 따라 창설된 〈해상 방위대〉에 입대해 전라도 지구 부사령관으로 임명되어 전쟁물자와 피난민을 수송하는 임무를 수행했다. 그의 반대세력은 이를 근거로 그의 병역기피를 주장하기도 했다.

김대중은 대학교를 다니지 않았지만 국내에서 발간된 각종 서적과 일본에서 출간된 시사교양지 등을 독학하며 지식을 쌓았다. 한국전쟁 이전, 즉 이십 대이던 1950년 4월부터 그의 언론 기고가 기록으로 확인되고 있으며, 1950년대 중반부터는 일간지와 시사교양지에 다양한 주제의 기고 활동을 한 것으로 나타난다. 국제문제, 노동, 경제, 정치 등 여러 분야에 걸친 전문적인 내용을 나이 삼십을 전후한 시점부터 국내 주요 언론에 기고했던 것이다. 이 시절의 기고문 등은 김대중이 직접 스크랩해 놓은 노트에 잘 보존되어 있다.

　일제 식민지, 해방정국의 소용돌이, 한국전쟁 등을 거치며 한국이 처했던 암울하고 어려운 현실은 김대중이 민족의 미래와 사회 발전을 위해 사유하고 행동하도록 만든 시대적 배경이 되었다. 우리 민족의 나아갈 길과 역사 발전의 방향은 어디인지, 그리고 자신은 어떻게 살아야 할 것인지 등에 대한 고민이 시작되었고, 이는 사색과 독서, 저작활동 등으로 이어졌으며, 향후 민주주의와 평화를 향한 그의 여정에 있어 흔들리지 않는 뿌리 역할을 했다.

다섯 번의 죽을 고비를 넘긴 인생 역정

　김대중은 한국 현대정치사의 주역으로서 한 시대를 만들어낸 인물이다. 그는 오랜 기간 한국 정치가 거쳐온 격동의 소용돌이 속에서 때로는 선구자로, 때로는 희생자로 자신에게 주어진 역할을 해냈다.

　한국 현대사가 유난히도 많은 굴곡으로 점철된 데다 한국 사회의 풍토 또한 척박했기에, 그의 인생 역정은 파란만장한 도전과 응전의 연속이었다. 김대중 개인의 역사에는 희망과 좌절, 고통과 희열, 분노와 용서가 교차해 있다.

　김대중은 모두 다섯 번의 죽을 고비를 넘겼다. 1950년에 사업 관계로 서울에 출장을 왔다가 한국전쟁이 터지자 걸어서 목포로 귀가하던 중 공산군에 체포된 일이 첫 번째 고비였다. 그는 총살 직전에 목포 형무소를 탈출했다.

김대중은 그 이후에 정치에서 두각을 나타내면서 정적으로부터 많은 탄압과 생명의 위협을 당하곤 했다. 1971년 5월에는 총선 후보 지원유세 중 김대중이 탄 승용차가 대형 트럭에 들이받히는 의문의 교통사고를 당하면서 두 번째 죽을 고비를 넘겼다. 그 후유증으로 고관절이 손상되어 평생 지팡이를 짚어야 하는 장애를 입었다.

1973년 유신독재 때는 일본 도쿄에서 중앙정보부원들에게 납치당해 호텔에서 살해될 뻔하면서 세 번째 죽을 고비를 넘겼다. 이 시도가 여의치 않자 며칠 후 그들은 김대중의 몸에 쇳덩이를 달아 바다에 수장하려 했지만, 미일 정보기관의 개입으로 다시 생환함으로써 네 번째 죽을 고비를 넘겼다.

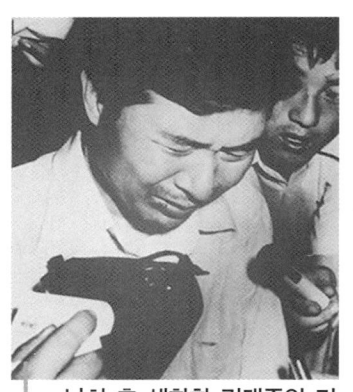

납치 후 생환한 김대중의 기자회견(1973)

1980년 '5·17 쿠데타'로 집권한 전두환의 신군부 세력이 군사재판에서 그에게 내란음모 혐의를 씌워 사형을 선고하면서 다섯 번째 고비를 맞았으나, 국제사회의 압력으로 중단되면서 미국으로 망명길에 오르게 되었다.

당시 김대중이 사형선고를 받은 죄목은 1980년 5월의 광주항쟁을 주동하고 내란음모를 꾸몄다는 것이었으나, 사실 그는 광주항쟁의 발생 사실조차 모른 채 수감 중이었다. 그는 신군부의 회유 과정에서 그 사실을 알고 충격을 받아 단식을 시작했다. 나중에 이 사건은 조작으로 판명되어 대법원으로부터 무죄판결을 받았다.

창살을 사이에 두고 아내와 두 아들을 면회 중인 김대중(1981, 청주교도소)

고난과 시련으로 점철된 정치 인생

정치는 그에게 숱한 좌절과 시련을 안겨주었다. 국회의원 선거에서 세 번 연속 떨어진 끝에 1961년 강원도 인제 보궐선거에서 처음으로 민의원에 뽑혔지만, 당선 3일 만에 '5·16쿠데타'가 일어나는 바람에 의원선서조차 하지 못했다.

그러나 그는 1963년 목포에서 국회의원에 당선된 이후부터 의욕적인 의정활동을 펴나갔다. 국회도서관을 가장 많이 찾는 '공부하는 국회의원'으로 알려졌으며, 본회의 최장시간 발언 기록이 기네스북에 오르기도 했다. 그는 점차 국민들에게 철학과 소신을 갖고 비전을 제시하는 정치인으로 각인되기 시작했다.

김대중은 1970년 일약 40대의 나이에 야당인 신민당의 대통령 후보로 선출되었다. 그러나 1971년 대통령 선거에서 여당의 박정희 후보와 겨뤄 46%의 득표율에도 불구하고 패배했다. 이때부터 박정희 대통령이 야당 지도자 김대중에 대한 탄압을 시작했다.

1972년 10월 박정희 정권이 유신을 선포하여 의회 정치가 사실상 무력화되자, 김대중은 야당 정치가가 아닌 재야 민주화 운동가로서 1972년부터 1987년까지 박정희 유신정권과 전두환 독재정권에 맞선 민주화 투쟁을 전개했다.

김대중은 이 시기에 '3·1 민주구국선언 사건'과 '내란음모 사건'으로 구속되어 5년 6개월여 동안 옥고를 치렀으며, 수감되지 않은 때에는 가택연금이나 감시를 당했다. 김대중에게 이 시기는 가장 큰 고난의 시간이자, 민주화를 위한 투쟁의 시간이기도 했다.

김대중은 두 차례에 걸쳐 3년여 동안의 망명생활을 했는데, 이 시기에 미국과 일본의 주요 인사들과 교류하고 해외 동포들을 조직하면서 민주화 운동을 전개했다. 당시 미국, 일본, 유럽 등 해외 민주화 세력들과 관련 정부들은 한국의 민주화를 돕기 위해 노력했으며, 김대

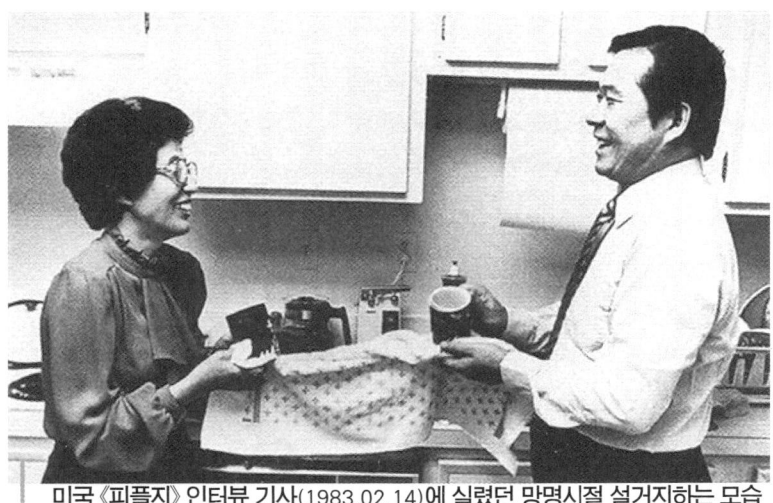

미국《피플지》인터뷰 기사(1983.02.14)에 실렸던 망명시절 설거지하는 모습

중이 납치되었을 때나 사형선고를 받았을 때 그를 살리기 위해 많은 애를 썼다.

김대중은 정계 입문 이후 정적으로부터의 탄압과 전라도 출신이라는 지역적 한계를 극복하고 사상 최초로 선거에 의한 정권교체를 이뤄낸 비주류 정치인이었다. 물론 정치인 김대중은 정치적, 정책적 과오나 성격적인 독선과 아집도 적지 않았던 것으로 평가되고 있다.

1987년 6월 민주항쟁으로 성취한 직선제 하에서 김영삼 후보와 야권 대통령 후보 단일화를 이루지 못함으로써 군사정권을 연장시킨 일이 대표적인 사례다. 이 일에 대해 김대중은 "나 자신이라도 양보했어야 했다"고 언급한 바 있다. 또한 집권을 위해 분당과 창당을 되풀이하고 정계은퇴와 복귀를 여러 번 했다는 비판도 적지 않다.

햇볕정책과 실용주의적 외교로 한반도에 평화를 싹 틔우다

김대중은 대통령에 당선된 직후부터 기존의 냉전적 사고에 기반한 대북정책을 대신해, 남북의 화해협력을 통해 평화적 통일을 지향하는 햇볕정책을 추진했다. 그 결과 2000년 6월에 분단 이래 최초의 '남북정상회담'이 개최되면서 '6·15 공동선언'이 발표되었다. 그 이후 남북관계는 새로운 전기를 맞았다.

햇볕정책은 증오와 긴장 속에 대립했던 한반도에 화해와 협력, 평화의 기운이 움트게 했다. 남북 간의 교류협력이 다양한 분야에서 진전되면서 한반도의 냉전적 대립구도는 크게 완화되었다. 개성공단이 건설되고 금강산 관광이 시작되는 등, 남북한 간의 활발한 경제사회교류가 긴장완화와 신뢰증진에 기여했다.

제15대 대통령 취임식(1998)

남북한 정권의 변화, 북한 도발의 지속 등으로 햇볕정책을 둘러싼 정치적 공방이 일고 있다. 그러나 북한이 제재와 압박으로 인한 부작용 없이 조기에 붕괴될 가능성이 현실적으로 크지 않다는 점을 감안할 필요가 있다. 대화와 교류를 통해 더 이상의 핵개발을 동결하고 위기를 합리적으로 관리해 한반도의 평화를 유지하면서 중장기적인 해결책을 모색한다는 점에서 햇볕정책이 최소한 차선의 현실적인 정책임을 부인하기는 힘들다.

한편 김대중은 1998년의 '김대중-오부치 선언'을 통해 한일 관계를 한층 발전시키고 양국 문화를 개방함으로써 일본에 한류 붐이 일어날 수 있도록 했다. 또 미국과 중국 등 주변 강국들에 치우치지 않는 외교 전략을 구사했다.

김대중은 평소에 한반도의 지정학적 특성을 '커다란 코끼리의 네 다리 사이에 끼어 있는 토끼'로 묘사하곤 했다. 하지만 만일 한국이 현명하고 전략적인 외교역량을 발휘한다면, '둑 양쪽의 풀을 다 뜯어 먹을 수 있는 도랑 안의 소'가 될 수 있다는 주장을 피력한 바 있다.

국제정치의 전략적 요충지이자 동서 냉전의 최전선으로서 한국이 부담해야 할 비용과 고통도 적지 않았지만, 이 점을 잘 활용하면 오히려 기회가 될 수 있다는 것이 김대중의 외교적 발상이었다. 구조적 약점이 반드시 부담과 도전으로만 끝나는 것이 아니라, 커다란 지정학적, 지경학적 기회요인이자 국제정치적 자산이 될 수 있다는 것이었다.

김대중이 1971년 대선에서 공약으로 제시한 4대국 안전보장론 즉, 미·중·소·일 4대국에게 한반도 불가침 조약을 요구한다는 내용의 정책도 실용적인 외교전략이었지만, 당시 박정희 정권으로부터 용공으로 몰리는 빌미가 되기도 했다. 김대중은 현실주의적 입장에서 1965년 한일회담에 대해서도 많은 반대를 무릅쓰고 야당의원으로서는 이례적으로 협력한 바 있다.

김대중이 생애 마지막까지 매달렸던 숙원 중의 하나도 한반도 평화를 통한 동북아 평화 구상이었다. 2009년 7월 14일 주한유럽상공회의소 초청 연설을 위해 준비했다가 하루 앞두고 폐렴증세로 입원하는 바람에 발표하지 못한 연설 원고의 제목도 '9·19로 돌아가자'였다.

남북정상회담에서 김정일 위원장과 남북공동선언문에 합의한 직후(2000)

"오늘의 북핵 문제 해결방안은 북한은 핵을 완전히 포기하고, 미국은 관계 정상화를 통해 북한을 국제사회의 일원으로 받아들이는 길뿐입니다. 이 외에 대안은 없다고 생각합니다. 우리는 이미 이러한 원칙에 합의한 바 있습니다. 2005년 9월 19일 6자회담의 공동성명, 그것을 준수하면 되는 것입니다. 이것은 미국도 좋고, 일본도 좋고, 중국도 좋고, 러시아도 좋고, 한국도 좋고, 북한도 좋은 것입니다. 다시 9·19 선언으로 돌아갑시다. 그리하여 동북 아시아에 평화와 안전, 협력의 시대를 열어갑시다."

그는 분단 한국의 대통령으로는 처음으로 평양을 방문해 한반도 평화와 남북화해협력의 첫발을 내디뎠다. 이를 통해 '6·15 공동선언'을 이끌어내고 냉전의 마지막 남은 섬 한반도에 평화의 기운을 불어넣고자 혼신의 힘을 다했던 정치인으로 평가되고 있다.

화해와 용서의 철학을 실천하다

김대중은 정치적 목적을 위해 자신을 중상하고, 개인적으로 자신과 가족에게 참기 힘든 고통을 주었던 독재자들이나 그 협력자들에 대해 분노했지만, 미워하지 않고 용서했다. 연금과 투옥 등의 상황에서도 김대중은 좌절하거나 아파하면서 시간을 낭비하지 않았다. 그는 감옥에서 문학, 예술, 역사, 미래 등에 관한 수백 권의 책을 읽으며 사색하고 저술했다.

특히 성경과 영어 공부를 소홀히 하지 않았던 그는 한겨울에도 추운 독방에서 장갑을 끼고 독서를 했다. 이희호 여사는 남편이 장갑 낀 손으로 책장을 넘길 수 있도록 감옥에 넣어준 면장갑에 홈을 만들어

놓았다. 이 장갑은 현재 연세대학교 김대중도서관에 전시되어 있다.

1956년 가톨릭 영세를 받고 토마스 모어라는 세례명을 얻은 김대중은 장차 자신이 겪게 될 고난의 여정에서 신앙을 의지처로 삼았다. 김대중은 1980년 11월 군사재판에서 사형을 선고받은 후 아들에게 보낸 옥중서신에서 아래와 같은 철학을 피력했다.

> "진정으로 관대하고 강한 사람만이 용서와 사랑을 보여줄 수 있다. 항상 인내하고, 우리가 우리의 적을 용서하고 사랑할 수 있는 힘을 가질 수 있도록 항상 기도하자. 그래서 사랑하는 승자가 될 수 있도록 하자."

김대중은 대통령이 된 뒤 자신을 핍박했던 독재자와 군사 지도자들을 용서했다. 전두환, 노태우, 두 전직 대통령을 감옥에서 꺼내줬을 때 많은 민주세력이 이 같은 정책을 비판했지만, 그는 평소 자신의 철학대로 화해와 용서를 실천했던 것이다.

또한 비폭력의 신봉자이기도 했던 김대중은 박정희 대통령을 시해한 김재규를 한국의 민주세력이 의인으로 몰고 가는 분위기에 우려를 표하기도 했다. 그는 지지자들의 비판에도 불구하고 폭력적 방법에 의한 정권교체를 공개적으로 반대했다. 폭력과 보복은 또 다른 폭력과 보복을 부르고 결국 민주주의를 훼손한다는 신념 때문이었다.

사형선고를 받은 법정에서의 최후 진술도 "나를 마지막으로 정치보복을 끝내라"는 간절한 외침이었다. 김대중은 '광주 민중항쟁'에 대해서도 "수많은 희생이 있었지만 한국이 민주화에 성공함으로써 당시 민주영령들의 한이 풀렸으니 이제는 용서하고 민주주의를 더 발전시켜 나가자"고 호소한 바 있다.

퇴임 후에도 평화를 위해 헌신하다

김대중은 2003년 2월에 대통령직에서 물러나 자연인으로 돌아왔다. 그가 거의 모든 연설문의 서두에서 외쳤던 '존경하고 사랑하는 국민' 속으로 들어간 것이다. 김대중은 임기 말에 아들들이 연루된 비리 사건으로 마음고생이 컸고 국민들에게도 사과한 바 있다. 이 사건을 계기로 건강이 악화된 것으로 알려져 있다.

퇴임 이후 그는 정기적으로 신장투석을 받는 상황에서도 노벨평화상 수상자이자 국제적인 지도자로서 활발한 대외 활동을 전개했다. 김대중은 국내외의 각종 언론 인터뷰와 강연 등을 통해 한반도의 평화 정착과 동북아 및 세계 평화를 위한 각종 구상을 발표했다.

김대중은 국내외 대학을 비롯한 주요 단체, 기관 등의 강연 요청에도 적극적으로 임했다. 고령에 건강상의 문제도 있었지만 변함없이 자신의 강연 원고를 손수 준비했다. 연설문 요지 노트를 따로 작성해

김대중도서관 전시실에서 노무현 대통령에게 전시물을 설명하고 있는 김대중(2006)

그 전체적인 방향을 미리 준비하기도 했으며, 강연에 앞서 여러 차례 연설문을 수정하는 등 꼼꼼하면서도 치밀한 모습을 보여주곤 했다.

그가 기증한 시설과 자료를 기초로 2013년에 설립된 연세대학교 김대중도서관은, 그가 역사를 정리하고 미래를 준비하는 소중한 공간이었다. 이 시기에 구축된 '김대중 구술사 컬렉션'과 많은 사료들은 김대중을 학술적으로 연구하는 데 기초자료가 될것이고, 미래세대의 역사교육에도 큰 지침이 될 수 있을 것이다.

김대중은 퇴임 후에도 민주주의와 인권, 평화 등에 대한 자신의 철학과 소망을 실천하기 위해 노력을 게을리하지 않았다. 그는 폐렴 증상으로 입원하기 며칠 전까지도 민주주의와 서민경제, 남북관계의 3대 위기를 걱정하며 국민들에게 행동하는 양심과 각성을 촉구했다.

생애 마지막 대중연설이 된 2009년 6월 11일 《6·15 공동선언 9주년 기념 연설》에서 그는 "우리 모두 행동하는 양심으로 자유와 서민경제를 지키고, 평화로운 남북관계를 지키는 일에 모두 들고 일어나서 안심하고 살 수 있는 나라, 희망이 있는 나라를 만듭시다"라는 비장한 메시지를 남겼다. 6년 6개월여 동안 전직 대통령으로 활동한 김대중은 2009년 8월 18일 서거했다. 이제 그의 이 마지막 메시지는 깨어있는 민주시민에게 남겨진 유언이 되었다.

김대중의 민주주의와 평화를 위한 인생 역정은 감동과 안타까움, 잊지 말아야 할 많은 역사적 교훈을 남겼다. 그가 마지막 일기에 적은, "인생은 아름답고 역사는 발전한다"는 명제는 개인적인 인생 소회에 그치지 않고, 역사와 미래세대를 위해 그가 남긴 또 하나의 희망의 메시지로 다가온다.

참고문헌

김대중, 『김대중자서전 1 · 2』, 삼인, 2010.

김대중, 『대중경제론』, 청사, 1996.

김대중, 『옥중서신』, 시대의 창, 2009.

류상영 외, 『김대중과 대중경제론』, 연세대학교 김대중도서관, 2013.

류상영 외, 『김대중과 한국야당사』, 연세대학교 출판문화원, 2013.

류상영 외, 『김대중과 한일관계사』, 연세대학교 출판문화원, 2013.

아태평화재단, 『김대중의 3단계 통일론: 남북연합을 중심으로』, 한울, 1995.

연세대학교 김대중도서관 편, 『김대중 저작목록집』, 연세대학교 출판문화원, 2015.

연세대학교 김대중도서관 편, 『김대중연보(1924~2009)』, 연세대학교 김대중도서관, 2011.

연세대학교 김대중도서관 편, 『김대중전집 1부』, 연세대학교 출판문화원, 2015.

Jimmy Carter 1924.10.01~

"

평화는 그저 전쟁이 없는 상태만을 뜻하는 것은 아니다. 세계 곳곳에 사는 사람들은 자신의 의견을 밝히고, 자신의 지도자를 선택하고, 자신의 가족을 부양하고, 자신의 자녀들을 건강하게 양육할 수 있는 권리에 바탕을 둔 진정한 평화를 원한다.

"

- 자서전 *Beyond the White House*(2007) 중

도덕적 신념을 현실정치에 구현하고자 했던 인물

지미 카터

Jimmy Carter

이름 / 지미 카터(미국)

수상 연도 / 2002년

수상 근거 / 국제분쟁의 평화적인 해결책을 제공하고,
민주주의와 인권 신장에 기여

수상 분야 / 인권 및 국제 분쟁 조정

—

• 글 김태우
한국외국어대학교 한국학과 교수

통나무집에서 백악관으로

지미 카터의 대통령 재임 기간의 주요 정책과 퇴임 후의 활동을 제대로 이해하기 위해서는 그의 개인적·정치적 성장 과정을 살펴볼 필요가 있다. 그를 노벨평화상 수상으로 이끈 다양한 활동들은 어린 시절부터 형성된 확고한 도덕적 신념과 매우 밀접하게 관련되어 있기 때문이다.

카터는 1976년 대통령 출마 선언 당시만 해도 전체 유권자의 2%만이 이름을 알고 있던 무명의 정치인이었다. 이는 매우 당연한 일이기도 했다. 대통령 후보로 출마하기 전까지 전국적 정치 경력이 전혀 없었기 때문이다. 조지아 주의원과 단 한 차례의 주지사 경력이 정치 이력의 전부였다.

게다가 카터는 유력한 정치적 배경도 없고, 학벌도 좋지 않고, 경제·사회적 기반도 없는 인물이었다. 만약 그가 대통령에 당선되면

대통령 선거 토론을 하고 있는 지미 카터와 제럴드 포드(1976)

'통나무집에서 백악관으로(Log Cabin to White House)'라는 링컨의 전설을 다시 실현한 장본인이 될 터였다.

카터는 보수적인 미국 남부 출신이지만, 자립심과 성실성을 키운 남다른 성장 배경을 갖고 있었다. 5살 때부터 아버지의 농장에서 생산되는 땅콩을 팔아 하루 1달러씩 모은 뒤, 이 돈으로 9살 때 목화를 사서 저장해 두었다가 훗날 값이 오를 때 되팔아 집을 다섯 채나 샀다고 한다. 그는 농사만 지은 것이 아니라, 가축을 기르고 숲을 개간하고 사냥도 했다. 성인이 된 뒤에는 해군사관학교를 졸업했는데, 군 복무 이후에도 농장으로 돌아와 땅콩 장사를 계속했다.

카터가 어린 시절을 보낸 조지아 주 플레인스(Plains)의 작은 마을은 25세대의 흑인 가정과 2세대의 백인 가정으로 구성되어 있었다. 때문에 카터의 유소년기 친구들은 대부분 흑인이었다. 흑인 소년들과 어울리며 수영이나 사냥을 하고 나무 위의 집에서 함께 시간을 보낸 것이다. 카터의 집에 머물렀던 흑인 소년 데이비스는 "백인이라고 잘났다고 뻐기는 일이 한 번도 없었다"고 당시의 그를 회고했다.

카터는 남부의 인종차별적 문화 속에서도 흑인들과 인간적 유대를 맺은 남다른 성장 배경을 갖고 있었고, 이는 대통령 선거 과정에서 흑인 표의 대부분을 얻을 수 있었던 원동력이 되었다. 훗날 아프리카의 기아와 질병 문제에 대한 카터의 깊은 애정과 관심도 어린 시절의 경험과 밀접하게 연관되어 있었을 것이다.

정치를 목회에 비유하다

흔히 카터는 도덕적이고 종교적인 신념을 현실정치에 구현하고자 했던 대표적 정치인으로 평가되곤 한다. 카터의 정치생활은 1962년 조지아 주 상원의원에 출마할 때부터 시작되었다. 카터는 출마를 결심할 당시 침례교 목사와 정치에 관한 논쟁을 벌인 적이 있는데, 정치와 종교에 관한 그의 독특한 입장을 확인할 수 있다.

당시 목사는 카터에게 정직하지 못한 직업인 정치에 뛰어드는 대신, 남을 위해 봉사할 수 있는 목사나 사회사업가가 되라고 충고했다고 한다. 그러자 카터는 그 목사에게 "8만 명을 가진 교회의 목사가 되는 것은 어떠냐"고 반문했다는 것이다. 8만 명은 당시 주 상원의원이 대표하는 주민들의 수를 의미했다. 결국 그 목사는 카터의 견해에 동의했다.

이후 그는 남을 위해 일한다는 목표를 가지고 정치활동을 시작하면서 자신의 활동 자체를 목회에 비유했고, 자신의 정치를 '인간이 수행할 수 있는 최선의 사명'으로 표현하기도 했다. 실제로 카터는 참모들에게도 도덕적인 설교를 자주 했다고 한다.

카터의 도덕적이고 종교적이며 기성 정치의 때가 묻지 않은 참신한 이미지는 1976년 대선 정국에서 대중의 시선을 끄는 핵심 요인이 되었다. 당시 미국인들은 수 년째 지속된 경기 침체와 베트남 전쟁 패배, 워터게이트 사건 등으로 깊은 정치적 불신과 상실감에 빠져 있었다.

이러한 때에 새롭게 등장한 젊은 카터의 수많은 예외적 이미지는 대선 정국에 신선한 바람을 일으키면서 의외의 결과를 만들어낼 수 있었다. 그러나 대통령 취임 후 카터의 도덕적 신념은 현실정치와 쉽사리 조화를 이루지 못했다.

우선 효율성과 정치성이 강조되는 경제와 외교 부문에서 카터는 심각한 비난을 받았다. 카터의 당선 배경에는 장기간의 경기침체와 인플레이션이 자리 잡고 있었지만, 그의 취임 이후에도 관련 지표들은 하나같이 악화일로를 걷고 있었다. 1977년 연평균 6.5%였던 물가 상승률이 1980년에는 무려 13.5%까지 올라갔다. 1978년 4월 《뉴욕 타임즈》의 여론조사에 의하면, 단지 32%의 국민만이 카터 행정부의 경제정책을 신뢰한다고 답하고 있었다.

1979년 이란의 정치적 변화와 함께 찾아온 에너지 위기는 석유 가격의 상승을 야기해, 같은 해 7월 뉴욕 시 주유소의 90%가 문을 닫는 위기상황으로까지 치달았다. 카터의 지지율은 급속히 곤두박질쳐서 역대 대통령 중 가장 낮은 24%까지 하락했다.

인권외교: 도덕과 정치의 결합

대통령 재임 시기에 카터의 도덕적이고 정치적인 신념이 구체적으로 현실화된 가장 대표적인 사례는 소위 '인권외교'였다. 닉슨과 키신저로 대변되는 실리외교의 사례에서 볼 수 있듯이, 외교분야야말로 정치적·실리적으로 해결해야 한다는 것이 미국 정치의 기조였다. 그러나 카터는 정치적·군사적 수단보다 도덕적 원리를 강조했다. 평화와 인권을 외교정책 수행의 길잡이로 삼았던 것이다.

카터는 취임식에서 "우리는 자유롭기 때문에 다른 지역의 자유의 운명에 대해 결코 무관심할 수 없다. 우리의 도덕적 감각은 개별적 인권에 대한 지속적인 존중을 공유하는 사회들에 대한 명백한 선호를 명령하고 있다"라고 선언했다. 그러나 워싱턴의 외교 전문가들은 카터의 인권외교가 지나치게 순진하고 도덕적이며, 그것이 가져올 폐해에 대해 무지했다고 날선 비판을 가했다.

실제로 재임 기간 동안 카터의 인권외교는 냉혹한 국제무대에서 효력을 발휘하기가 매우 어려웠다. 특히 소련과의 관계에서 카터의 도덕적 의지와 방향성은 쉽사리 엇나가곤 했다. 이를테면 카터는 전 세계 핵무기의 제거를 궁극적 목적으로 한반도의 미국 핵무기 철수, 중성자탄의 생산과 신종 폭격기 개발의 연기 등을 명령하고, 소련과 의 전략무기제한협정 서명 등을 추진했지만, 소련 지도부는 오히려 무기의 증강과 아프가니스탄 침공 등의 반평화적 행위로 카터의 인권 외교에 화답했다.

이 같은 소련의 행동은 미국 내 강경파를 자극하여 인권외교의 입 지를 약화시켰다. 결국 카터는 국방비의 대규모 증액, 중성자탄과 중 거리미사일 개발, 나토의 강화 등을 추진함으로써 인권외교의 오류를 자인하는 모습을 보여주기도 했다.

카터의 인권외교가 현실외교의 장에서 실패와 갈등만을 야기한 것은 아니었다. 카터 재임 시기에 체결된 이스라엘과 이집트 사이의 '캠프 데이비드 협정(Camp David Accords)'은 중동 평화의 기초를 마련 한 인권외교의 중요한 성과였다.

1978년 9월 카터는 이집트 사다트 대통령과 이스라엘 베긴 총리 를 대통령 별장인 캠프 데이비드로 초대했다. 카터는 양측을 바쁘게 오가면서 협정의 체결을 위해 최선을 다했고, 결국 1979년 3월 26일 이스라엘과 이집트의 30년간의 적대행위를 종결한다는 양국의 조약 을 이끌어낼 수 있었다. 조약의 체결은 평화를 향한 커다란 진보로 평 가되었다.

그러나 1979년 11월 이란 민족주의자들의 미국 대사관 습격 사건 은 인권외교의 현실적 한계를 분명하게 보여주면서 카터에 대한 미국 인들의 지지를 급속히 추락시켰다. 이 사건은 미국 내에서 흔히 '이란 인질 사태'로 불리는데, 1979년 11월부터 1981년 1월까지 미국인 50

중동 평화협상을 위해 캠프 데이비드에 모인 사다트와 카터, 베긴(왼쪽부터,
1978)

여 명이 이란에 인질로 억류된 사건을 지칭한다.

인질 사건이 발생했을 당시 이란은 급격한 정치변동을 겪고 있었
다. 이란의 팔레비(Mohammad R. Pahlavi) 국왕은 미국의 든든한 동반자
로서 오랫동안 독재와 부정부패 행위를 일삼아 왔는데, 1978년 이란
민중의 반정부 시위와 1979년 호메이니(Ruhollah Khomeini)의 혁명으
로 인해 정권에서 물러나 국외로 도피하는 망명자 신분이 되고 말았다.

그런데 당시 카터 정부가 팔레비의 미국 입국을 허가하면서, 이것
이 직접적인 계기가 되어 이란 내의 급진 강경파가 미국 대사관을 강
제 점거하는 사태가 발생했던 것이다. 문제는 이 같은 외교적 위기국
면에서 카터가 이란의 강경세력을 향해 위력적인 힘의 과시도, 실용
적인 협상능력도 보여주지 못한 채 퇴임 시까지 사태를 해결하지 못
했다는 데 있었다.

이란은 팔레비의 본국 송환과 미국 내 팔레비 재산의 환수를 요구
했지만, 카터는 그 같은 제안을 단호히 거부한 채 오히려 이란과의 무

역을 금지하는 조치로 강경하게 맞섰다. 카터는 이 문제 역시 인권 차원의 도덕적 지도력을 발휘하여 해결하고자 했다. 그러나 이란의 강경파들은 오히려 이 사태를 친서방세력의 숙청과 권력 강화의 계기로 적극 활용했다.

결국 재선을 앞둔 카터는 도덕적 접근법의 한계를 스스로 인정하고, 무력을 통해 강제로 인질을 구출하려는 시도를 했지만 이마저도 처참하게 실패했다. 그는 결국 대통령 선거에서 공화당의 레이건(Ronald Reagan) 후보에게 완패하며 백악관을 떠나야만 했다.

〈카터재단〉의 탄생

카터는 장기간의 경기침체와 인플레이션, 외교정책의 실패 등으로 인해 대통령 재선에 실패했다. 그 당시 카터는 56세에 불과했다. 통계상으로 그의 수명은 여전히 25년이나 남아 있는 셈이었다. 카터는 그의 부인 로잘린(Eleanor Rosalynn Smith Carter)과 함께 은퇴 후의 삶에 대해 여러 날을 치열하게 고민했다. 오랜 고민의 결과로 탄생한 것이 바로 〈카터재단〉이었다.

카터재단의 설립은 1982년 에모리 대학교의 총장인 레이니(James Laney) 박사의 제의를 수용하는 방식으로 결정되었다. 레이니 총장은 어떤 경우에도 카터의 견해가 제약당하거나 검열 받지 않을 것임을 확실하게 보장해 주었다. 이에 1982년 에모리 대학교와의 파트너십 하에, 지미 카터와 로잘린 카터를 공동 설립자로 하는 비영리 비정부기구로서 카터재단이 공식 출범하게 되었다.

카터는 재단 설립 초기에 몇 가지 중요한 운영 원칙을 다음과 같이 수립했다. 당대에 존재하는 각종 정부산하기구, 국제기구, 비정부기구 등의 수행 업무와 중복되는 일을 펼치지 않는다. 학술적 분석에 머물지 않는 실천기구가 된다. 백악관의 묵인을 얻지 못하는 민감한 분야에 무턱대고 개입하지 않는다. 목표가 소중한 경우 실패의 위험성을 고려하지 않고 과감히 도전한다.

카터재단은 이상과 같은 목표와 운영 원칙하에 현재까지 80개국 이상에서 삶의 질 향상에 직접적인 도움을 준 것으로 평가받고 있다. 카터재단은 "평화의 유지, 질병과의 투쟁, 희망의 구축(Waging Peace, Fighting Disease, Building Hope)"을 재단의 상징적 표어로 내세우고 있는데, 실제로 이 표어에 걸맞게 세계 곳곳의 소외된 지역에서 분쟁을 해결하고, 민주주의를 실현하며, 질병을 퇴치하는 데 혁혁한 공을 세워왔다.

국제적인 선거감시활동

무엇보다도 카터재단은 오랜 기간 국제적 선거감시활동 분야의 신뢰할 만한 선두주자 역할을 해 왔다. 선거는 민주주의의 가장 기초적이면서도 중요한 제도적 장치이기 때문에 카터재단의 감시활동은 응당 세계 곳곳의 민주주의 발전에 커다란 기여를 하곤 했다.

1989년 이래 카터재단은 39개 국가, 101개 선거의 합법성을 감시하기 위한 옵서버들을 파견해 왔다. 카터재단의 옵서버들은 선거법을 분석하고, 유권자 교육과 등록 절차를 평가하며, 선거운동의 공정성을 판단한다.

공정한 선거감시단의 존재는 선거절차에서의 부정과 간섭을 배제하고, 유권자들의 안전한 비밀투표 행사를 보장하며, 부도덕한 선거 결과 집계를 사전에 방지하는 역할을 한다. 선거감시단은 대체로 종교지도자, 정치학자, 지역 전문가, 선거감시활동 전문가 등의 고도로 전문화된 30~100여 명의 옵서버들로 구성된다.

　카터는 특정 국가의 선거 당국으로부터 직접적인 요청이 있거나, 주요 정당들로부터 환영받을 때에만 감시단을 파견했다. 감시단은 선거 과정에는 개입하지 않고, 미국 정부를 대표하지 않는다는 사실을 분명히 했다. 카터재단은 유엔선거지원단 등과 함께 선거감시를 위한 국제적 원칙의 수립에 핵심적인 역할을 담당했다. 최근에는 전자투표 기술을 적용하는 새로운 선거감시 분야에서도 선도적인 역할을 수행하고 있다.

　1990년 니카라과 대선의 감시활동은 해당 지역의 정치개혁에 상당한 영향을 미친 대표적 사례로 꼽을 수 있을 것이다. 당시 니카라과

남수단 독립 국민투표에서 선거감시단을 이끌고 있는 카터(왼쪽)와 코피 아난
(2011.01)

는 1980년대 초부터 미국 레이건 행정부의 지원을 받은 콘트라 반군 세력과 니카라과 정부군 사이에 참혹한 내전이 벌어지고 있었다.

니카라과는 미국의 경제 제재로 인해 재정 파탄을 겪고 있었고, 선거 결과 또한 미국 정부로부터 인정받지 못하고 있었다. 이 같은 혼란기에 니카라과의 오르테가(Daniel Ortega) 대통령이 직접 카터에게 선거감시단의 파견을 요청했던 것이다.

당시 오르테가 대통령은 산디니스타(Sandinista National Liberation Front)로 불리던 혁명세력에 의해 추대된 인물이었다. 산디니스타는 재집권을 확신하고 있었지만 선거 결과는 그들의 기대와 완전히 달랐다. 니카라과의 심각한 혼란 탓에 대다수의 시민들이 산디니스타 정권에 등을 돌린 상태였던 것이다.

카터재단의 감시단은 선거실시 전에 선거법과 선거절차를 검토하고, 선거인 명부를 새롭게 작성했으며, 투표가 안전하게 실시될 수 있도록 감독했다. 투표가 마감된 후에는 산디니스타 혁명정권으로 하여금 선거의 결과를 수용할 수 있도록 미국과 니카라과 양쪽 정부를 적극적으로 설득했다.

결국 카터재단은 혁명세력의 안전을 보장해주겠다는 미국의 확약을 이끌어내면서 선거 결과를 공식 발표할 수 있었다. 무장투쟁으로 권력을 장악한 혁명정권이 자유선거를 통해 권력을 이양한 일은 거의 전례가 없었다. 이후 산디니스타는 니카라과의 주요 정치세력으로서 계속 정치활동에 참여했고, 결국 2006년에 자유롭고 평화로운 선거를 통해 재집권에 성공하기도 했다.

전쟁 위기의 한반도를 구해낸 평화적 타결

카터재단은 전쟁 중이거나 전쟁 위기에 봉착해 있는 국가들과의 협상을 통해 해당 지역과 세계 평화에 적잖은 기여를 하기도 했다. 그 대상은 소련, 아이티, 수단, 우간다, 쿠바, 중동과 발칸 반도의 여러 국가들에 이르기까지 매우 다양했다. 그중에서도 1994년 전쟁 직전의 상황까지 치달았던 한반도의 위기 때 보여준 카터의 활약상은 워싱턴과 남북한 사람들에게 매우 강한 인상을 남기며 한반도 평화에 직접적으로 기여했다.

1994년 당시 한반도는 말 그대로 전쟁 직전의 위기 상황으로 치닫고 있었다. 미국이 북한 영변 지역의 핵폐기물 저장소 의심 구역에 대한 사찰을 요구하고 팀스피리트 훈련을 재개하는 등 군사적 압력을 높여가자, 북한은 1993년 3월 12일 핵확산금지조약(NPT) 탈퇴를 선언하면서 미국의 사찰에 완강히 저항했다. 북한은 1994년 6월 13일 국제원자력기구마저 탈퇴하겠다고 선언했고, 미국은 북한의 핵시설 의심 장소에 대한 군사적 공격 계획을 세우게 되었다.

그런데 윌리엄 페리(William Perry) 국방장관의 한국 추가병력 투입 발표가 있었던 6월 16일, 놀랍게도 카터 전 대통령이 CNN을 통해 북한 핵프로그램 동결을 발표했다. 전쟁 위기의 정점에서 이뤄진 놀라운 평화적 타결이었다.

카터는 김일성의 직접적 초청으로 6월 12일 미국에서 출발하여 서울과 판문점을 경유해 평양으로 갔다. 카터는 1953년 정전협정 체결 이후 비무장지대를 통해 평양 방문이 허용된 최초의 인물이었다. 그는 82세의 김일성과 직접 만나 북한과 미국의 핵정책을 조율했다.

당시 카터는 미국 정부의 대표가 아닌 일개 개인의 신분으로 김일성과 대화했다. 그러나 그는 토니 레이크(Tony Lake) 국가안보보좌관 등과의 전화통화를 통해 사실상 미국 정부의 입장을 대변하고 있었다. 그리고 그 대화의 성과물을 6월 16일 CNN을 통해 발표했던 것이다.

카터와 김일성의 합의 내용은 전쟁 위기를 극복하기에 충분한 조치들로 구성되어 있었다. 김일성은 논란이 되고 있는 원자로에 대한 사찰과 지속적 감시를 보장하겠다고 약속했다. 북한은 두 가지 요구 사항을 제시했는데, 하나는 북한의 구식 흑연감속원자로를 경수로로 전환하는 것이었고, 또 하나는 한반도 전체의 비핵화였다. 북한은 미국이 북한에 대한 핵공격 위협을 제거한다는 보장을 하면 핵개발 계획을 동결하겠다고 분명히 밝혔다.

이 같은 양자의 의견 제시와 협상에 의해 한반도는 전쟁 직전의 상황으로부터 가까스로 벗어날 수 있었다. 당시 미국의 자체 평가(USFK-OPLAN 5027)에 의하면, 한반도에서 전쟁이 발발할 경우 100만여 명의 인명 손실, 한반도 전역의 방사능 유출, 서울과 인근 지역의 불바다, 남한 경제와 무역의 전면적 붕괴 등이 예상되고 있었다.

물론 1994년 중간선거에서 압승을 거둔 공화당의 견제, 그로 인한 클린턴 정부의 대북 약속 이행의 지연, 약속 이행을 종용하는 북한의 도발, 2001년 공화당 부시 정부의 수립 등을 거치며 미국과 북한 사이의 핵협정들은 폐기되어 버렸지만, 한반도 전쟁 위기 상황의 극복을 도와준 카터의 협상 시도는 충분히 높게 평가받을 만한 조치로 간주되고 있다.

저개발국의 질병 퇴치에 힘쓰다

카터는 2002년 노벨평화상 수상 연설을 통해 세계가 직면하고 있는 가장 심각한 문제로 '빈부 격차의 지속적 증가' 현상에 대해 지적했다. 카터는 이 같은 세계적 차원의 빈부 격차가 저개발국의 기아, 무장충돌, 환경의 악화, 그리고 통제 가능한 질병의 확산 등에 직접적인 영향을 준다고 주장했다.

이러한 문제의식 속에서 카터재단은 세계 곳곳의 정치적 분쟁뿐 아니라 저개발국가들의 질병 예방과 치료에도 커다란 관심과 노력을 경주해 왔다. 이를테면 카터재단의 질병 프로그램은 병의 치료를 위한 정보와 서비스의 제공, 질병 확산의 예방조치, 국제기구·정부·비정부기구 사이의 변화와 협력을 위한 파트너십의 구축, 저개발국가들의 보건의료서비스 전달체계 강화를 위한 보건부와의 협력 등에 힘을 쏟아 왔다.

그 대표적 사례로 카터재단은 1986년부터 기니벌레병으로 알려져 있는 드라쿤쿠르스증을 박멸하기 위한 활동을 선도해 왔다. 1986년 당시 아시아와 아프리카의 20개 국가에서 약 3,500만 명의 사람들이 이 병으로 고통받는 것으로 집계되고 있었다. 드라쿤쿠르스증은 모든 수인성 질병 가운데 가장 유해하면서도 보편적으로 무시되고 있는 질병으로, 감염될 경우 사람의 몸 곳곳에서 벌레들이 기어 나오는 끔찍한 육체적 고통을 겪게 된다.

카터재단은 드라쿤쿠르스증을 예방하기 위해 지역민들을 적극적으로 설득하고, 물을 마시기 전에 감염 물질을 제거하는 필터나 여과용 천을 사용할 것을 권장했다. 물론 카터재단은 기부 형태의 외부자금 지원을 받아 여과용 천이나 필터의 제공 임무도 동시에 수행했다.

이 같은 노력의 결과, 드라쿤쿠루스증은 2013년 현재 4개국, 148개 사례로 확연히 줄어들었다.

또한 카터재단은 강변실명증으로도 불리는 사상충증의 퇴치에도 힘써 왔다. 이 질병은 실명을 유발하는데, 검정파리의 침을 통해 전염되는 기생충이 발병의 원인인 것으로 알려져 있다.

카터재단은 아프리카와 라틴아메리카의 11개 국가들에서 사상충증이 확산되는 현상을 막기 위해 노력해 왔다. 주로 약물 치료 프로그램과 예방 활동을 지속하고, 현지의 거주민과 의료종사자들을 돕는 방식으로 진행되었다. 또 치료제를 개발한 제약회사가 카터의 요청에 부응하여, 1987년 이래 5,300만 달러가 넘는 치료약품을 카터재단에 무상으로 제공함으로써 해마다 전 세계 6,000만 명 이상의 사람들이 질병의 고통으로부터 벗어날 수 있는 계기를 마련하기도 했다.

이렇듯 전세계 수억 명의 삶에 직접적으로 영향을 미친 카터재단의 활약은 카터의 노벨평화상 수상의 직접적 계기가 되었다. 2002년 노벨위원회는 카터를 노벨평화상의 수상자로 선정하며, "국제분쟁에 대한 평화적 해결책을 모색하고, 민주주의와 인권을 신장시키며, 경제적이고 사회적인 발전을 촉진시킨 그의 지칠 줄 모르는 수십 년의 노력"에 대해 치하했다.

비록 2002년 가을 노벨평화상 수상 당시 미국은 이라크 전쟁 계획을 구체화하고 있었지만, 카터 전 대통령의 국제적 평화협상과 인권 캠페인, 질병과의 싸움, 복지 확충 활동 등은 노벨위원회의 치하를 받기에 충분한 행적들이었다. 앞서 구체적으로 살펴보았듯이, 카터재단은 1989년 이래 39개 국가, 101개 선거의 합법성을 감시하기 위한 선거감시단을 파견해 왔고, 중동과 발칸반도와 한반도 등의 분쟁해결에 직접적으로 기여했으며, 저개발국가들의 수천 만 명의 사람들에게 의학적 치료를 제공함으로써 전세계 수많은 사람들의 인권과 평화에 적잖은 기여를 해왔다. 노벨위원회 위원장 버지(Gunnar Berge)는 1978년 카터가 이집트와 이스라엘 사이의 평화협정을 성공적으로 조율해냈을 때 이미 노벨평화상을 수상했어야 한다고 칭송하기도 했다.

인권외교의 재평가와 남겨진 논점들

이상에서 살펴보았듯이, 카터는 미국 대통령으로서는 매우 이례적인 인간적·정치적 성장과정을 거친 끝에 자신의 종교적이고 도덕적인 신념을 현실정치에서 구현하고자 했던 독특한 위상의 정치인이었다.

그는 베트남 전쟁 패배와 워터게이트 사건 등으로 도덕적인 상처를 입은 미국인들의 강력한 지지를 받으며 대통령에 당선될 수 있었지만, 장기간의 경기침체와 인플레이션, 외교정책의 실패 등으로 인

전현직 대통령들과 함께 백악관에서(2009)

해 역대 최악의 대통령으로 평가되며 재선에 실패했다. 그의 노벨평화상 수상은 놀랍게도 대통령 재임기가 아닌, 퇴임 이후의 카터재단 활동으로 인해 가능했던 것이다.

카터의 재선을 불가능하게 만든 주요 원인 중 하나였던 '인권외교'는 현실정치를 중시했던 당대 미국인들의 신랄한 비판의 대상이 되곤 했다. 카터 재임 당시부터 인권외교는 그것을 집행할 수단이나 그것이 가져올 폐해에 대해 무지했다는 맹렬한 비판을 받았고, 퇴임 이후에도 레이건 정부로 상징되는 보수주의의 득세 속에 가혹한 비난을 받았다.

그런데 매우 흥미롭게도, 이미 1980년대 후반부터 미국의 다양한 사회과학 논저들은 카터의 인권외교를 다양한 관점에서 적극적으로 재평가하기 시작하고 있었다. 우선 인권외교는 실리외교와 달리 관련 국가마다 미치는 영향력이 매우 상이하며, 그 영향이 본격적으로 나타나는 시점이 다르기 때문에 섣불리 평가하기 어렵다는 견해들이 제시되었다.

더불어 카터의 인권외교는 미국의 기존 외교정책과 완전히 무관한 것이 아니라, 윌슨과 루스벨트로 대표되는 이상주의와 국제주의 노선에 '인권'이라는 새 요소를 첨가해 세계 질서에 희망을 불어넣으려 한 것이라는 견해들이 제시되고 있다. 미국사의 장기적 관점에서 카터의 외교정책을 긍정적으로 평가하는 관점들이 제시되고 있는 것이다.

이 같은 관점에서 흥미롭게 볼 수 있는 현상 중 하나는 카터 재임기의 대한(對韓) 정책이다. 이 글은 카터의 노벨평화상 수상에 대한 글이기에 구체적으로 다루지는 않았지만, 박정희 정부와 전두환 신군부에 대한 카터의 입장과 정책은 노벨평화상 문제와는 무관하게 한국인의 입장에서 흥미롭게 분석해볼 만한 주제임에 틀림없다.

방한 당시의 카터와 박정희 전 대통령(1979.06)

　그의 인권외교에 대한 신념이 한국에서도 고스란히 관철되었는지,
박정희 정부의 유신통치나 5·18 광주민주화운동에 대한 카터 정부의
정책은 어떠했는지, 1970년대 후반 한국의 민주화 열기에 대한 카터
정부의 입장은 어떠했는지 보다 치밀하게 살펴볼 필요가 있을 것이다.

참고문헌

김봉중,「전환기의 미국외교와 카터 인권외교의 등장」,『미국사연구』
　　　　17, 2003.
김봉중,「카터 인권외교에 대한 재조명」,『미국사연구』10, 1999.
김행자,「인간 지미 카터」,『기독교사상』21(1), 1977.
김형곤,「지미 카터 대통령의 지도력에 관한 소고」,『중앙사론』18, 2003.
Charles Jones, *The Trusteeship Presidency: Jimmy Carter and the
　　　　United States Congress*, Baton Rouge: Louisiana state

University Press, 1988.

Erwin Hargrove, *Jimmy Carter as President*, Baton Rouge: Louisiana State University Press, 1988.

Jimmy Carter, *Beyond the White House: Waging Peace, Fighting Disease, Building Hope*, NY: Simon & Schuster, 2007(이종훈 역, 『진정한 리더는 떠난 후에 아름답다: 지미 카터, 퇴임 후의 삶』, 중앙북스, 2008).

Jimmy Carter, "Inaugural Address"(web, http://www.presidency.ucsb.edu/ws/?pid=6575)(1977.01.20).

Roger Fontain, "The End of a Beautiful Relationship", *Foreign Policy*, No. 28, Autumn 1977.

Stanley Hoffman, "The Hell of Good Intentions", *Foreign Policy*, No. 29, Winter 1977~78.

Steven Gillon, "Jimmy Carter", *The Reader's Companion to the American Presidency*, Alan Brinkley and David Dyer ed., New York: Houghton Mifflin Company, 2000

The White House Historical Association, "Jimmy Carter and the Iran Hostage Crisis"(web, https://www.whitehousehistory.org/teacher-resources/jimmy-carter-and-the-iranian-hostage-crisis).

https://www.cartercenter.org

https://en.wikipedia.org/wiki/Carter_Center

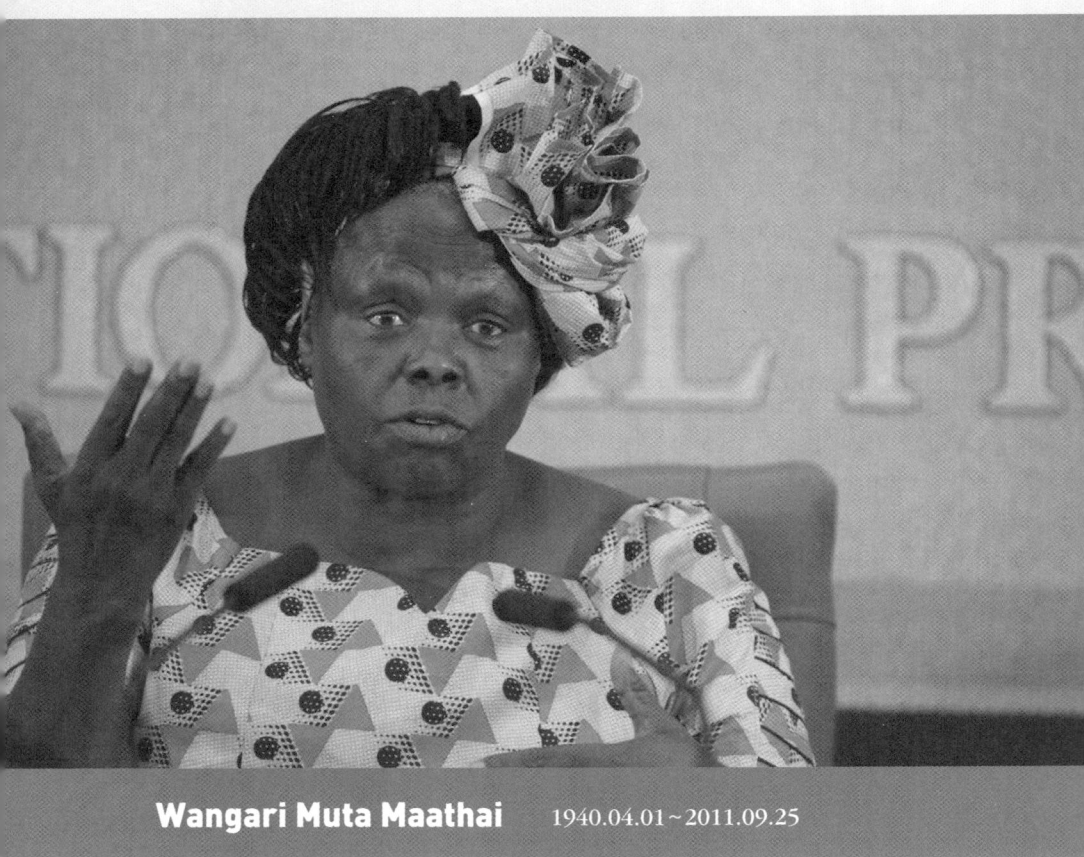

Wangari Muta Maathai   1940.04.01 ~ 2011.09.25

"

시민들이 할 수 있는 것은 소소한 일들이다. 그것이 바로 차이를 만들어
내는 것이다. 내가 할 수 있는 소소한 것은 나무를 심는 것이다.

"

– 왕가리 마타이

생명과 평화의 나무를 심다

왕가리 무타 마타이

Wangari Muta Maathai

이름 / 왕가리 무타 마타이(케냐)

수상 연도 / 2004년

수상 근거 / 지속가능한 발전을 위한 환경운동과 민주화에 기여

수상 분야 / 인도주의

• **글** 양철준

한국외국어대학교 아프리카연구소 HK연구교수

평화의 의미를 새롭게 정의하다: 환경과 평화

　보통 노벨평화상은 분쟁 해결, 평화 정착, 인권 신장, 억압적 독재 권력에 대한 투쟁을 통해 민주화에 공헌한 인물들 위주로 선정되는 것이 관례였다. 그러다 보니 아프리카 대륙에서 이 상을 받은 사람들은 주로 남아프리카공화국 출신이었다. 1960년 아프리카인 최초로 노벨평화상을 수상한 앨버트 루툴리는 남아공의 아파르트헤이트에 맞서 인권운동을 이끈 인물이었다. 마찬가지로 1984년에는 데스몬드 투투 주교, 1993년에는 넬슨 만델라와 프레데리크 데 클레르크가 인종차별정책을 평화로운 방식으로 종식시키고 민주적 남아공의 새로운 토대를 만든 공로로 노벨평화상을 수상했다.

　인종차별정책이 실시되었던 남아공에서 노벨평화상 수상자들이 이처럼 많이 배출된 것은 어찌 보면 당연한 일이었다. 인종차별을 철폐하고 모든 인간이 평등하게 살아가는 사회를 만들어나가는 것이야말로 당대의 중요한 과제였기 때문이다. 전쟁이나 분쟁, 혹은 차별의 종식과 해결은 노벨평화상 수상을 위한 전제조건처럼 여겨져 왔다.

케냐의 국가인권위원회로부터 공로 트로피를 받은 왕가리 마타이 (2006)

　그러나 현존하는 분쟁의 해결과 차별에 대한 저항 못지않게 중요한 것은 분쟁과 차별의 원인들을 해결하고 평화가 정착될 수 있는 환경을 조성하는 것이다. 이러한 관점에서 왕가리 마타이의 노벨평화상 수상은 평화의 진정한 의미에 대한 새로운 정의를 내리는 계기가 되었다고 할 수 있다.

마타이의 노벨평화상 수상은 평화라는 개념의 지평이 확대된 것으로 해석할 수 있다. 세계 곳곳에서 환경파괴로 인해 인간의 생존이 위협받고 분쟁으로 치닫는 경우가 부지기수인 현실을 고려할 때 환경보호를 통해 인간의 생존권을 확보하고 삶의 질을 향상시키는 것도 궁극적으로 평화에 직결된다고 볼 수 있기 때문이다.

마타이는 케냐의 수도 나이로비에서 자신의 지역구인 니에리의 테투로 향하던 중 차 안에서 수상자 선정 소식을 접했다. 당사자조차 농담으로 여겼을 만큼 믿기 어려운 발표였다. 수상자로 선정되었을 당시 그녀는 환경부 차관을 지내고 있었다. 그녀가 노벨상을 수상할 정도로 분쟁 해결과 평화의 정착에 기여했는지에 대한 논란도 있었다.

그녀의 수상은 그만큼 의외였으나 열악한 여건 속에서도 지속적으로 전개해온 환경운동에 대한 국제사회의 합당한 평가와 찬사였다는 점에서는 이론이 없다. 그리고 환경운동이야말로 지속가능한 세계 평화, 인권, 분쟁의 방지, 인간의 생존과 직결된 중요한 문제라는 점 또한 점점 명확해지고 있다.

식민통치 시대의 케냐에서 태어나다

왕가리 마타이는 영국의 식민통치 시기에 케냐 산 기슭에 자리 잡은 니에리 지역의 이히테 마을에서 태어났다. 해발고도가 5,199m로 아프리카에서 킬리만자로 산 다음으로 높은 케냐 산은 원주민인 키쿠유족에겐 그들이 숭배하는 신 웅가이(Ngai)가 거하는 성스러운 산이다.

케냐 산 인근 지역은 수량이 풍부하고 기후도 쾌적해 일찍부터 백

케냐 산 인근에서 농사를 짓는 농민의 모습

인들이 정착하기 시작했다. 마타이가 속한 키쿠유족은 조상 대대로 살아오던 땅을 수탈당했고, 많은 이들이 백인 소유 농장의 임금노동자가 되었다. 그녀의 아버지도 백인 농장에서 일을 했다. 그러나 가족들과 더불어 살 수 있는 여건이 되지 않아 남은 가족들은 니에리에서 살아갔다.

토지를 수탈당한 케냐의 최대 종족인 키쿠유족은 반영(反英) '마우마우 투쟁'을 전개했다. 〈마우마우〉는 케냐의 키쿠유족이 영국의 식민통치에 대항하기 위해 만든 무장투쟁 단체를 의미한다. 이 당시 청소년기를 보내고 있던 마타이는 가톨릭 선교회가 운영하던 학교에서 공부했기에 마우마우와 직접적인 관련은 없었지만 케냐에 비상사태가 선포되어 거주와 이동의 자유를 제한받았기에 식민주의의 본질을 꿰뚫어 볼 기회가 되었을 것이다. 그리고 영국 식민통치하에서의 억압과 수탈은 마타이에게도 상당한 영향을 주었을 것이다.

그녀에게 교육받을 기회가 주어진 것은 당시로선 커다란 행운이었다. 여성들의 교육에 무관심했던 사회 분위기를 감안하면, 케냐에서 초중등 교육을 받고 미국과 독일 유학의 기회를 얻은 것은 세계를 바라보는 넓은 시각을 형성하는 데 큰 도움이 되었을 것으로 보인다.

'최초'라는 수식어가 항상 따라다닌 여성

마타이에게는 최초라는 수식어가 항상 따라다녔다. 중동부 아프리카 여성 최초로 박사학위를 받았고, 대학에서 동물해부학을 강의한 최초의 동아프리카 여성이기도 했다. 1976년 나이로비대학교의 동물해부학과장을 역임했으며 1977년에는 같은 학과의 부교수가 되었다. 동아프리카 지역에서 이와 같은 자리에 오른 여성은 마타이가 최초였다. 당시만 해도 남성 중심적 문화가 지배적이었기 때문에 여성으로서 그녀가 이룬 성과는 괄목할 만한 것이었다.

더 나아가 2004년에는 노벨평화상을 수상한 최초의 아프리카 여성이 되었다. 그 당시만 해도 노벨평화상 또한 서구와 남성 중심적이었다. 이처럼 그녀는 남들이 쉽사리 가지 못하는 길을 찾아가는 개척자의 삶을 살았다.

그녀는 또한 환경운동가로서 노벨평화상을 수상한 최초의 인물이기도 했다. 환경보호는 환경안보와 직결되어 있으며, 환경안보는 자연환경의 파괴나 고갈로부터 인간을 보호하는 것을 목적으로 한다. 개발도상국에서는 깨끗한 식수 확보의 어려움이 있고, 선진국에서는 대기오염과 지구온난화가 환경에 대한 지속적 위협이 되고 있다.

마타이는 정치 활동에 적극 참여하는 데도 주저하지 않았다. 정치적 의지와 토대 없이는 자신이 추구하는 환경운동도 추진력을 받기 어려울 것이라는 판단에 따라 시민단체에서 활발한 활동을 벌였다. 그녀는 〈케냐전국여성협의회(National Council of Women of Kenya)〉 등 시민단체에 가입해 여성의 권리 옹호와 여권신장을 위해 많은 노력을 기울였다. 1981년부터 1987년까지는 이 협의회의 의장을 역임하기도 했다.

그러나 키쿠유족인 마타이의 힘이 커지는 것을 두려워한 케냐의 제2대 대통령 모이(Daniel Toroitich arap Moi)는 여러 가지 부당한 압력을 행사하는 것은 물론, 다양한 형태로 방해공작을 벌였다. 마타이가 케냐전국여성협의회 의장에 당선되자, 정부는 친정부 성향의 〈케냐여성개발협회(Maendeleo ya Wanawake)〉에 재정지원을 집중함으로써 그녀가 이끄는 조직을 와해시키려는 공작을 시도했다.

이러한 과정에서 그녀는 정치의 중요성을 깨닫게 되었다. 정치에 참여하지 않고는 차별과 불의를 타파할 수 없음을 깨달은 것이다. 그녀는 모이 대통령이 집권하던 시기에 온갖 탄압과 견제를 받았다.

마타이는 모이 대통령의 〈케냐아프리카민족동맹(KANU)〉 일당 통치하에서 민주화와 인권신장을 위한 일관된 투쟁에 나섰다. 1990년대 초반 아프리카 대륙에 다당제 바람이 거세게 불자 케냐에도 다당제 민주주의를 요구하는 목소리가 높았는데 당시 마타이도 다당제 민주주의 도입을 위한 투쟁에 나선 바 있다.

그녀는 압제적인 모이 정권에 맞서 용감히 싸웠으며 부패 종식, 종족주의적 분열정치의 종식을 줄기차게 요구했다. 이 밖에도 정치범의 석방을 위해 정부에 압력을 행사하는 등 민주화에 크게 기여했다. 이로 인해 여러 차례 투옥을 당하기도 했다.

그녀는 1997년 다당제하에서 두 번째로 실시된 선거에서 대선후보로 직접 나서기도 했으며 케냐의 제3대 대통령 키바키(Mwai Kibaki)

가 이끄는 케냐 정부에서 환경, 천연자원, 야생동물부 차관으로 공직
에 참여했다. 2002년 12월 니에리의 테투 선거구에서 국회의원에 당
선됨으로써 의정활동을 펼치기도 했다. 당시 테투 선거구에 입후보해
무려 98퍼센트의 압도적인 지지로 당선되었다.

'나무 어머니'의 그린벨트 운동

마타이는 1977년부터 사막화를 막고 무분별한 싹쓸이 벌목으로부
터 생태계를 보호하기 위해 나무를 심는 '그린벨트 운동'을 시작했다.
당시에는 개발이라는 미명하에 숲이 무분별하게 파괴되었고 이로 인
해 사막화가 진행되는 상황이었다. 팜유 생산, 주거공간과 경작지 확보
를 위한 무분별한 남벌은 아프리카의 숲을 황폐화시켰으며 숲을 삶의
공간으로 삼고 살아가는 동식물의 보금자리도 위협했다.

마타이는 개발이라는 명목하에 나무들이 남벌되어 사람들의 생존
조차 위협받는 상황을 목격하면서 나무를 심어 푸른 숲을 조성하고 자
연과 인간이 공존하는 환경을 만들어내는 것을 필생의 목표로 삼았다.

그녀가 나무 심기 캠페인을 통해 케냐 곳곳에 심은 나무만 무려 4
천만 그루. 나무 심기에 대한 헌신과 열정 때문에 그녀에겐 '마마 미
티(Mama Miti)', 스와힐리어로 '나무 어머니'라는 뜻의 별명이 붙었다.
그녀는 나무를 심으면서 지역주민들의 적극적인 참여를 이끌어냈다.

정치적으로 역경의 시기를 보내던 마타이가 노르웨이와 유엔의
지원을 받아 1977년부터 시작한 그린벨트 운동은 벌거벗은 땅에 나
무를 심어 푸른 숲을 조성하는 일에 주력해왔다. 평생 수천만 그루의
나무를 심은 그녀는 나무 심기야말로 평화의 정착에 기여한다는 강한

신념을 갖고 있었다.

풀뿌리 운동의 새로운 방향: 생명과 평화의 나무 심기

나무 심기 운동과 병행해 지속가능한 발전에 관한 교육, 일자리 창출, 소득증대사업 등도 실시함으로써 민초들의 자발적 참여를 유도해 냈다는 데서 그녀는 풀뿌리 운동의 새로운 방향을 제시했다는 평가를 받기도 했다. 환경보전과 빈곤퇴치는 일반대중과 유리된 운동이 아니란 점을 인식하고 그들의 삶 한가운데로 들어가 그린벨트 운동을 이끌어왔기에 그토록 오랜 기간 동안 괄목할 만한 성과를 이루어낼 수 있었던 것이다.

마타이의 활동가적인 면모는 선도적으로 앞서가되 홀로 가지 않고 함께 가는 방식을 지향함으로써 더욱 돋보였다. 또한 자신의 가치와 신념을 항상 자신이 딛고 서 있는 곳에서 실현하려고 노력했던 점이 높이 평가된다. 즉 전 지구적 차원에서 대승적으로 생각하되, 딛고 서 있는 땅에서 이상과 꿈을 실현하기 위해 행동하는 활동가의 본보기가 된 것이다.

이러한 노력에 힘입어 그녀는 민초들이 원하는 것이 무엇인지 잘 알 수 있었고 그들의 바람과 소망을 현실화해내려는 실천의 전위에 있었기에 민초들의 자발적 참여와 실천을 유도해낼 수 있었던 것으로 보인다. 마타이는 "케냐인들의 눈을 통해 케냐를 바라본다면 당신이 세계를 바라보는 방식이 영원히 변화될 것이다"라는 말로써 케냐의 상황과 맥락이라는 창을 통해 케냐 사회를 이해하는 인식의 변화를 촉구한 바도 있다.

세계사회포럼에서 산림 파괴에 대해 연설 중인 마타이(2007.01.27)

마타이는 〈유엔환경계획(UNEP)〉의 지원을 받아 그린벨트 운동을 범아프리카적 조직으로 확대해나갔다. 1986년부터 그린벨트 운동은 케냐를 넘어 탄자니아, 우간다, 말라위, 레소토, 에티오피아, 짐바브웨 등의 국가로 퍼져나갔다. 케냐에서 시작된 운동이 아프리카의 여러 나라로 확산된 것은 이 운동의 풀뿌리적 성격을 확인할 수 있는 증거이다.

아프리카 대륙은 계속되는 사막화, 남벌로 인한 산림파괴, 물 부족 등의 문제에 봉착해 있다. 훼손된 산림의 복원은 기상이변이나 토양 유실을 방지하는 역할을 했으며 나무 심기를 통해 여성들을 위한 일자리가 창출되었다.

그녀는 나무 심기를 통해 이러한 문제들에 대한 해결과 지속가능한 발전을 도모해나갔다. 나무 심기를 통한 환경보호가 평화와 인권, 생존 문제에 직결되어 있음을 깨닫고 나무 심기 운동에 헌신했다. 이러한 노력 덕분에 이미 1991년에 '환경운동가들의 노벨상'으로 불리는 '골드만 환경상'을 수상했고, 2004년에는 '페트라 켈리상'과 '소피상'을 수상한 바 있다.

녹색의 적들과의 싸움

1980년대 후반 케냐 정부는 민주적 권리를 주장하는 그린벨트 운동을 탄압하기 시작했다. 정부는 관계 당국의 사전 허가 없이 9명 이상이 모이는 것을 금지하는 조치를 취했고 표현의 자유를 제한했다. 정부의 이러한 독재와 탄압에 맞서 마타이는 민주화와 인권, 여성과 아동의 복지, 유전자조작 농산물의 도입 반대 등 다양한 분야로 활동 범위를 넓혀갔다.

또한 아프리카 국가들의 부채 탕감을 요구하는 캠페인을 주도적으로 이끌기도 했다. 아프리카에서 성장의 발목을 잡고 있는 국가채무의 해결 없이 실질적 의미의 발전은 요원하다는 신념에 따라 부채 탕감 캠페인을 주도한 것이다. 즉, 생태주의자로서의 환경운동에만 국한된 것이 아니라 보다 인간다운 삶을 위한 조건을 창출해나가기 위해 다양한 활동을 펼치기 시작했다.

1989년 마타이는 나이로비 시내 중심부의 우후루 파크(Uhuru Park)에 60층 건물을 지을 것이라는 소식을 접했다. 이 건물에는 집권당의 당사와 상가 등이 입주할 예정이었다. 우후루 파크는 사람들이 휴식을 취하거나 주말에 가족 나들이를 하는 곳으로 유명했다.

그녀는 건물 건설 계획을 철회시키기 위해 유엔과 나이로비 주재 각국 대사들에게 케냐 정부에 압력을 행사하도록 요청했다. 그녀의 지속적인 노력 덕분에 우후루 파크에 대형 건물을 지으려던 계획은 결국 철회되었다.

　케냐에서 환경운동을 한다는 것은 늘 긴장과 갈등을 수반할 수밖에 없다. 각종 개발에 첨예한 이해관계를 가지고 있는 사람들이 대부분 권력의 회랑에서 서성이는 실세들이기 때문이다. 이러한 까닭에 그녀에겐 유난히 적이 많았고 현실감각이 결여된 이상주의자로 몰아세우는 사람들도 있었다.

　케냐에서는 국유지나 공유지가 부패한 유력 정치인들에 의해 택지나 농지의 형태로 개발됨으로써 숲이 점점 사라지고 있었는데 환경운동을 전개하기 위해서는 이들과의 전면적인 대치가 불가피했다. 때문에 마타이는 환경운동과 민주화 투쟁의 험로에서 투옥이 되는 등 많은 고초를 겪기도 했다.

　1977년 그린벨트 운동을 처음 시작할 무렵 전 국토에서 숲이 차지하는 면적이 2.9퍼센트였는데 현재 케냐에서 숲이 제대로 보존된 지역이 전 국토의 2퍼센트에 불과하다는 것은 지속적인 노력에도 불구하고 숲이 상시적으로 위협받고 있다는 얘기다.

케냐 나이로비 시내 중심부의 우후루 파크

케냐가 고향인 오바마와 함께 한 마타이
(2006)

케냐에서 숲을 농지로 전환하는 이른바 '샴바 시스템(The Shamba System)'이 현재 많은 논란을 불러일으키고 있는데 마타이는 이에 대해 단호히 반대 입장을 밝혔다. 산림을 농지로 개발해 식량부족을 해결하겠다는 발상의 배후에 음험한 의도가 도사리고 있다고 본 것이다. 그녀는 샴바 시스템을 추진해 땅 없는 농민들에게 자립의 기회를 부여하겠다는 의도를 허울 좋은 명분으로 간주했다.

그녀는 비록 자신의 신념과 정책을 구현하기 위해 현실정치에 뛰어들었지만 권력에 도취되어 사익추구에 눈먼 세력과는 타협하지 않겠다는 의지를 분명히 했다. 권력을 가진 자들이 공유지를 가로채는 불법적 행위를 서슴없이 저지르곤 하는 아프리카에서 마타이는 이들의 탐욕과 불법에 맞서 모두를 위한 땅을 지켜내는 일에 앞장서 온 것이다.

천국의 색깔은 녹색

마타이는 유엔환경계획이 제작한 다큐멘터리에 출연해 이렇게 말한 적이 있다.

"나는 나무를 사랑하고, 그 색깔을 사랑한다. 나에게 있어 나무는 생
명과 희망을 상징한다. 나는 사람들에게 천국은 녹색일 거라고 말하
곤 한다."

맹위를 떨치며 계속 진행되는 사막화와 인간의 탐욕으로 숲이 점
점 사라져가는 현실 속에서 녹색의 천국을 지켜내려 했던 마타이의
헌신과 열정은 더욱 빛을 발하고 있다. 평생을 환경운동에 헌신했던
마타이는 난소암에 걸려 2011년 자신이 그토록 꿈꾸던 녹색의 세계
속으로 영면했다.

참고문헌

왕가리 마타이, 최재경 옮김, 『위대한 희망』, 김영사, 2011.

W. Maathai, *Replenishing the Earth*: *Spiritual Values for Healing
Ourselves and the World*, New York: Double Day, 2010.

W. Maathai, *The Challenge for Africa*, New York: Anchor Books,
2009.

W. Maathai, *Unbowed*: *A Memoir*, New York: First Anchor Books,
2007.

Liu Xiaobo 1955.12.28~2017.07.13

"

무고한 죽음을 기억하려면

눈동자 정중앙에

칼을 내리꽂아야 한다

실명의 대가는

눈처럼 반짝이는 뇌수

뼈 속의 골수를 빨아먹던 기억은

거절을 통해서만

온전히 돌아온다

"

– 다롄 노동개조소에서 지은 시

《시간의 저주 앞에서: 톈안먼 10주년을 맞이하여》(1999.06.04) 중

중국 민주화 운동의 외로운 섬

류샤오보

劉曉波, Liu Xiaobo

이름 / 류샤오보(중국)

수상 연도 / 2010년

수상 근거 / 중국 내 인권 신장을 위한 비폭력 투쟁

수상 분야 / 인권, 민주화

• 글   백지운
서울대학교 통일평화연구원 HK교수

톈안먼 운동의 주역

1955년 지린(吉林)성 창춘(長春)에서 태어난 류샤오보는 1989년 톈안먼(天安門) 민주화 운동의 주요 인물 중 하나다. 문화대혁명 이후 지린대학 중문과 재학 시절부터 문학 서클에서 활동했던 그는 1982년 베이징 사범대 중문과 대학원에 입학, 1984년 문학석사학위를 받은 후 같은 대학에서 강사로 교편을 잡으면서 문학비평 활동을 전개해 왔다. 1988년 그가 받은 박사학위 청구논문의 주제는 '미학과 인간의 자유'였다. 1989년 이전까지 류샤오보는 정치적 이슈에 크게 관여하지 않았던 듯하다. 1989년의 톈안먼 사건은 그에게 중대한 전환점이었다.

톈안먼 사건이 발발했을 때 류샤오보는 뉴욕의 컬럼비아 대학 버나드 칼리지에 방문 학자로 체류 중이었다. 사건 발발 소식에 그는 즉각 귀국하여 민주화 운동에 동참한다. 1989년 5월, 톈안먼 광장의 사수를 주장한 차이링(柴玲)으로 대표되는 강경파에 맞서, 류샤오보는 왕단(王丹), 우얼카이시(吾爾開希) 등 민주화 운동의 평화적 해결을 외친 온건파로서 시위대의 광장 철수를 주장했다.

무력 진압이 시작된 6월 4일 새벽에는 계엄군과 타협하여 학생들의 철수를 돕기도 했다. 6월 2일 저우둬(周舵), 허우더젠(侯德健), 가오신(高新)과 함께 벌인 '6·2단식투쟁' 선언문에서, 류샤오보는 정부와 학생 모두의 반성을 촉구하고 있다. 낡은 계급투쟁의 사고방식에서 벗어나지 못한 정부, 민주화를 쟁취하는 과정에서 비민주적 행동을 보인 학생 측 모두의 자성을 요구하면서 그는 "우리에게는 적이 없다! 증오와 폭력으로는 우리의 지혜와 중국의 민주화 과정을 막을 수 없다", "우리는 반성해야 한다! 중국의 낙오는 모두에 책임이 있다", "우리는 중국 공민이다", "우리는 죽음을 원하지 않는다. 참된 삶을 원한다!" 등의 구호를 제창했다. 사건 직후인 1989년 6월 5일 당국에 체포되어 '반혁명 선전선동죄'로 유죄 선고를 받고 바로 사면된 것도 당시 톈안먼 광장에서 대규모 유혈사태를 막으려 했던 그의 노력이 인정되었기 때문이다.

톈안먼 운동에 가담했던 지도부 대부분이 해외 망명의 길을 택했던 데 반해, 류샤오보는 국내에 남아 활동을 계속했고 지금까지 네 차례 체포, 구금되었다. 1989년 6월 체포되어 1991년 1월 '반혁명 선전선동죄'를 선고받았다가 형사처벌 면제 처분을 받았고, 1995년 5월 18일에는 6·4 톈안먼 운동 6주년을 기해 정부에 6·4의 재평가와 정치개혁을 요구하는 청원운동을 벌이다 베이징 근교에서 9개월간 가택연금을 당했다.

1996년 9월에는 중국의 위협적 대만정책을 비판하고 평화통일을 주장하는 '10·10선언'을 발표해 '사회질서 교란죄'로 체포되어 노동교양 3년 처분을 받는다. 그리고 2008년 12월 8일에는 '08헌장'의 발표를 준비하던 중 발각되어 '국가정권 전복선동' 혐의로 가택연금 처분을 받았다가 2009년 6월 23일에 공식 체포되어 11년 형을 받았다. 랴오닝(遼寧) 성 진저우(錦州) 감옥에 수감 중이던 류샤오보는 2017년 6월 26일 간암 말기 진단을 받고 보석되지만, 2017년 7월 13일 치료 중에 사망한다.

베이징 시 인민검찰원의 기소장에 따르면, 류샤오보의 죄목은 "국가 정권과 사회주의 제도에 불만을 품고 2005년 이후부터 웹진《관차(觀察)》,《BBC중문 사이트》 등에 선동을 조장하는 글을 기재하여 허위사실을 날조하고 명예훼손을 했다"는 것, 그리고 "2008년 9월부터 12월까지 관련자들과 '08헌장'을 만들고 '일당독재' 비판, '중화연방공화국' 수립을 주장하여 정권의 전복을 선동했다"는 것이었다. 그가 온라인에 발표한 글은 「중국 공산당 독재 애국주의」, 「중국인은 '당주민주(黨主民主)'만 받아들여야 하는가」, 「사회변화를 통한 정권의 개혁」, 「다방면의 중국 공산당 독재」, 「독재가 세계 민주화에 미치는 부정적 영향」, 「'불법 벽돌공장 강제 노동착취 사건'에 대한 추궁」 등이 있다.

'08헌장'

2008년 류샤오보는 중국의 인권선언 내용을 담은 '08헌장'을 유엔의 세계인권선언 기념일인 12월 10일에 맞추어 준비하고 있었다. '08헌장'이라는 이름은 1977년에 만들어진 체코슬로바키아의 '77헌장'에서 온 것이다. '77헌장'의 작성자로 훗날 체코공화국의 초대 대통령을 지낸 바츨라프 하벨(Václav Havel)은 류샤오보를 노벨평화상 후보로 추대한 장본인이기도 하다.

'08헌장'에서 류샤오보는 중국의 일당독재체제가 '반우파운동', '대약진운동', '문화대혁명', '톈안먼 사건' 등을 통해 민간의 권리를 탄압하고 수천만의 생명을 앗아갔다고 비판했다. 아울러 개혁 없이 장기 지속된 독재체제와 기형적 경제발전으로 인해 심각한 위기 상황에 처한 오늘의 중국 사회를 구하기 위해서는 현 체제의 변화가 필요하다고 역설했다. '08헌장'은 혁신의 기본 이념으로서 자유, 인권, 평등, 공화, 민주, 입헌을 제시한다. 구체적으로는 국민의 인권을 보장하는 헌법 개정, 삼권분립과 중앙-지방의 분권화, 입법기구의 직선제에 기반한 입법 민주화, 사법부의 독립, 군대의 공유화, 인권보장, 공직선거제 도입, 도농(都農)평등 실현, 언론·집회·결사·종교의 자유 보장, 보편적 가치에 기반한 공민교육의 실현, 사유재산권 보호, 재정 및 세수 개혁, 사회보장시스템 구축, 환경보호, 대만·홍콩·마카오의 자유주의 제도를 수호하는 중화연방공화국 건국, 정치범과 양심수의 석방과 명예회복을 포함한다.

이에 중국인민법원은 류샤오보가 '중국 인민민주 전제정치의 국가정권과 사회주의 제도에 불만을 품고', '국가정권과 사회주의 제도의 전복을 선동'했으므로 '중화인민공화국형법' 105조 제2항에 의거하여 '국가정권 전복선동죄'가 성립한다고 판결했다.

법정 변호에서 류샤오보는 중국 정부가 1998년 유엔의 국제인권규약의 이행을 서약했고 2004년 전국인민대표대회에서 "국가는 인권을 존중하고 보장한다"는 내용을 헌법에 명시했으므로, 자신의 기소는 헌법에 위배되며 '형법' 105조 제2항 역시 위헌의 소지가 있다고 주장했다. 아울러 '정권 전복을 선동했다'는 항목에 대해서는 자신이 추구하는 것은 '점진적이고 평화적이며 질서 있는 개혁이자, 아래로부터의 개혁과 위로부터의 개혁의 상호작용'에 근거한 변화로서 '독재적, 독점적 집권방식을 반대할 뿐 현 정권의 전복을 선동하는 것이 아님'을 피력했다.

노벨평화상 수상, 그리고 이어진 논쟁

류샤오보의 노벨평화상 수상은 그전까지 알려지지 않았던 그의 존재를 세상에 드러낸 중대한 계기가 되었다. 그의 투옥 역시 국제사회의 뜨거운 주목을 받았다. 미국, 캐나다, 독일, 스위스 등 서구의 여러 나라들이 류샤오보의 석방을 중국 정부에 요구했고 학자, 작가, 변호사, 인권운동가들의 서명 운동이 줄을 이었다. 국제 인권영화단체 원월드필름페스티벌은 2009년 류샤오보를 '호모 호미니상(Homo Homini Award)' 수상자로 선정했다. 대만의 총통 마잉주(馬英九)도 베이징 정부에 체제비판자에 대한 관용을 호소했다. 또 체코의 하벨 전 대통령은 2010년 사회주의 시절의 반체제 인사들을 규합해 프라하 주재 중국대사관에 류샤오보의 석방을 청원하기도 했다. 같은 해 유럽의 중국학회는 36개국 학자 800명의 서명을 담은 서한을 후진타오 중국 국가주석에게 전달했다.

　서방 사회의 이러한 공세에 대해 중국은 내정간섭이라며 강력하게 반발하고 있다. 류샤오보의 수상이 공표되자 중국 외교부는 노벨위원회의 결정이 노벨평화상의 정신을 모독하는 것이라고 논평했다.

　2010년 12월 7일 신화사(新華社)가 중국 인권문제 전문가들의 논평을 모아서 낸 것을 살펴보면, 먼저 중앙당교 인권연구센터 주임 장샤오링(張曉玲)은 '연합국헌장' 제2조 7항에 명시된 바 내정불간섭은 국제법상의 기본 원칙으로 어떤 국가나 조직이든 한 나라의 주권을 존중해야 한다고 주장했다. 또한 베이징 고등법원의 대변인은 류샤오보가 '국가정권 전복선동죄'로 판결 받는 과정은 중국의 법률과 국제 인권표준 모두에 부합한다고 역설했다. 형법학자 주원치(朱文奇)와 가오밍쉬안(高銘暄)은 나라마다 사회적, 문화적 상황에 따라 법률이 상이하며, 서양 국가들에 혐오선동죄가 있듯이 어떤 나라든 언론의 자유에 특정한 제한이 있음을 강조했다. 이들은 하나같이 민주와 인권은 서양의 전유물이 아니라 세계 모든 나라와 인민이 공통으로 추구하는 숭고한 가치이나, 중국의 사정은 중국 인민이 스스로 결정하며 타인이 강제하거나 간섭할 일이 아니라고 반박했다.

　또한 중국 언론은 노벨평화상 자체의 공정성과 정치성에 대해서도 거세게 비판했다. 2010년 10월 《티베트 뉴스네트》에 실린 어느 글에서는 노벨평화상이 영국의 식민통치에 평화적 수단으로 저항한 간디를 끝내 외면한 반면, 구소련의 반체제 인사였던 사하로프에게는 기꺼이 수여된 상황을 들어 가며 노벨평화상에 작용하는 정치성을 꼬집었다. 아울러 베트남 전쟁의 당사자였던 미국의 국무장관 키신저와 북베트남의 정치국원 레 득 토에 이어, 세계평화와 무관한 앨 고어, 오바마가 평화상을 수상한 것에도 야유를 보냈다. 2011년《타임》지는 키신저와 오바마의 노벨평화상 수상을 '노벨상 관련 10대 논쟁(Top 10 Nobel Prize Controversies)'에 포함시킨 바 있다. 이어서, 1989년 달라이 라마의 노벨평화상 수상은 톈안먼 사건 직후 중국을 고립시키기 위한 국제사회의 압력의 일환이었으며, 같은 맥락에서 2010년 류샤오보의 수상 결정 역시 지구적 화폐전쟁 및 남중국해 문제를 둘러싸고 중국을 포위하려는 미국과 서방세계의 정치적 책략이라고 비판했다.

중국은 공권력과 외교력을 동원해 류샤오보의 노벨평화상 수상식을 봉쇄했다. 류샤오보 본인이 참석하지 못한 것은 물론, 그의 부인 류샤(劉霞)마저 일시적 가택연금에 처해졌다. 또한 노르웨이에 초대된 64개국 대표 중에 러시아, 카자흐스탄, 튀니지, 사우디아라비아, 파키스탄, 이라크, 이란, 베트남, 베네수엘라, 이집트, 수단, 쿠바, 모로코, 알제리, 필리핀 등 17개국이 중국의 로비로 시상식에 불참했다.

류샤오보와 그의 부인 류샤

빈 의자와 함께 거행된 시상식

결국 2010년 노벨평화상 시상식은 빈 의자와 함께 거행되었다. 중국 정부는 노벨평화상 수상 및 류샤오보에 대한 보도를 철저히 금지하고 인터넷 검열을 강화했다. 《바이두》,《시나닷컴》등의 중국 포털 사이트에서는 류샤오보의 수상 발표를 앞둔 10월 7일부터 관련 기사와 블로그가 차단되었다.

시상식 당일에는 《CNN》,《BBC》 등 외국 주요 언론 웹사이트와 노벨위원회 홈페이지의 접근이 차단되었다. 또한 중국 정부는 '빈 의자' 사진도 검열했다. 예를 들어 《난팡두스바오(南方都市報)》 1면에는 '빈 의자' 세 개를 담은 사진이 실렸다. 이에 중국 당국은 곧 '빈 의자'의 검색 결과를 차단하고 관련된 글을 쓰거나 사진을 올린 블로거의 계정을 취소하고 사진을 삭제했다.

그러나 국제사회에서 나날이 위상이 높아지는 중국의 입장에서 류샤오보 이슈는 뜨거운 감자가 아닐 수 없었다. 중국의 인권활동가인 후자(胡佳)는 2014년 《BBC 중문 네트워크》와의 전화 인터뷰에서, 류샤오보에 대한 국제사회의 관심이 큰 만큼 중국 당국도 이 사안을 신중하게 다루고 있으며 그의 옥중 처우도 나쁘지 않다고 말했다. 그는 국제사회의 석방 요구에 중국이 동요하진 않겠지만 중국으로서도 체면을 잃지 않는 선에서 해결 방법을 찾고 있다고 말했다. 이를테면 류샤오보가 정부와 타협하여 죄를 인정하는 조건으로 해외 망명을 용인할 의사가 있다는 것이다. 그러나 류샤오보는 11년의 형기를 완수해 자신의 역사적 책임을 다하겠다는 생각을 굽히지 않았다. 결국 그는 카를 폰 오시에츠키 이후 두번째로 정치범으로 복역 중에 사망한 노벨평화상 수상자가 되었다.

빈 의자와 함께 거행된 시상식

'반체제 지식인'의 한계

그렇다면 중국 사회에서 류샤오보는 어떤 위치에 있을까. 개혁개방 이후 중국 사회의 급속한 변화 속에서 지식계의 지형도 다층화되고 있다. 수잔 오그던(Suzanne Ogden)은 현대 중국의 지식인을 다섯 부류로 나눈다.

첫째, 공산당의 입장을 대변하는 '관변 지식인', 둘째, 국가 정책기구에 소속되어 국가가 요구하는 아젠다를 연구하되 독자적으로 사고하며 개혁을 추동하는 '싱크탱크'형 지식인, 셋째, 순수한 아카데미즘을 추구하는 학자형 지식인, 넷째, 정부와 거리를 유지하면서 사회적이슈를 비판적으로 다루는 '공공 지식인(Public Intellectuals)', 다섯째,국가로부터 벗어나 독립적인 담론을 전개하는 '반체제 지식인'이다.

중요한 것은 '반체제 지식인'과 '공공 지식인'의 경계가 어디인가하는 점이다. '공공 지식인'은 노동자, 농민, 실업자, 농민공, 도시빈민 등 사회적 약자의 권익 문제를 합법적 범위 내에서 이슈화한다. 2000년대에 중국 정부가 추진해 온 '법치(依法治國)' 정책이 밑으로부터의 저항에 일정 부분 합법성을 부여하면서, '공공 지식인' 역시 다소간의 합법적 활동 공간을 확보했다고 할 수 있다.

그러나 '합법적 저항'에도 경계가 있다. 류샤오보가 '08헌장'을 비롯해 언론 활동에서 제기한 것들은 톈안먼 사건의 재평가, 중국의 일당독재체제 개혁, 중화연방공화국의 수립 등 대부분 중국 정부가 불법으로 지정하는 영역에 있다. 그 점에서 류샤오보는 '공공 지식인'과 확연히 구분되는 '반체제 지식인'이 되는 것이다.

한편, 중국 정부와 별도로 중국 지식계와 대중사회가 류샤오보를 어떻게 평가하느냐도 생각해 볼 필요가 있다. 2016년 중국의 인터넷 유저는 7억 명을 넘어섰다. 정부의 검열과 감시가 강화되고는 있지만, 온라인 살롱과 블로그,《웨이보》나《위쳇》같은 광대한 사이버 공간에서 7억 명이 벌이는 언론활동을 정부가 전부 통제하기란 불가능하다.

'공공 지식인'이 이처럼 광활한 사이버 공간을 활용해 대중들과 활발하게 소통하는 데 반해, 류샤오보 같은 '반체제 지식인'은 대부분 활동 거점을 홍콩과 대만, 서구 화인(華人) 사회 등 해외에 두고 있어 중국 대중과의 접촉면이 좁다. 어느 중국 공산당 원로 기자의 보도에 따르면 중국 대학생의 85퍼센트가 노벨상 수상 소식 이전에 류샤오보의 존재를 몰랐다고 답했다. 조사의 시기나 신빙성에 의문의 여지가 있다 치더라도, 합법적 활동 공간을 얻지 못하는 반체제 지식인 류샤오보의 대중적 인지도가 낮은 것은 불가피한 현실이다.

게다가 설사 인지도가 있다 해도, 류샤오보의 노골적인 친서구주의적 정치 지향은 그의 활동이 중국에서 폭넓은 연대와 지지를 이끌어내는

데 심각한 저해 요소로 작용하는 것이 사실이다. 가장 자주 거론되는 예가 1988년 홍콩의 《카이팡(開放)》지와의 인터뷰에서 나온 그의 발언이다. 그는 "홍콩이 지금처럼 되기까지엔 100년의 식민지 경험이 있었으며, 중국이 오늘의 홍콩처럼 변화하려면 300년의 식민지 역사가 필요하다"고 말했다. 훗날 류샤오보 스스로도 자신의 과도한 친서구주의 경향을 인지하고 자신이 추구하는 것은 "서양문화를 통해 중국의 문화와 현실을 비판하고 창의적 자아로 서양문화를 비판하는 것"이라 해명하기도 했다.

그러나 이후에도 그는 미국의 베트남 전쟁을 정당화하고 부시 정권이 벌인 이라크와 아프가니스탄 전쟁을 지지했으며, 중동 문제에서 이스라엘 편에 선 글들을 지속적으로 발표해 왔다. 이라크에 대한 부시 정부의 '선제공격'에 대해서는 아랍과 기타 독재국가에 새로운 질서를 수립해야 할 책임을 지닌 세계 지도자로서 미국이 택한 '정확한 선택'이었다고 말했다. 이에 대해 홍콩 과기대의 배리 소트만(Barry Sautman)과 옌하이룽(Yan Hairong) 교수는 류샤오보가 평화의 수호자가 아닌 전쟁 지지자라고 공격했다.

세계 정세와 미국에 대한 류샤오보의 일련의 발언은 그가 세계를 여전히 냉전적인 이분법 속에서 보고 있다는 인상을 준다. 자유주의를 수호하는 서구(미국)를 선, 그에 도전하는 이슬람을 악의 세계로 보는 이분법은 과거 '자유주의 대 공산주의'라는 냉전시대의 구도를 그대로 답습함으로써 탈냉전 이후 한층 복잡해진 정치 지형을 세심하게 읽어내지 못한다. 중국 사회변혁의 방향을 서구화와 동일시하는 그의 사고가 중국 지식계와 대중사회에 큰 공감을 일으키지 못하는 것도 이러한 정세 인식상의 한계와 무관하지 않을 것이다.

외로운 싸움을 택한 중국 사회의 이단자

아쉽게도 노벨평화상의 수상 자체는 거대한 중국의 여론 공간에서 고립된 채 외로운 섬으로 싸워온 류샤오보의 입지를 크게 뒤바꾸지 못했다. 그러나 수감 중 갑작스런 사망 소식은 중국 당국의 철통 같은 봉쇄에도 류샤오보의 존재가 사이버 공간에서나마 다시금 환기되는 계기가 되었음은 분명해 보인다. 톈안먼 사건의 재평가를 비롯하여, 제도권 안의 지식인들이 좀처럼 접근하지 못하는 민주주의와 인권의 문제를 집요하게 제기해온 그의 업적에 대해 분명 정당한 평가가 내려져야 할 것이다.

강대국에 걸맞는 소프트파워의 중요성을 나날이 실감하고 있는 중국으로서 민주화는 더이상 피할 수 없는 관문이다. 민주주의와 인권을 둘러싼 국제사회의 지속적인 압력에 중국은 자국 실정에 맞는 중국식 민주주의를 발전시켜 나가겠다며 대응해 왔다. 그것이 어떤 형태의 민주주의가 될지는 지켜볼 일이나, 지금으로서는 다당제나 직접선거 같은 서구식 민주주의 제도를 그대로 받아들일 가능성은 크지 않아 보인다. 그 점에서 류샤오보와 같은 인물은 앞으로도 적잖은 시간 동안 중국 사회의 이단자로 남을 것이다.

신자유주의의 확장과 심화 속에 기성의 민주주의에 대한 반성적 사유가 요구되는 지금, 14억의 인구를 가진 중국이 실험할 '다른' 민주주의가 과연 어떤 가치와 방향을 제시할 것인지는 비단 중국인만의 관심사는 아니다. 중국 민주주의의 실험이, (그들의 말처럼) 서구적 민주주의와 다르더라도 궁극적으로 인류 보편의 가치에 부합할 수 있는 무엇이 되려면, 우선 류샤오보의 일생에 걸친 싸움이 남긴 공과(功過)를 터놓고 자유롭게 토론할 수 있는 여건이 마련되는 것이 필수 전

제일 것이다.

참고문헌

류샤오보, 김지은 옮김, 『류샤오보 중국을 말하다』, 지식갤러리, 2011.

원재연, 「사회주의 중국에서 '진리안의 삶'의 모색: 저항시인 류샤오
　　　보를 중심으로」, 『현상과 인식』 34(3), 2010.

이민자, 「중국 민주화와 류샤오보」, 『중소연구』 34(4), 2010/2011.

劉曉波, 「9·11四周年祭」, 『觀察』, 2005.

劉曉波, 「譴責美國的世界最需要美國－巴以之間的美國」, 『博迅』, 2002.

劉曉波, 「伊戰與美國大選」, 『觀察』, 2004.

劉曉波, 「被遺忘」的諾貝爾獎得主」, 《BBC中文網》(2014.10.07).

「從達賴到劉曉波 獲"諾貝爾和平獎"說明了甚麼?」, 《人民網》(2010.10.14).

「諾貝爾和平獎授與劉曉波干涉了中國司法主權、違反國際法」, 《新華
　　　社》(2010.10.07).

Andrew Jacobs, "Tirades Against Nobel Aim at Audience in Chi-
　　　na", *Herald Tribune*(2010.12.11).

Barry Sautman and Yan Hairong, "Do Supporters of Nobel Win-
　　　ner Liu Xiaobo Really Know What He Stands for?", *The
　　　Guardian*(2010.12.15).

Jon Lee Anderson, "Does Henry Kissinger Have a Conscience?",
　　　The New Yorker(2016.08.20).

Suzanne Ogden, "From Patronage to Profits: The Changing Rela-
　　　tionship of Chinese Intellectuals with the Party-State",
　　　Edward Gu and Merle Goldman, *Chinese Intellectuals*

between State and Market, London; New York: Routledge Curzon, 2004.

http://en.wikipedia.org/wiki/Liu_Xiaobo

The Tunisian National Dialogue Quartet 2013.09.13~

"

이 상을 튀니지 국민들에게 바칩니다. 이 상은 무력을 통한 것이 아닌, 오직 시민들 간의 합의를 통해 성공시킨 튀니지 민주화의 힘을 전 세계가 인정한 것임을 의미합니다. 아랍세계에서는 볼 수 없는 민주화의 증거인 이 상을 나의 사랑하는 국가 튀니지에 바칩니다.

"

– *Le Point*와의 인터뷰(2015.10.09) 중

'재스민 혁명'과 '아랍의 봄'의 주역

튀니지 국민4자 대화기구
The Tunisian National Dialogue Quartet

الحوار الوطني التونسي

이름 / 튀니지 국민4자 대화기구(튀니지)

수상 연도 / 2015년

수상 근거 / 튀니지 민주화 운동, 시민 사회 역할 확대, 인권 및 여권 신장

수상 분야 / 민주화

•글 임기대
전북대학교 프랑스·아프리카연구소 학술연구교수

'재스민 혁명'에서 '아랍의 봄'으로!

2015년 전 세계 그 누구도 튀니지라는 국가가 노벨평화상을 받으리라는 생각을 하지 못했다. 그 주역은 '재스민 혁명(Jasmine Revolution)'을 계기로 만들어진 〈튀니지 국민4자 대화기구〉였다. 재스민 혁명은 2010년 12월 노점상을 하던 26살 청년이 분신자살하면서 촉발돼 대규모 반정부 시위로 번졌고, 2011년 1월 독재자 지네 엘 아비디네 벤 알리(Zine El Abidine Ben Ali) 대통령의 축출로 이어졌다. 벤 알리 전 대통령은 2002년 헌법 개정을 통해 장기집권의 길을 열고 24년의 독재체제를 이어오는 동안 엄청난 부를 축적했다. 벤 알리 대통령은 자신의 형제 10명을 요직에 앉혀 국고를 바닥낸 것은 물론이고 모든 금융과 산업 전반에 걸쳐 부를 축적하였고, 부인을 비롯한 가족은 보석과 명품을 사들여 세인들을 놀라게 했다. 벤 알리가 쫓겨난 이후 궐석 재판에서 이 부부의 범죄로 인정된 횡령액이 각각 386억 원과 318억 원으로, 공식적으로만 700억 원이 넘었다고 한다!

이렇게 고실업과 인플레이션으로 국민의 생활이 날로 피폐해졌는데 대통령은 이를 아랑곳하지 않았다. 더 이상 울분을 참지 못한 국민의 분노가 이어지면서 대규모 반정부 시위가 발생했다. 역사는 이를 재스민 혁명이라 부른다. 앞서 설명한 것처럼 재스민 혁명은 한 청년의 분신자살로 촉발된 사건이다. 2010년 당시 튀니지의 청년층 실업률은 25~30%에 달할 정도로 어려웠다. 교육 수준이 다른 중동 혹은 아프리카 국가에 비해 월등하게 높음에도 불구하고 대학 졸업 후에도 취업하지 못한 젊은이들 사이에 정부에 대한 불만이 팽배해 있었다. 이에 대한 극단적 사례가 모하메드 부아지지(Mohamed Bouazizi)의 분산자살이다. 이 사건을 시작으로 튀니지 민중은 반정부 시위로 독재

재스민 혁명에 참여한 분노한 시민들

정권에 저항하게 된다.

사실 20세기 튀니지의 역사는 식민과 독재로 점철되었다. 시민사회가 사회의 중심으로 올라오기까지 튀니지는 우여곡절의 20세기를 거쳐 왔다. 튀니지는 북아프리카의 중앙에 있으며, 서쪽으로는 알제리, 동쪽으로 리비아와 접하고 있고 한반도의 4분의 3 크기에 불과할 정도로 작은 나라이다. 북쪽으로는 이탈리아의 시칠리아 섬과 마주하고 있다. 고대에는 카르타고라는 강한 나라가 있었고, 페니키아의 상선이 있던 곳이다. 로마와 강력한 경쟁 구도를 형성하기도 했지만, 훗날 포에니 전쟁을 끝으로 로마에 굴복하고 만다. 이후 아랍과 오스만 제국의 지배를 받았다. 한때 로마 기독교의 거대한 축을 형성하기도 하고, 황제, 교부, 성직자 등을 배출하기도 했지만, 현재는 이슬람국가이다. 비록 소국이지만 튀니지인들의 역사에 대한 자부심은 매우 크다.

1705년 오스만 제국의 세력이 약해진 틈을 타 튀니지에 후세인

왕조가 들어섰고, 이들은 서구화 정책에 따라 근대화를 추진하였다. 1861년 헌법을 제정하면서 튀니지는 이슬람 세계 최초이자, 아프리카 최초로 입헌군주제 국가가 된다. 하지만 1878년 프랑스의 침략으로 1881년 '바르도 조약'을 맺고, 1883년 '마르샤 협정'을 통해 프랑스의 보호령이 되었다. 오랜 기간 프랑스의 식민 지배를 받은 튀니지는 1956년에 프랑스로부터 독립했다. 1957년에는 왕정에서 대통령 제도로 바뀌고 하비브 부르기바(Habib Bourguiba)가 첫 대통령이 되면서 '튀니지 공화국'이 되었다. 하지만 장기집권과 식량 위기 등 사회 불안이 심해지자 1987년 무혈 쿠데타가 일어나 당시 총리였던 벤 알리가 대통령이 되었지만, 그 역시 장기집권과 독재를 일삼았다. 재스민 혁명은 이런 상황에서 발생한 것이다.

튀니지의 국화인 재스민의 이름을 딴 혁명은 같은 해 '아랍의 봄'으로 확산되어 리비아, 이집트의 독재정권이 무너지는 데 기여했다. 튀니지 반정부 시위 과정에서 대규모 파업, 행진과 대집회 뿐만 아니라, 페이스북과 트위터 같은 소셜 미디어를 이용한 대규모의 시민 저항 운동이 일어났다. 여러 반정부 시위 가운데 튀니지, 이집트, 예멘에서의 반정부 시위는 정권 교체로 이어져 '혁명'이란 이름으로 부르게 되었다. 지금까지 아랍국가에서 이런 커다란 사건이 민중에 의해 발생한 적이 없었다는 점에서 '아랍의 봄'은 그 자체로 획기적인 사건으로 기록될만하다.

'아랍의 봄'과 함께 벤 알리 대통령은 사우디아라비아로 망명하고 과도정부가 출현했지만 쉽게 정국의 안정을 되찾지는 못했다. 결국, 2014년 10월 총선과 12월 대통령 선거를 치러 민선 정부를 수립했다. 이런 와중에서 2013년 구성된 〈튀니지 국민4자 대화기구〉는 이념과 종파로 나뉘어 갈등하던 튀니지 내의 여러 세력을 중재해 평화적 대화의 길을 열고 과도정부 구성에 큰 구실을 했다. 그렇다면 〈튀니지 국민4자 대화기구〉란 무엇인가?

이제는 시민사회가 전면에: 〈튀니지 국민4자 대화기구〉

　노르웨이 노벨위원회는 2015년 〈튀니지 국민4자 대화기구〉를 수상자로 발표하며 "2011년 재스민 혁명 이후 튀니지의 다원적 민주주의 건설에 결정적 공헌을 했고," "튀니지가 내전으로 치닫는 때에 대안적이며 평화적인 정치 과정을 구축했다"고 그 선정 이유를 밝혔다. 여기에서 '4자'는 노동계를 대표하는 〈튀니지 총노조(Union Générale Tunisienne du Travail, UGTT)〉, 산업계를 대표하는 〈튀니지산업·무역·수공업연맹(Union Tunisienne de l'Industrie, du Commerce et de l'Artisanat, UTICA)〉, 시민운동을 대표하는 〈튀니지인권연맹(La Ligue Tunisienne pour la Défense des Droits de l'Homme, LTDH)〉, 법조계를 대표하는 〈튀니지변호사회(Ordre National des Avocats de Tunisie, ONAT)〉처럼 튀니지의 각계각층을 대변하는 조직들이다.

　〈튀니지 국민4자 대화 기구〉는 정국이 혼란스러운 상황에서 정당과 시민사회, 행정부 사이의 갈등을 중재하는 역할을 했다. 또한, "모든 국민에게 평등한 기본권을 부여한다"는 내용의 헌법 제정과 선거관리위원회 설치 등을 주도하여 이슬람국가에서는 볼 수 없는 여러 제안을 획기적으로 끌어냈다. 이를 바탕으로 튀니지는 2014년 2월 새로운 헌법을 제정했으며, 같은 해 10월과 12월에는 총선과 대통령 선거를 치르면서 세속주의 정당과 대통령이 이슬람 정당을 앞섰다. 이런 의미에서 노르웨이 노벨위원회는 〈튀니지 국민4자 대화 기구〉에 노벨평화상을 부여했고, 이는 민주주의 건설에 대한 튀니지 국민 전체의 공로를 인정한 것과 다름없다.

〈튀니지 국민4자 대화기구〉는 실제로 기구 자체의 힘만으로는 평화로운 정권 이양 과정을 할 수 없었다고 말한다. 이는 그들의 말처럼 정치 세력과 끊임없는 대화와 중재를 시도했기에 가능했다. 또한, 시민사회단체를 전폭적으로 신뢰한 튀니지 국민의 지지가 없었다면 그런 성과를 이뤄내지 못했을 것이다. 소수자를 대변하는 튀니지 시민단체는 여성과 같은 약자에 관해 관심을 표명한다. 다른 인접 국가와 달리 튀니지 시민사회가 활성화되고 성숙해 있음을 알 수 있다. 노벨상 수상 시 〈UTICA〉의 대표 위데드 부샤무이(Wided Bouchamoui)가 "〈튀니지 국민4자 대화기구〉에는 약자에 대한 폭력을 용납하지 않는 튀니지인의 정신이 담겨 있다"고 말한 것도 이런 맥락에서다.

〈튀니지 국민4자 대화기구〉의 중심에는 무엇보다 튀니지 총노조

UTICA의 여성 대표 위데드 부샤무이

가 있다. 튀니지 총노조는 2013년 말 이슬람 성향의 집권당인 엔나흐다(Ennahda)당과 야권의 협상을 중재, 합의를 이끌어냈다. 이는 2013년 7월부터 거의 반년 동안 이어진 끊임없는 협상을 통해 가능했다. 이 합의는 튀니지 정국 혼란에 종지부를 찍는 일대 전환점이 됐으며, 튀니지 내 21개의 정당이 참여했다. 튀니지 총노조는 튀니지의 독립적인 과도정부 구성에도 참여했다. 당시 〈튀니지 국민4자 대화기구〉의 중재 합의로 튀니지는 지난 2014년 1월 중립 성향의 새 총리를 수장으로 한 과도정부를 탄생시켰다. 과도정부는 새 헌법 초안을 1월 24일 비준했고, 같은 해 10월 총선을, 그리고 12월 첫 자유 경선을 거친 대통령선거를 성공적으로 치러냈다. 마침내 베지 카이드 에셉시(Beji Caid Essebsi)가 첫 민선 대통령이 됐다. 이후 튀니지 정국은 빠르게 안정을 되찾아갔다.

"이슬람교를 국교로 한다"고 적시한 새 헌법에는 남녀평등과 여성의 권리 보호도 명시되었다. 튀니지가 여성의 지위에 대해 다른 어떤 아랍 국가보다 세심하게 배려하고 있음을 알게 해준다. 국민들의 합의로 다원적인 민주화를 정착시킨 유일한 국가라는 점에서 튀니지의 민주화 과정은 중동과 북아프리카에서 큰 의미를 지닌다. 또 정부 각료에 시민사회 출신이 적극적으로 진출하고, 사회에 내재된 불평등 문제에 적극 개입했다. 2016년 8월 공공행정·거버넌스 장관 아비드 브리키(Abid Briki)와 사회부 장관 모하메드 트라벨시(Mohamed Trabelsi)는 벤 알리 정권 시절 튀니지 총노조 부위원장직을 역임한바 있는 인물들로, 독립 이후 튀니지 역사상 최초로 전문 노조 경력 인사가 정부 각료직에 지명된 획기적 사건이었다. 이는 2016년 튀니지 정부의 통합정부 구성 추진과 밀접하게 연관되어 있다.

2014년 11월 21일 튀니지 총노조 사무총장 후씬니 아바씨(Houcine

Abassi)는 협상과 대화의 공로를 인정받아 전 세계 최고 정책가 100인 중 하나로 선정되기도 했다. 2016년 10월 17일에는 근로자들의 권리 옹호 이전에 부패, 밀무역, 탈세 척결 등의 긴급 과제들에 관한 정부의 해결 의지가 부재한다고 지적하면서, 이에 대해 파업, 농성, 시위 등의 방법으로 강경하게 대응할 것을 경고하며 행동에 나서 국민의 입장을 적극적으로 대변하기도 했다.

튀니지 총노조는 2017년 1월 25일 7,000명이 참가한 23차 전국대회 기간 누레딘 타부비(Noureddine Taboubi)를 신임 사무총장으로 선출하였다. 그는 취임 연설에서 민간분야 임금인상 및 처우 개선, 보건 및 교육 정책 등에 대해 정부와 협상을 재개하겠다고 발표했다. 튀니지 국민이 겪고 있는 사회 불평등과 관련하여 더욱 적극적인 개선을 약속한 이런 행보는 시민사회를 한 단계 더 성장시킬 것으로 평가된다.

이렇듯 튀니지 내 시민사회는 아랍 이슬람 국가에서는 보기 드문 활동으로 정부와 국민을 중재하는 역할을 하며 튀니지 민주주의를 한 단계 더 성숙시켰다.

튀니지 시민사회를 이끌고 있는 튀니지 총노조 신임 사무총장 누레딘 타부비

튀니지의 불안 요소, '이슬람 극단주의 집단'

앞서 밝힌 것처럼, 2014년 튀니지 국민들은 민주화 혁명으로 독재자를 축출한 뒤 4년여 만에 처음으로 대통령 선거를 치렀다. 이는 1956년 프랑스로부터 독립한 이후 튀니지에서 처음으로 치러지는 자유경선 대선이었다. 이 선거에서 튀니지 국민들은 비이슬람 세속주의 성향 정당인 니다투네스(Nidaa Tounes) 지도자이자, 구정권에서 요직을 두루 거친 정치인 베지 카이드 에셉시를 대통령으로 뽑았다. 비록 구정권 출신 인사이지만, 너무 성급한 개혁보다는 경험과 안정이 국가에 더 필요하다고 판단한 것이다. 이런 와중에 튀니지는 국내외에서 안보에 대한 위협을 받게 된다. 바로 이슬람 테러집단이 튀니지의 또 다른 위험 요소로 떠오르게 된 것이다.

〈튀니지 국민4자 대화기구〉의 활동은 튀니지를 안정적인 정국으로 이끌었다는 평가를 받지만, 동시에 이슬람국가에서 '민주주의란 무엇인가?'라는 근본적인 문제를 동시에 던져줬다. 이슬람국가에서 가장 완벽한 체제는 종교와 정치가 일치하는 시스템이다. 일반 민중들이 승리할 것으로 예상했던 '아랍의 봄'과 더불어 튀니지의 이슬람 극단주의자들의 활동이 전면화된 것은 역설적인 현상이다. 튀니지는 '이슬람국가(IS)'에 가장 많은 외국인 전투원을 송출한 국가이다. 600여 명의 여성을 포함해 약 6,000명의 전투원을 송출했는데, 전체 인구수를 감안하면 알제리나 모로코 등의 마그레브 국가 보다 훨씬 높은 비율이다. 2015년 기준으로 튀니지에 이어 사우디아라비아(2,500명), 러시아(2,400명), 터키(2,100명), 요르단(2,000명)이 IS에 전투원을 송출하였다. '아랍의 봄'이 발생한 이후인 2015년 말 수도 튀니스에서 대통령 경호원 수송 버스를 겨냥한 폭탄 테러로 12명이 사망하는 사건이 발생했다. 이후 2017년 7월까지 튀니지에서는 국가비상사태가 지속되고 있다. 튀니지가 현재 어느 정도 안정되었다고는 하지만, 여전히 국가비상사태가 지속되며 불안 요소가 곳곳에 잠복해 있다.

　튀니지가 테러 전사 양성 지역이 된 것은 '아랍의 봄'과 무관치 않다. 즉, 아랍 이슬람 국가 중에서도 비교적 온건 국가인 튀니지가 이슬람 테러 집단의 진원지로 부상한 데에는 '아랍의 봄'으로 인한 정치, 경제, 사회의 불안 요소가 한몫했다. 특히나 정치적인 면에서 '아랍의 봄' 이후 튀니지를 안정적으로 이끌 정치 세력이 부재했다는 점이 주요 요소로 작용했다. 쫓겨난 벤 알리의 입헌민주연합이 해산됐고, 2011년 10월 23일 제헌의회 선거를 치러 이슬람주의 정당인 엔나흐다당이 다수를 획득했다. 『아랍의 열정(Passion arabe)』(2015)의 저자인 질 케펠(Gilles Kepel)은 재스민 혁명과 엔나흐다당의 집권에 대해 세속화된 젊은이들이 체계적이지 않은 시위를 일으켜 결국 이슬람주의자들이 국가 권력을 장악한 것으로 설명하며, 정치와 경제를 이끌 능력이 부족한 이슬람주의자들이 사회를 혼란으로 몰고 갈 위험이 많다고 지적했다.

　이미 튀니지 이후에 리비아, 특히 이집트에서 우리는 이런 현상을 목격했다. '아랍의 봄' 이후 이집트에서도 무바라크 대통령을 권좌에서 축출하였고, 이슬람 정당인 〈무슬림형제단(Muslim brotherhood)〉이 집권했다. 가장 민주적이라고 생각한 이슬람 정당이 당선되면 사회적인 안정과 경제적 번영이 이루어질 것이라고 이집트 국민들은 기대했지만, 오히려 경제 상황이 악화되고 정치와 사회가 불안정해졌다. 급기야 2013년 쿠데타가 발생하고 군이 정권을 장악하면서 이집트 국민의 기대와는 다르게 혼란 상태가 지속되고 국가 상황은 갈수록 악화되었다.

국가마다 특수성이 있겠지만 이슬람국가에서 이슬람주의에 기반을 둔 정당이 집권할 경우 생기는 문제를 인접 국가 알제리의 경우를 통해 생각해볼 수 있다. 알제리는 이미 1990년대 이슬람주의에 기반한 정당이 선거에서 압승을 거둔 적이 있다. 하지만 이슬람 정당이 집권하자 불안해진 군이 개입하면서 군과 〈이슬람구국전선(Islamic Salvation Front)〉 간에 대립이 발생했고, 수십만 명이 살해되는 아픔을 겪었다. 이후 이슬람무장조직이 군에 항복하면서 사실상 군의 승리로 끝났지만, 〈알카에다 마그레브 이슬람(Al-Qaeda in the Islamic Maghreb)〉과 같은 급진 이슬람 테러집단의 활동이 끊임없이 이어지며 북아프리카 및 사하라 일대에서 지금도 활동하고 있다. 이렇듯 알제리 사례는 이슬람 정당의 집권의 여파로 국민들 사이 대립과 폭력이 발생할 수 있음을 보여준다. '아랍의 봄'이 인접 튀니지에서 발생하고 리비아, 이집트로 넘어갔지만, 알제리에 영향을 미치지 못한 것도 알제리인이 과거에 겪은 '학습효과' 덕분이라고 할 수 있다.

튀니지에서 과도정부 기간 이슬람 정당인 엔나흐다당이 집권한 것은 여러 면에서 시사하는 바가 컸다. 튀니지는 '아랍의 봄' 이후 총 세 번의 과도정부 기간을 거쳤다. 이 기간에 이슬람 정당인 엔나흐다당의 집권은 첫 번째와 두 번째 시기에 해당한다. 서구에 친화적인 정책을 펼쳤던 앞선 정권에 비해 엔나흐다당은 보수 이슬람주의적 색채를 지닌 중동 국가들과의 관계 강화를 원했다. 이는 이슬람 색채를 강화하려는 포석이었지만, 이미 세속주의에 익숙한 지식인과 정치인, 특히나 시민사회의 저항을 피하지 못했다. 그 때문에 과도정부 기간 동안 국가 불안을 야기한 사건이 곳곳에서 발생하였다. 그 첫 번째 사례는 유력한 야당 지도자 암살사건이었다. 야권 유력인사 암살사건으로 긴장이 고조되고, 이것이 이슬람 극단주의자들의 소행으로 밝혀지면서 국민들은 이슬람 극단주의자들과 직접적인 연관성이 없음에도 엔나흐다당에 실망하고 만다.

　제3기 과도정부가 들어선 후에도 사회적 혼란이 지속되었고 곳곳에서 테러가 발생하였다. 이 와중에 〈튀니지 국민4자 대화기구〉가 9월 출범하면서 '국민 대화'를 개시하며, 정국을 안정시키고자 했다. 이후 튀니지는 빠른 속도로 제헌 의회 구성과 대통령 선거 등을 치르면서 과도정부 시대를 종식시켰다.

여전한 부패와 실업, 허약한 시스템

　현재 튀니지를 비롯한 중동, 북아프리카 국가의 거리에서 시위가 사라졌다는 사실이 재스민 혁명의 소멸을 의미하지는 않는다. 2010년 노점상 청년의 자살을 불러온 사회문제들은 사라지지 않았고, 오히려 그 반대이다. 아랍국가 대부분의 실업률은 7년 전과 마찬가지로 여전히 높은 편이고, 경제 역시 무기력하며, 행정제도는 비효율적이고, 민간분야의 체질개선도 여전히 걸음마 단계이다. 세계화 시대에 변화를 열망하는 젊은이들의 목소리가 아랍 사회에서 여전히 반향을 일으키고 있음에도, 대부분 아랍국가의 정부들은 이들에게 절망감을 안겨주고 있다. 교육 시스템이 개인의 능력보다는 돈이 있는 사람과 능력도 없는 상속자들에 의해 계속 유지되고 있다. 험난한 경제 상황을 넘어서기 위해서는 능력이 있는 사람을 교육하고 채용해야 하지만, 여전히 기득권층에 대한 특혜가 판을 치고 있다. 〈튀니지 국민4자 대화기구〉와 같은 시민사회 기구들이 활동하고 있지만, 다른 아랍국가에서는 시민들의 말할 권리가 지속적으로 박탈되고 있다. 정계와

일자리를 요구하는 대규모 시위대(2017.05.22)

재계 간의 암묵적인 결탁이 횡행하며, 결탁한 세력들은 국가 제도나 자원을 통제하고 있다. 튀니지에서 2017년 유독 반정부 시위가 많았던 것은 그동안의 과정을 수포로 돌리지 않겠다는 국민의 의지이다.

정부가 튀니지 국내총생산이 증가했다고 발표해도, 아랍권 젊은이들은 그것이 실업자에게 일자리를 주는 것도, 젊은이에게 미래를 제공해주는 것도 아니라는 것을 잘 알고 있다. 많은 '외로운 늑대'들이 생존의 문제에 직면해 삶을 비관하며 이슬람 극단주의 단체에 가입하는 것은 우연이 아니다. 튀니지가 '아랍의 봄'과 안정적인 민주화 과정을 거치며 희망을 보여주고 있지만, 동시에 IS에 자원하는 튀니지 젊은이 수가 가장 많다는 사실, 많은 튀니지 여성들이 IS에 뛰어들어 성매매에 연루되고 있다는 사실은 튀니지의 명과 암을 극명하게 보여준다.

그래도 희망은 튀니지에

'아랍의 봄' 이후 많은 아랍 국가들이 민주화 과정에서 실패를 맛보고 있지만, 유독 튀니지만은 여러 우여곡절 속에서도 차분히 민주화 절차를 밟으며 '중동 민주화의 희망'을 지켜왔다. 튀니지 정파들은 3년간 이어진 국정 혼란을 종식하고자 노력했고, 2013년 〈튀니지 국민4자 대화기구〉로 상징되는 시민·노동단체의 중재 아래 집권당과 야권이 상생의 노력을 아끼지 않았다. 튀니지 총노조는 '국민 대화'를 호소하며 힘을 모아 2014년 총선과 같은 해 12월 '아랍의 봄' 이후 첫 민선 대통령을 선출하였다. 정부에 대한 투쟁을 불사하면서 때로는 각료의 신분으로 정부에 적극적으로 참여하기도 했고, 사회의 불평등과 부패에 맞서 개선의 의지를 확고히 다져나갔다.

〈튀니지 국민4자 대화기구〉와 같은 시민단체의 활동은 물론, 이들을 통해 파격적인 헌법을 선보인 것에서도 새로운 희망을 찾을 수 있다. 이전에도 다른 아랍 이슬람국가보다 이슬람적 색채가 약한 국가이긴 했지만, 〈튀니지 국민4자 대화기구〉가 출범한 이래로 등장한 신헌법은 튀니지의 희망을 말하기에 충분한 근거가 된다. 2014년 개정된 튀니지 신헌법은 아랍권 국가에서는 가장 진보적이고 민주적이라는 평가를 받았다. 이슬람교를 국교로 정하고 있지만, 다른 아랍 국가와 달리 "샤리아(Charia, 이슬람 율법)를 법의 근간으로 한다"고 명시하지 않고 남녀평등과 여성 권익 보호를 제시하고 있다. 튀니지는 중동의 이슬람국가로서는 드물게 음주나 라마단 기간 중 금식을 지나치게 규제하지 않았고, 이미 1973년부터 낙태를 합법화해 온 국가이다. 이런 과정을 통해 2014년 신헌법은 남녀평등을 표방하고, 튀니지 정부도 이런 정책을 뒷받침하고 있다.

튀니지 제헌의회(2014.02.07)

2017년 9월 15일 에셉시 튀니지 대통령은 무슬림 여성이 비무슬림 남성과 결혼하는 것을 금지한 '이슬람 결혼법'을 폐지한다고 선포했다. 해당 법은 튀니지 국적의 무슬림 여성과 결혼하는 비무슬림 남성은 의무적으로 종교를 이슬람으로 개종해야 하며, 이를 입증하는 증명서를 정부 기관에 제출하도록 규정해왔다. 일반적으로 이슬람국가에서는 적대적 종교인 기독교인도 배우자로 선택할 수 있는 남성과 달리, 무슬림 여성이 비무슬림 남성과 결혼하는 것을 금지하고 있다.

같은 해 7월 튀니지 정부는 여성에게도 남성과 동등한 상속권을 보장하고 가정 폭력의 피해자들을 보호하는 등 여성의 권리증진법을 제정했다. 이슬람법 샤리아에 따르면 일반적으로 남성은 여성보다 두 배 이상의 유산을 상속받을 권리를 갖기도 한다. 하지만 결혼 및 상속법 개정으로 튀니지는 이슬람 국가 중 여성 인권 분야에서 두드러진 발전을 보인 국가가 될 전망이다. 튀니지는 여성에 대한 폭력을 금지하는 법을 제정하고 강간범이 피해자와 결혼하면 혐의를 벗을 수 있는 법안도 폐지하는 등, 여성 인권 개선을 위해 힘써온 국가이다.

인권, 여성권, 상속권, 낙태 등과 관련한 헌법 개정에 대해 튀니지 내에서도 저항이 만만치 않다. 특히 이슬람 정당을 중심으로 종교단체의 반발이 강력하다. 이들은 이슬람법 개정보다, 높은 실업률과 생활비 상승 등 다른 문제를 집중적으로 거론한다. 튀니지 내 잠복해 있는 이슬람 극단주의 세력에게도 이와 같은 일련의 조치는 눈에 가시와도 같다. 극단주의자들은 끊임없이 정부를 공격할 준비를 하는 데, 이런 여러 조치는 극단주의자들에게 공격의 명분을 제공할 수도 있다.

그럼에도 튀니지는 다른 아랍 이슬람 국가에서 보기 드문 변화의 길을 걸어온 국가이다. 〈튀니지 국민4자 대화기구〉와 같은 시민단체를 통해 합의를 중시하는 열린사회의 가능성을 보여주었다. 〈튀니지 국민4자 대화기구〉는 노벨상 수상에 그치지 않고 끊임없이 국민의 편에 서서 활동하며, 어떻게 국민들을 이해시키고 경제문제 같은 생계문제를 극복해갈 수 있는가에 대한 논의의 장을 열어놓았다. 국민들 또한 부패와 비리, 억압 등에 대해서는 의연히 분노하고 평화로운 시위문화를 만들어가고 있다. 다른 어떤 아랍 이슬람 국가보다 튀니지에서 새로운 사회 변화의 희망을 기대할 수 있는 이유가 여기에 있다.

참고문헌

Gilles Kepel, *Terror in France: The Rise of Jihad in the West*, Princeton University Press, 2017.

Hatem M'rad, *Le Dialogue National en Tunisie: Prix Nobel de la*

Paix 2015, Éditions Nirvana. 2015.

Laurène Rimondi, "Événement-IMA: Wided Bouchamaoui: "Nous avons évité une guerre civile en Tunisie par le consensus"", *Le point Afrique*(2016.05.23).

Marie Mathieu, "Tunisie: ce qu'il reste du printemps arabe", *Le Journal International*(2017.10.16).

Najma Kousri Labidi, "Le Tunisien Houcine Abassi est nommé parmi les 100 global thinkers par le magazine Foreign Policy", *Huff Post Tunisie*(2014.11.21).

Pierre Vermeren, *Maghreb: Les Origines de la révolution démocratique*, Pluriel, 2010.

"8 Tunisiennes parmi les 50 femmes d'affaires les plus influentes d'Afrique", *WEbdo*(2017.03.22).

"Bizerte et Ben Guerdane, pépinières de Daech en Tunisie", *Kapitalis*(2017.10.30).

"Corruption: La transition tunisienne en danger", *Kapitalis*(2015.12.16).

"Egalité devant l'héritage: le débat enfle en Tunisie, les religieux s'en mêlent", *France 24*(2017.08.18).

"La Tunisie adopte les premiers articles de la Constitution et rejette la loi islamique", *RFI*(2014.01.04).

"The Tunisia quartet: how an impossible alliance saved the country from collapse", *Theguardian*(2015.12.08).

http://blog.naver.com/centralwoman/220929896836

http://www.lemonde.fr/afrique/article/2015/10/13/le-prixnobel-pour-la-tunisie-est-extraordinaire_4788563_32

12.html#2pyCB5AZHHQ3kwll.99

http://news.moyiza.com/view.php?news_srl=616451&from=main

_l_news_tab6

http://tun.mofa.go.kr/korean/af/tun/main/index.jsp

저자 소개_(가나다 순)

김광수 | 한국외국어대학교 아프리카연구소 HK교수

남아프리카공화국 노스-웨스트대학교에서 *The relationship between cultural identity and historical consciousness : a case study of history students at South African universities*로 역사학 박사학위를 받았다.

서울대학교 인문학연구원 선임연구원, 한국외국어대학교 아프리카 연구소 HK연구교수 등을 거치며 아프리카 중심주의적(Afrocentrism) 시각에서 아프리카의 역사를 고찰함으로서 아프리카 역사·문화 정체성을 규명하는데 노력하고 있다.

주요 저서는 『스와힐리어 연구』(다해, 2011), 『남아프리카사』(공저, 다해, 2013), 『에티오피아 악숨 문명』(다해, 2016), *The Historical Contextualisation of the Kongo Kingdom in the Democratica Republic of the Congo's History*(Berlin: Reihe, 2016) 등이 있다. 주요 논문으로는 「1950~1960년 콩고민주공화국 바콩고동맹(ABAKO) 의 정체성의 변화에 대한 고찰」(2014), 「1990년대 이전 중국의 대 남부아프리카 외교정책 고찰」(2015), 「쿠바와 남부 아프리카의 역사적 관계 고찰」(2016) 등이 있다. 최근에는 북아프리카와 사하라 종·횡단 무역로 그리고 서아프리카 역사에 대한 연구를 진행하고 있다.

김성철 | 서울대학교 통일평화연구원 HK교수

캘리포니아대학교–얼바인에서 정치학 박사학위를 받고, 통일연구원 선임연구위원(1992~2003), 위스콘신대학교 방문교수(2002~2003), 히로시마시립대–히로시마평화연구소 교수(2003~2012)를 거쳐, 현재는 서울대학교 통일평화연구원 HK교수로 재직하고 있다. 저서로는 *Partnership within Hierarchy: The Evolution of East Asian Security Triangle*(SUNY Press, 2017), *North Korea under Kim Jong Il: From Consolidation to Systemic Dissonance*(SUNY Press, 2006), 『겨울 봄 겨울의 패러독스: 제4공화국 정치변동의 체계론적 접근』(신유, 1999) 등이 있으며, 편저로는 *North Korea and Nuclear Weapons: Entering the New Era of Deterrence*(Georgetown University Press, 2017), *State Violence in East Asia*(University Press of Kentucky, 2013), *Engagement with North Korea*(SUNY Press, 2009), *Regional Cooperation and Its Enemies in Northeast Asia*(Routledge, 2006) 등이 있다. 핵 및 원자력에 관한 주제와 아시아 동맹관계를 연구하고 있다.

김태우 | 한국외국어대학교 한국학과 교수

서울대학교 국사학과에서 한국전쟁 연구로 박사학위를 받았고, 현재 계간지 『창작과 비평』과 『역사와 현실』의 편집위원을 맡고 있다. 단독저서로 『폭격』(창비, 2013)과 『평화를 걷다』(모시는사람들, 2016)를 출간했고, 공저로 『평화인문학이란 무엇인가』(아카넷, 2013), 『폭력이란 무엇인가』(아카넷, 2015), 『분단폭력』(아카넷,

2015) 등을 집필했다. 한국전쟁 연구로 '김진균상'(2014)을 수상했다. 최근에는 냉전과 평화에 관한 연구에 몰두하고 있다.

류상영 | 연세대학교 국제학대학원 교수

연세대학교 정치외교학과를 졸업하고 정치학과 대학원에서 박사학위를 받았다. 일본 게이오대학교과 캐나다 브리티시콜럼비아 대학교에서 각각 방문연구원과 방문교수를 지냈다. 박사학위 취득 직후 삼성경제연구소(1995~2001)에서 연구한 바 있고, 현재는 『동아시아재단 정책논쟁』의 편집인을 맡고 있다. 연세대학교 김대중도서관장을 역임하여(2004~2009) 전시실을 개관하고, 〈김대중구술사 콜렉션〉을 구축하여 사료의 발굴 및 보존 등에 힘을 쏟았다. 전공은 한국현대정치사와 동아시아 정치경제이고, 한국의 제도개혁, 박정희, 김대중, 동아시아 네트워크 자본주의 등에 대한 많은 논문을 발표하였다. 2015년 *The Spirit of Korean Development*를 출간하였고, 최근에는 민족주의와 한국의 민주주의 및 경제개발에 대하여 역사적 사실과 이론적 분석을 결합하는 연구를 진행하고 있다.

박구병 | 아주대학교 사학과 교수

서울대학교 서양사학과 학사/석사 졸업 후 2000년 미국 로스앤젤레스 소재 캘리포니아 주립대학교 사학과에서 멕시코 정치의 탈군사화 과정(1935~1945)을 주제로 한 논문을 제출해 박사학위를 받았다. 주요 관심 분야는 19~20세기 라틴아메리카 정치사, 미국과 라틴아메리카의 관계, 미국 내 라티노 문제 등이다. 2009년부터 아주대학교 사학과 교수로 재직하고 있다.

저서로 『유럽중심주의 세계사를 넘어 세계사들로』(공저, 푸른역사, 2009), 『세계화 시대의 서양현대사』(공저, 아카넷, 2010), 『글로벌 냉전의 지역적 특성』(공저, 사회평론, 2015), 『서양사강좌』(공저, 아카넷, 2016) 등이 있으며, 역서로는 『아메리카노: 라틴아메리카의 독립투쟁』(공역, 도서출판 길, 2011), 『변화하는 라틴아메리카: 세계화와 근대성』(창비, 2012) 등이 있다. 그리고 논문으로는 「"예, 할 수 있습니다!": 미국 서남부 지역의 '세사르 차베스의 날' 제정」(2015), 「1970년대 말~1980년대 초 미국의 '기독교 우파'와 과테말라 오순절파의 동반 성장」(2016) 등이 있다.

박현도 | 명지대학교 중동문제연구소 HK연구교수

서강대학교 종교학과에서 학사학위, 캐나다 맥길대학교 이슬람연구소에서 이슬람학 석사학위를 받고, 같은 연구소에서 박사과정을 마친 후 이란 테헤란대학교 신학·이슬람대학 종교·신비주의학과에서 이슬람학으로 박사학위를 받았다.

현재 명지대학교 중동문제연구소에서 HK연구교수로 일하고 있고, 외교부 정책자문위원, 대외경제정책연구원 중동연구회전문위원, 한국종교인평화회의(KCRP) 출판위원장, 종교평화국제사업단(IPCR) 영문계간지 *Religion & Peace* 편집장으로 활동하고 있다.

최근 저서로 『이란 이슬람공화국 헌법』(공역, 모시는사람들, 2017), 『알제리 인민민주공화국 헌법』(공역, 모시는사람들, 2017), 최근 논문으로 「서구의 이슬람 연구와 우리의 과제: 역사적 무함마드 연구」

(2017), 「『야만의 경영』을 넘어: IS의 이슬람국가와 지하드」(2016) 등
이 있다.

백지운 | 서울대학교 통일평화연구원 HK교수

연세대학교 중어중문학과를 졸업하고 동대학원에서 『근대성 담
론을 통해 본 양계초(梁啓超) 계몽사상 재고찰』로 박사학위를 받았다.
중국 칭화대학교, 일본 케이오대학교, 대만 텅하이 대학교에서 수학
했다. 성공회대학교 동아시아연구소, 인하대학교 한국학연구소, 연
세대학교 국학연구원 연구교수를 거쳐 현재 서울대학교 통일평화연
구원 HK교수로 재직 중이다. 『창작과비평』, 『역사비평』, *Inter Asia
Cultural Studies* 편집위원으로 활동 중이다. 저역서로 『양안에서 통
일과 평화를 생각하다』(공편, 진인진, 2016), 『혁명후/기』(글항아리,
2016), 『귀거래』(창비, 2014) 등이 있으며, 논문으로 「민족국가의 개
조와 아시아 : 리따자오(李大釗)의 '연방론' 재독」(2013), 「근대 중국
아시아 인식의 문제성 : 동아시아 평화공존을 위한 사상자원의 모색」
(2012) 등이 있다.

서보혁 | 서울대학교 통일평화연구원 HK연구교수

한국외국어대학교에서 정치학 박사학위를 받았고 현대북한연구회
회장을 역임했다. 북한연구학회 이사, 한국국제정치학회 이사 등으로
활동하고 있다. 최근 저서로 『배반 당한 평화』(진인진, 2017), 『분단폭
력』(아카넷, 2016), 『평화학과 평화운동』(모시는사람들, 2016), *North*

Korean Human Rights(2016) 등이 있다.

송영훈 | 강원대학교 정치외교학과 교수

미국 사우스캐롤라이나대학교에서 *Between and Beyond Borders: Conflict, International Response, and Forced Migration*으로 정치학 박사학위를 받았다. 서울대학교 통일평화연구원 HK연구교수, 통일연구원 부연구위원을 역임하였고, 국제분쟁과 난민, 인권과 인도주의, 남북관계 등의 연구를 수행하고 있다. 주요 저서는『재난과 평화』(공저, 아카넷, 2015),『인간안보와 남북협력』(공저, 아카넷, 2013),『유엔인권메커니즘과 북한인권』(공저, 통일연구원, 2013) 등이 있고, 현재『동아시아 난민: 수용과 배제』를 공동집필 중에 있다. 「테러리즘과 난민문제의 안보화」(2014), 「난민의 인권과 국가안보」(2016) 등 다수의 논문을 발표하였다.

양철준 | 한국외국어대학교 아프리카연구소 HK연구교수

한국외국어대학교 아프리카학부(스와힐리어 전공) 학사, 케냐 나이로비대학교 언어학·아프리카언어학과(스와힐리어 전공) 석사 졸업 후 벨기에 헨트대학교 아프리카언어·문화학과에서 언어학 박사학위를 받았다. 전남대학교 사회과학대학 인류학과 전임연구원, 서강대학교 전인교육원 강사, 서울대학교 언어학과 강사, 한국외국어대학교 아프리카학부 강사를 거쳐 현재는 한국외국어대학교 아프리카연구소 HK연구교수로 재직하고 있다.

저서로 『아프리카 사회의 지형, 그 경계 넘나들기』(공저, 다해, 2014), 『7人7色의 아프리카』(공저, 한국외국어대학교 지식출판원, 2015)가 있고, 번역서로 『아프리카 이미지』(공역, 다해, 2014) 등이 있다. 논문으로는 "Ethnic Exogamy and its Impact on Language Choice, Use, Attrition and Shift among the School Children of Ukerewe Island, Tanzania"(2013), "Sociopragmatic Functions of Conversational Code-switching: Some Examples from Nairobi, Kenya"(2013), "Animacy versus Rhyming in the Grammatical Agreement of Swahili Augmentatives and Diminutives"(2016) 등이 있다. 최근에는 코퍼스 기반 변이 분석, 비교 반투형태론, 코드전환, 언어접촉, 은유적 개념화에 대한 연구를 진행하고 있다.

오승은 | 중앙대학교 사학과 강사

런던대에서 1990년대 크로아티아 민족주의로 박사학위를 취득하였다. 이후 동유럽 민족주의, 현실사회주의와 소비주의, 포퓰리즘에 대한 연구를 진행하고 있다. 논문으로는 「동유럽 포퓰리즘 어디로 가고 있는가?」(2015), 「바뀐 체제, 바뀌지 않은 생계 수단 : 포스트-사회주의 동유럽 빈곤한 일상과 지하 경제」(2013), 「포스트 냉전, 포스트식민 동유럽 집단기억 귀환-폴란드와 러시아의 제2차 세계대전 논쟁을 중심으로」(2015), 「악순환의 고리? : 발칸 유럽, 이슬람 그리고 오리엔탈리즘」(2014) 등이 있다. 공저로는 『엇갈린 국경, 길 잃은 민족들: 러시아와 동유럽의 사례』(동북아역사재단, 2009), 『서양사 속 빈곤과 빈민』(책과함께, 2016)이 있다.

이동기 | 강릉원주대학교 사학과 교수

서울대학교 서양사학과를 졸업하고 동대학원에서 『바이마르공화국 말기 나치즘 대두에 대한 공산당의 대응』을 주제로 석사 학위를 취득했다. 독일 예나대학교 사학과에서 *Idee einer nationalen Konföderation im geteilten Deutschland 1949~1990*로 박사 학위를 받았다. 독일 본 대학교 아시아학부 초빙 연구원과 서울대학교 통일평화연구원 HK연구교수를 거쳤다. 『역사비평』 편집위원을 역임했으며 〈아시아평화와 역사교육연대〉 운영위원으로 활동했다. 연구 관심과 주제는 냉전사와 평화사 및 과거청산과 역사문화다. 저서로는 *Option oder Illusion? Die Idee einer nationalen Konföderation im geteilten Deutschland 1949~1990*(선택가능한 길인가 망상인가? 1949~1990년 분단 독일의 국가연합안)(Berlin: Ch. Links Verlag, 2010), 『20세기평화텍스트 15선』(아카넷, 2013). 역서로는 『역사에서 도피한 거인들. 역사는 끝났는가』(박종철출판사, 2001)과 『근대세계체제3』(공역, 까치, 2013)이 있다.

이문영 | 서울대학교 통일평화연구원 HK교수

서울대학교 약대를 졸업하고 모스크바국립대학에서 대화주의 사상가 바흐찐(M. Bakhtin) 연구로 박사학위를 받았다. 평화인문학, 러시아 및 탈사회주의권 문화연구, 탈경계 연구에 관심을 갖고 연구를 해오고 있다. 최근 저서로는 『톨스토이와 평화』(모시는사람들, 2015), 『폭력이란 무엇인가: 기원과 구조』(공저, 아카넷, 2015), 『평화인문학이란 무엇인가』(공저, 아카넷, 2013), 『재난과 평화』(공저, 아카넷,

2015) 등이, 논문으로는 "The Dynamism of Trans-Boundarisation: From the Perspective of Critical Regionalism"(*Geopolitics*, 2017), 「형제국가들의 역사전쟁: 우크라이나 사태와 러시아의 크림반도 합병의 기원」(2015), 「21세기 폭력의 패러다임과 폭력-비폭력의 경계」(2015) 등이 있다.

이성훈 | 서울대학교 라틴아메리카연구소 교수

서울대학교 서어서문학과를 졸업하고 스페인 콤플루텐세 대학교에서 칠레문학 전공으로 박사학위를 받았다. 현재 라틴아메리카 문화이론 및 라티노와 관련된 연구를 주로 진행하고 있다. 역서로는 『혼종문화』(그린비, 2011), 『라틴아메리카역사』(상, 하)(공역, 그린비, 2014), 저서로는 『세계의 과거사 청산』(공저, 푸른역사, 2005), 『차이를 넘어 공존으로』(공저, 서울대출판부, 2007) 등이 있다.

이찬수 | 서울대학교 통일평화연구원 HK연구교수

서강대학교 화학과를 졸업하고 같은 대학원 종교학과에서 불교학과 신학으로 각각 석사학위를, 칼 라너(Karl Rahner)와 니시타니 케이지(西谷啓治)를 비교하며 박사학위를 받았다. 강남대학교 교수, (일본)WCRP평화연구소 객원연구원, 대화문화아카데미 연구위원 등을 지냈고, 종교철학에 기반한 평화인문학의 심화와 확장을 연구 과제로 삼고 있다. 『종교로 세계 읽기』(이화여자대학교출판부, 2005), 『다르지만 조화한다 불교와 기독교의 내통』(모시는사람들, 2015),

『유일신론의 종말, 이제는 범재신론이다』(동연, 2014), 『평화와 평화들 : 평화다원주의와 평화인문학』(모시는사람들, 2015), 『평화인문학이란 무엇인가』(공저, 아카넷, 2013), 『녹색평화란 무엇인가』(공저, 아카넷, 2013), 『재난과 평화』(공저, 아카넷, 2015), 『폭력이란 무엇인가』(공저, 아카넷, 2015) 외 다수의 책을 썼고, 『절대 그 이후』(이화여자대학교출판부, 2003), 『화엄철학』(경서원, 1990) 등의 책을 번역했으며, 평화학 관련 여러 논문을 집필했다.

임기대 | 전북대학교 프랑스·아프리카연구소 학술연구교수

프랑스 파리 7대학교에서 『언어학의 역사와 인식론』으로 박사학위를 받았다. 알제리 국립알제대학교 초빙교수를 역임하며 알제리 내 한국어를 최초로 소개하였다. 이후 귀국하여 배재대학교 학술연구교수, 한국외국어대학교 아프리카연구소 HK연구교수를 거쳐 현재 전북대학교 프랑스·아프리카연구소 학술연구교수로 재직 중이다. 『한국아프리카학회지』 편집위원장과 한국프랑스학회, 한국프랑스문화학회 편집위원을 맡고 있다. 연구 관심과 주제는 북아프리카와 사하라 일대의 베르베르어와 문화를 중점적으로 다루고 있으며, 베르베르인과 아랍, 그리고 프랑스와의 관계를 통해 지역 내의 분쟁과 화합 문제를 연구하고 있다. 저서로는 『7인 7색 아프리카』(공저, 한국외국어대학교 지식출판원, 2015), 『시대의 지성, 노암 촘스키』(살림, 2012) 등이 있으며, 번역서로는 『들뢰즈』(동문선, 2004), 『논증』(동문선, 2001) 등이 있다. 주요 논문으로는 「'베르베르'의 다양성-지중해성(性)과 아프리카성(性), 비영토성(性)에 관한 연구」(2017), 「'알무라비툰'을 통해 본 마그레브 테러

집단 간 대결 양상에 관한 연구』(2016) 등이 있다. 최근에는 북아프리카와 사하라 일대 테러집단의 특성과 베르베르어 문법 체계 구축에 관한 연구를 진행하고 있다.

임홍배 ｜ 서울대학교 독어독문학과 교수, 서울대학교 통일평화연구원 HK연구단 부단장

서울대학교에서 괴테 연구로 박사학위를 받았고 한국괴테학회장을 역임했다. 저서로『괴테가 탐사한 근대』(창비, 2014),『독일 고전주의』(연세대 출판문화원, 2016),『기초자료로 본 독일 통일 20년』(공저, 서울대학교출판부, 2011),『독일 명작의 이해』(공저, 서울대학교출판부, 2007) 등이 있고, 펴낸 책으로『황석영 문학의 세계』(창비, 2002),『살아 있는 김수영』(창비, 2005),『김남주 시전집』(창비, 2014),『김남주 문학의 세계』(창비, 2014) 등이 있다. 역서로『로테, 바이마르에 오다』(창비, 2017),『젊은 베르터의 고뇌』(창비, 2012),『어느 사랑의 실험』(창비, 2011),『나르치스와 골드문트』(민음사, 1997),『루카치 미학』(공역, 미술문화, 2002),『진리와 방법』(공역, 문학동네, 2012) 등이 있다.

최재인 ｜ 서울대학교 서양사학과 강사

서울대학교 서양사학과에서 19세기 말 워싱턴 D.C.의 아프리카계 미국인 사회에 관한 연구로 박사학위를 받았다. 대표 저서로『서양 여성들, 근대를 달리다』(공저, 푸른역사, 2011),『다민족 다인종 국가의 역사 인식』(공저, 동북아역사재단, 2011),『영화로 생각하기』(공저,

한국방송대학교출판문화원, 2015), 『여성의 삶과 문화』(공저, 한국방송대학교출판문화원, 2011), 『고무 따라 역사여행』(너머학교, 2012), 『서양사강좌』(공저, 아카넷, 2016) 등이 있다. 대표 번역서로 『가부장제와 자본주의』(갈무리, 2014), 『아름다운 외출: 페미니즘 그 상상과 실천의 역사』(삼천리, 2011), 『세계사 공부의 기초』(삼천리, 2015), 『유럽의 자본주의』(용의숲, 2009), 『히스토리』(공역, 북하우스, 2009) 등이 있다. 대표 논문으로는 「미국 역사교육의 쟁점과 전망: 아프리카계 미국인 역사교육을 중심으로」(2015), 「지난 10년 미국여성사 연구 동향-하나의 시각」(2014) 등이 있다.

사진 출처

● 노벨평화상에 대해 알고 싶은 것

알프레드 노벨

(PD) https://goo.gl/qGvARo, Wikimedia

이하 공동: Wikimedia Commons

노벨의 유언장

(CC) https://goo.gl/5LK6Vm

노벨이 주트너에게 보낸 편지

(PD) https://goo.gl/mk1Uuo

최초의 노르웨이 노벨위원회

(CC) https://goo.gl/1cU6gX

최초 수상자 앙리 뒤낭과 프레데리크 파시

(PD) https://goo.gl/ZUkD1Q

'국제연맹의 아버지' 우드로 윌슨

(PD) https://goo.gl/rJuHC7

유엔난민기구

(CC) https://goo.gl/8jWA21

아프리카 최초의 수상자 앨버트 루툴리

(PD) https://goo.gl/7VVPrg

노르웨이 오슬로의 노벨연구소

(CC) https://goo.gl/nZzSfM

피스잼 10주년 행사

https://goo.gl/SRTWUG

루즈벨트의 곤봉외교를 풍자한 만화

(PD) https://goo.gl/StqHYf

베르타 폰 주트너

(PD) https://goo.gl/UF3rhT

랠프 번치

(PD) https://goo.gl/KonkhN

앨버트 루툴리

(PD) https://goo.gl/aiJX4x

사토 에이사쿠

(CC) https://goo.gl/NViHau

카를로스 사베드라 라마스

(PD) https://goo.gl/a6jHWw

시어도어 루스벨트

(PD) https://goo.gl/xTyuzE

존 보이드 오어

(PD) https://goo.gl/FW1w11

국제법학회

(CC) https://goo.gl/mtpfNt

다그 함마르셸드

(CC) https://goo.gl/GzxMpP

레 득 토

(PD) https://goo.gl/8ewA5Y

라이너스 폴링

(PD) https://goo.gl/TjXoKq

국제적십자위원회

(CC) https://goo.gl/4p4Sfg

유엔난민기구

(CC) https://goo.gl/NzStm7

카를 폰 오시에츠키

(CC) https://goo.gl/PhW7pU

아웅 산 수치

(PD) https://goo.gl/JaT7JV

류샤오보

(PD) https://goo.gl/HqN3za

제인 애덤스

(PD) https://goo.gl/dUHfrr

에밀리 그린 볼치

(PD) https://goo.gl/btbqS5

베티 윌리암스

(CC) https://goo.gl/YRuK4W

메어리드 코리건

(CC) https://goo.gl/a8vBb2

마더 테레사

(CC) https://goo.gl/1PAcA6

알바 뮈르달

(CC) https://goo.gl/1tRtP3

리고베르타 멘추

(CC) https://goo.gl/P8ffAE

조디 윌리암스

(CC) https://goo.gl/TBm6wv

시린 에바디

(CC) https://goo.gl/RG48Rm

왕가리 마타이

(CC) https://goo.gl/8oxdih

엘렌 존슨 설리프

(PD) https://goo.gl/BC6JnQ

레이마 그보위

(CC) https://goo.gl/5brN23

타와쿨 카르만

(CC) https://goo.gl/yHvHLF

말랄라 유사프자이

(CC) https://goo.gl/LhNLHV

1935년 수상자 카를 폰 오시에츠키

(PD) https://goo.gl/UF3rhT

간디의 비폭력주의는 톨스토이의 평화사상에서 커다란 영향을 받았다

(PD) https://goo.gl/fVzTvr

(PD) https://goo.gl/qtPao7

바른생활상 증서

(CC) https://goo.gl/FnR37C

이하 공동: 연합뉴스

그라민 은행의 창립자 무하마드 유누스

노벨평화상 메달

김대중 대통령이 받은 노벨평화상 증서

노벨평화상 시상식에서 증서와 메달을 든 오바마

파리 평화조약 조인 후의 레 득 토와 키신저

● 베르타 폰 주트너

베르타 폰 주트너

(PD) https://goo.gl/UF3rhT, Wikimedia Commons

주트너와 서신교환을 하며 그녀의 활동을 지지했던 톨스토이

http://leitoresdepressivos.com/2014/09/5-motivos-para-ler-leon-tolstoi

● 제인 애덤스

제인 애덤스(1924 또는 1926)

(PD) https://goo.gl/nD8WB2, Wikimedia

이하 공동: Wikimedia Commons

제인 애덤스

(PD) https://goo.gl/84GDVV

애덤스의 소박했던 침실

(CC) ptwo at Flickr.com

헐하우스 유치원

(PD) https://goo.gl/nBnMB1

국제여성평화회의를 위해 네덜란드 헤이그에 도착한 미국 여성 대표단

(PD) https://goo.gl/bwNttd

세계평화를 위해 헌신했던 제인 애덤스

(PD) https://goo.gl/eQBBde

● 카를 폰 오시에츠키

카를 폰 오시에츠키

(PD) https://goo.gl/UF3rhT, Wikimedia Commons

이하 공동: Wikimedia

에스터베겐 수용소의 오시에츠키

(CC) Bundesarchiv at Wikipedia

《다스 타게-북》, 《세계무대》
(CC) jaimelondonboy at Flickr.com

베를린의 테겔 교도소에서 방면된 오시에츠키
(CC) Bundesarchiv at Wikipedia

에스터베겐 수용소에서
(CC) Bundesarchiv at Wikipedia

오시에츠키 메달 상 수여식
(CC) Michael F. Mehnert at Wikipedia

● 사베드라 라마스

목축을 위해 벌목된 파라과이 접경의 그란 차코
(CC) Peer V at Wikipedia, Wikimedia

이하 공동: Wikimedia Commons

사베드라 라마스
(PD) https://goo.gl/opPMNY

사베드라 라마스 조약의 표지
(PD) https://goo.gl/8KrwRv

차코 강화조약
(PD) https://goo.gl/Tcimjm

● 퀘이커

이하 공동: Wikimedia Commons

퀘이커
(PD) https://goo.gl/8mHpCv, Wikimedia Commons

퀘이커의 창시자 조지 폭스
(PD) https://goo.gl/9aQGKo, Wikimedia Commons

이하 공동: TOPIC/CORBIS

베트남 평화를 위해 백악관 앞에서 시위성 예배를 하고 있는 미국퀘이커봉사위원회

영국의 기후행진에 참여한 퀘이커들

퀘이커의 모토인 평화, 평등, 단순, 진리
http://swquakers.org.uk

성소수자의 권익을 위한 퀘이커의 가두 시위
(CC) jimmy thomasat Flickr.com

● 유엔난민기구

유엔난민기구
(CC) https://goo.gl/NzStm7

이하 공동: Wikimedia

아프리카 차드에 있는 다르푸르 난민 캠프
(CC) Mark Knobil at Wikipedia

유엔난민기구의 패키지
(PD) https://goo.gl/WZKQyR

이하 공동: Wikimedia Commons

스위스 제네바에 있는 유엔난민기구 본부
(CC) Jungpionier at Wikipedia

부다페스트 기차역의 시리아 난민들
(CC) Rebecca Harms at Wikipedia

● 앨버트 루툴리

이하 공동: Wikimedia Commons

앨버트 루툴리

(PD) https://goo.gl/Ukir3s

크와두쿠자에 있는 앨버트 루툴리의 동상

(CC) JRamatsui at Wikipedia

작가이자 철학자, 교육자, 정치가였던 존 두베 박사

(PC) https://goo.gl/7yevuf

청년 시절의 앨버트 루툴리

(PD) https://goo.gl/sVHWB8

전통 복장을 입은 줄루족 여성들

(CC) Jean-Claude Hanon at Wikipedia, Wikimedia

자신의 패스를 태우고 있는 넬슨 만델라

(PD) https://goo.gl/HPP1R4

이하 공동: Wikimedia

'백인 전용'이란 푯말이 서 있는 나탈의 해변

(CC) Guinnog at Wikipedia

요하네스버그에 있는 아프리카민족회의 본부 루툴리 하우스

(CC) Garyvdm at Wikipedia

소웨토 클립타운에 있는 자유헌장 기념물

(CC) Joonasl at Wikipedia

● 빌리 브란트

이하 공동: Wikimedia Commons

빌라 브란트
(CC BY-SA 3.0) https://goo.gl/e9H6c5, Wikimedia Commons

존 F. 케네디와 대담하는 브란트
(PD) https://goo.gl/DpR1g4, Wikimedia Commons

연설하는 브란트
(CC) https://goo.gl/d2pzF1, Wikimedia Commons

스웨덴 스톡홀름에 있는 브란트 동상
(PD) https://goo.gl/n4gjjm, Wikimedia Commons

동독을 공식 방문해 동독 수상 빌리 슈토프의 영접을 받고 있는 브란트
(CC) Bundesarchiv at Wikimedia.org, Wikimedia

● 안드레이 사하로프

이하 공동: Wikimedia Commons

안드레이 사하로프
(CC-BY-SA 3.0) https://goo.gl/Ut51tc

『이반 데니소비치의 하루』의 작가 알렉산드르 솔제니친
(CC-BY-SA 3.0) https://goo.gl/p1c1EP

이하 공동 www.sakharov-archive.ru

사하로프의 모스크바대학 학생증
Архив Сахарова (Москва), ф.1, оп.7, ед. хр. 1, APC01936.

아내 클라브지야와 사하로프, 큰딸 타냐
Архив Сахарова (Москва), ф.1, оп.11, ед. хр. 5, APC00529.

'소련 수소폭탄의 아버지' 사하로프와 '소련 원자폭탄의 아버지' 쿠르차토프

Архив Сахарова (Москва), ф.1, оп.11, ед. хр. 5, АРС00555.

〈모스크바 인권위원회〉 위원들과 함께(

Архив Сахарова (Москва), ф.1, оп.11, ед. хр. 6, АРС00669.

178일의 단식을 마친 후 부인 보네르와 함께

Архив Сахарова (Москва), ф.1, оп.11, ед. хр. 11, АРС01827-2.

모스크바로 귀환하는 사하로프와 그를 둘러싼 인파

Архив Сахарова (Москва), ф.1, оп.11, ед. хр. 112, АРС0185404.

● 레흐 바웬사

이하 공동: Wikimedia Commons

레흐 바웬사

(CC BY-SA 2.0) https://goo.gl/K5TRf7

바웬사가 노동운동가로서의 새로운 인생을 맞게 된 그단스크

(CC) Gdaniec at Wikimedia.org

파업 중인 바웬사

(CC) Giedymin Jabłoński at Wikimedia.org

이하 공동: TOPIC/CORBIS

시위 군중을 향해 연설하는 바웬사

교황 요한 바오로 2세를 알현하고 있는 바웬사

폴란드 대통령 재직 시절의 바웬사

(GFDL 1.2) https://goo.gl/dmoY6i, Wikimedia Commons

● 데스몬드 투투

이하 공동: Wikimedia Commons

데스몬드 투투
(PD) https://goo.gl/bGNwYh

요하네스버그 근처의 흑인 거주지역
(CC) Medpro at Wikimedia.org

1975년 이후 데스몬드 투투가 살았던 투투 하우스
(CC) Kieran Lamb at Wikimedia.org

투투 주교와 그의 딸 음포 안드레아
(CC) Apdency at Wikimedia.org

미국 백악관에서 레이건 대통령의 영접을 받는 데스몬드 투투
(PD) https://goo.gl/YL2MR5

이하 공동: Wikimedia

전 세계의 진실과화해위원회를 보여주는 세계지도
(CC) Warko at Wikimedia.org

뉴욕의 세인트 제임스 성당에서 아이들에게 강론을 하는 투투 주교
(CC) St. James Church at Wikimedia.org

투투와 만델라가 주도한 세계원로회의
(CC) Montage at Wikimedia.org

경찰의 무력 진압으로 사망자가 생기면서 대규모 시위로 확대된 소웨토 항쟁
(CC) Robert Cutts at Flickr.com

● 유엔 평화유지군

이하 공동: Wikimedia Commons

유엔 평화유지군
(PD) https://goo.gl/bHsfuq

아이티에 파견된 브라질 평화유지군

(PD) https://goo.gl/shS5BM

동티모르에서 활동 중인 유엔 평화유지군

(CC) Geoffrey C. Gunn at Wikimedia.org

유엔 평화유지군의 다국적 부대

(CC) Marie-Lan Nguyen at Wikimedia.org

콩고에서 아동을 치료하는 유엔 평화유지군의 군의관

(CC) MONUSCO Photos at Wikimedia.org, Wikimedia

● 14대 달라이 라마

이하 공동: Wikimedia Commons

14대 달라이 라마

(PD) https://goo.gl/aFpsMc

13대 달라이 라마 툽땐 갸초

(PD) https://goo.gl/6qHDg1

중국 베이징을 방문한 달라이 라마와 판첸 라마를 덩샤오핑이 영접하고 있다

(PD) https://goo.gl/AUkumK

티베트 라싸의 포탈라 궁

(CC) Ondřej Žváček at Wikimedia.org

노벨평화상 수상자들을 통해 청년 지도자 양성을 도모하는 비정부조직 피스잼 재단 10주년 기념회에서

(CC) Ivan Suvanjieff at Wikimedia.org

• 리고베르타 멘추 툼

이하 공동: Wikimedia Commons

리고베르타 멘추 툼

(CC BY-SA 4.0) https://goo.gl/Dkcgx8

과테말라의 민족주의자 하코보 아르벤스 구스만

(PD) https://goo.gl/xWdPf5

법정에서 혐의를 부인하는 리오스 몬트의 모습

(CC) Elena Hermosa / Trocaire at Wikimedia.org

멘추의 정신적 스승이었던 사무엘 루이스 가르시아 주교

(CC) Jokerson at Wikimedia.org

엘 키체 주의 위치

(CC) TUBS at Wikimedia.org

멕시코 시 템플로 마요르 박물관에 보관 중인 리고베르타 멘추 툼의 노벨평화상
메달과 증서

(CC) Sarumo74 at Wikimedia.org

중앙아메리카의 과테말라는 북쪽과 서쪽이 멕시코, 동쪽은 벨리즈와 카리브 해,
남쪽은 태평양과 접해있다

(CC) TUBS at Wikimedia.org

• 야세르 아라파트, 시몬 페레스, 이츠하크 라빈

이하 공동: Wikimedia Commons

아라파트, 페레스, 라빈

(CC BY-SA 3.0) https://goo.gl/d6Ys8V

오슬로협정 서명식에서 악수하는 이스라엘 총리 라빈과 PLO 의장 아라파트

(CC) https://goo.gl/kRho8X

팔레스타인 남서단에 있는 가자 지구

(CC) Gringer translated by 102orion at Wikimedia.org

PLO 의장 아라파트와 이스라엘 총리 라빈

(CC) http://www.flickr.com/people/69061470@N05 at Wikimedia.org

이하 공동: Wikimedia

청중의 환호에 화답하는 사다트 이집트 대통령과 베긴 이스라엘 총리

(PD) https://goo.gl/Dxc28H, Wikimedia

아서 밸포어가 로스차일드 경에 보낸 편지

(PD) https://goo.gl/GKGFdC, Wikimedia

● 조지프 로트블랫과 퍼그워시 회의

이하 공동: Wikimedia Commons

조지프 로트블랫과 〈퍼그워시 회의〉

(PD) https://goo.gl/ppEDZw(〈퍼그워시 회의〉)

원자력법안에 서명하고 있는 미국의 트루먼 대통령

(PD) https://goo.gl/o24pPx

맨해튼 프로젝트가 시행한 최초의 핵폭탄 실험 '트리니티'

(PD) https://goo.gl/TsVZ7d

수소폭탄 실험에 피폭된 다이고 후쿠류마루호 선원의 화상 부위

(PD) https://goo.gl/E1Cw4Q

런던 반핵 행진을 이끈 버트런드 러셀

(CC) Tony French at Wikimedia.org

캐나다 남동부 노바 스코샤 주의 작은 마을 퍼그워시

(CC) Jvienneau at Wikimedia.org

무려 12만 명이 모인 독일 본의 반핵집회

(CC) Hans Weingartz at Wikimedia.org

쿠바 미사일 위기 4일 전 만난 미국 케네디 대통령과 소련 그로미코 외무부장관

(PD) https://goo.gl/8WUkgY

조지프 로트블랫과 〈퍼그워시 회의〉

연합뉴스(조지프 로트블랫)

● 김대중

김대중

(CC BY 4.0) https://goo.gl/QhjxUR, Wikimedia Commons

이하 공동: 연세대학교 김대중도서관

● 지미 카터

이하 공동: Wikimedia Commons

지미 카터

(PD) https://goo.gl/pu8dY5

대통령 선거 토론을 하고 있는 지미 카터와 제럴드 포드

(PD) https://goo.gl/AtDyR2

중동 평화협상을 위해 캠프 데이비드에 모인 사다트와 카터, 베긴

(PD) https://goo.gl/31Du3r

이하 공동: Wikimedia

남수단 독립 국민투표에서 선거감시단을 이끌고 있는 카터와 코피 아난

(CC) RanjitBhaskarofAlJazeeraEnglishat.org

전현직 대통령들과 함께 백악관에서

(CC) PeteSouza, Obama-BidenTransitionProjectat Wikimedia.org

방한 당시의 카터와 박정희 전 대통령

연합뉴스

● 왕가리 무타 마타이

이하 공동: Wikimedia Commons

케냐의 국가인권위원회로부터 공로 트로피를 받은 왕가리 마타이

(CC) Demosh at Wikimedia.org

케냐 산 인근에서 농사를 짓는 농민의 모습

(CC) CIAT at Wikimedia.org

세계사회포럼에서 산림 파괴에 대해 연설 중인 마타이

(CC) The-time-line at Wikimedia.org

케냐 나이로비 시내 중심부의 우후루 파크

(CC) ninara at Wikimedia.org, Wikimedia

케냐가 고향인 오바마와 함께 한 마타이

(CC BY 2.0) https://goo.gl/8zmbKR

왕가리 무타 마타이

연합뉴스

● 류샤오보

류샤오보

The Nobel Foundation Photo: Bi Yimin

이하 공동: 연합뉴스

류샤오보와 그의 부인 류샤

빈 의자와 함께 거행된 시상식

● 튀니지 국민4자 대화기구

이하 공동: 연합뉴스

평화를 만든 사람들: 노벨평화상 21

초판 1쇄 발행 | 2017년 12월 5일

편저자 | 이문영 편
디자인 | 배원일
발행인 | 김영진
발행처 | 진인진
등   록 | 제25100-2005-000003호
주   소 | 경기도 과천시 별양상가 1로 18 614호(별양동 과천오피스텔)
전   화 | 02-507-3077-8
팩   스 | 02-507-3079
홈페이지 | http://www.zininzin.co.kr
이메일 | pub@zininzin.co.kr

ⓒ 진인진 2017
ISBN 978-89-6347-354-3 03300

* 이 책은 2010년 정부(교육과학기술부)의 재원으로 한국연구재단의 지원을 받아 수행된 연구임(NRF-2010-361-A00017).

* 일부 사진은 저작권자를 찾지 못해 게재 허가를 받지 못했습니다. 저작권자가 확인되는 대로 허가를 받고 사용료를 지불하겠습니다.